田中角栄と越山会の女王

大下英治

イースト・プレス

佐藤昭一家
（左から二人目が昭、
右隣が母ミサ）

20代の佐藤昭

秘書官時代の佐藤昭

長女の敦子氏と

総理総裁に就任し権力の絶頂の田中角栄

1976年ロッキード事件後、新潟入りした田中角栄前総理

1974年ゴルフ場にて
前列右：竹下登、
前列左：小沢一郎らと

田中派の大番頭・二階堂進と

前列右から
早坂茂三、榎本敏夫、
後列左：朝賀昭氏ら
秘書軍団と

越山会の女王として
君臨する佐藤昭

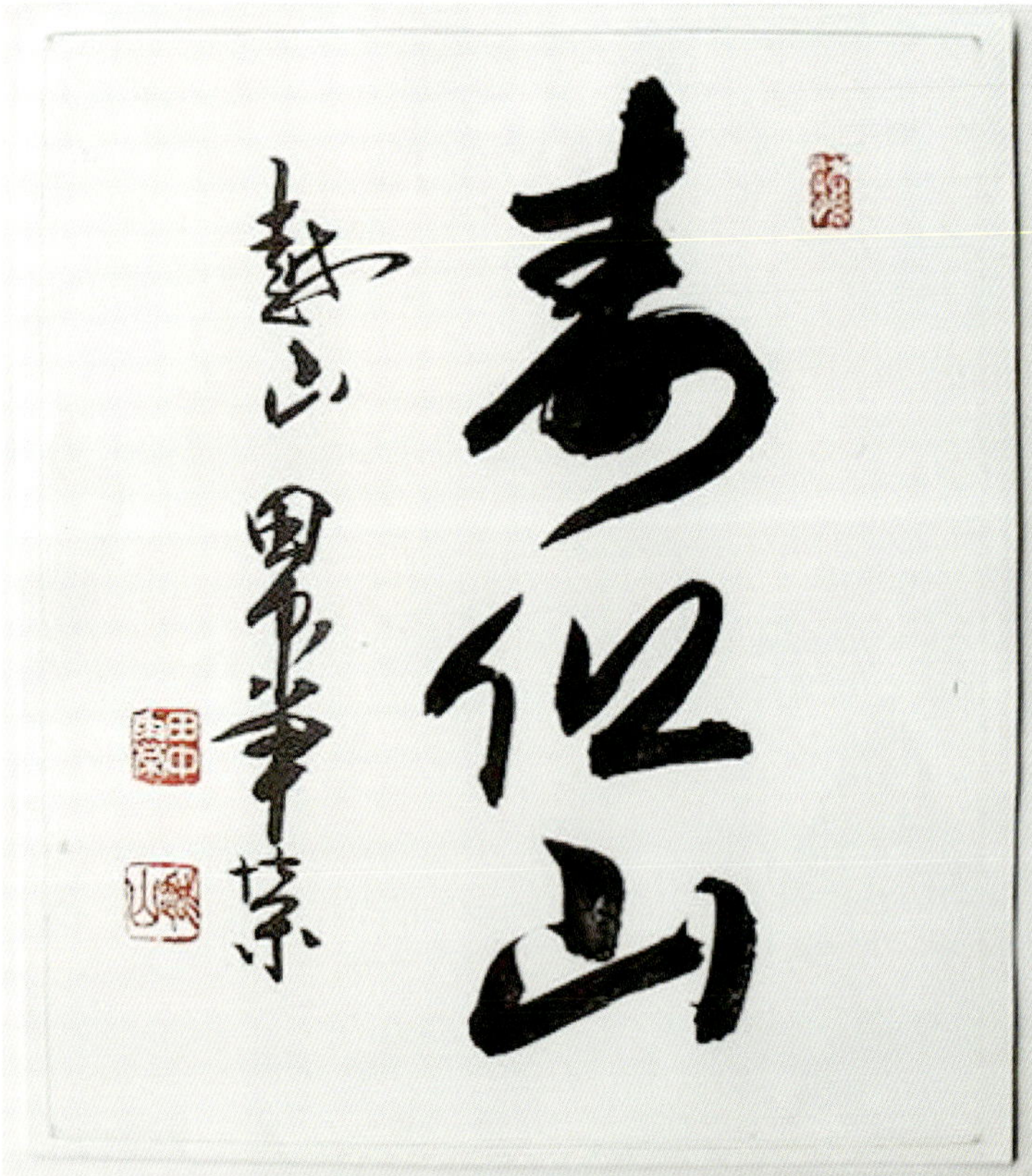
寿仙山

田中角栄と越山会の女王

プロローグ

現在、田中角栄《たなかかくえい》人気が高まっている。ＮＨＫの夜の報道番組『ニュースウオッチ９』が「角栄本ブーム」を特集するほどだ。書店には、「田中角栄コーナー」が特設されている。政治家時代に、田中角栄を最大の敵として攻撃し続けた石原慎太郎《いしはらしんたろう》ですら、いまや『天才』というタイトルの本を著し、田中角栄を称賛している。

かって「今太閤」ともてはやされた反面、金権政治家、ロッキード事件で逮捕された刑事被告人とのの しられた人物が、今にいたって、なぜこうまでもてはやされているのか。

わたしは、ある意味、田中角栄が活躍した「昭和」が歴史になってきたからだと思う。田中が活躍した昭和当時は、田中は金権政治家のイメージが拭えなかった。しかし、「昭和」が歴史になった今、金権政治家としてのナマナマしい姿は薄れてしまった。

歴史上の人物として振り返ると、高等小学校卒業ながら、総理の座に上りつめた昭和の豊臣秀吉《とよとみひでよし》、現代版の太閤記と重ねられる波乱万丈のドラマの主人公として興味を惹かれる。

それに、田中角栄は道路三法をはじめとする三十一本もの記録的な議員立法をつくったアイデアマンである。情の人としてのエピソードも枚挙に暇がない。

それに比べ、現代の政治家がいかにスケールが小さいか。時代が違うとはいえ、戦後日本人の喜びと悲しみ、その欲望と性《さが》を体現した田中角栄の魅力がいっそう巨きく映る。
日本経済新聞の「二十代の男女百人が選ぶ――ザ・ベスト・オブ『二十世紀の若者』」という特集において、政治部門では、日本では「田中角栄」、海外では「ジョン・F・ケネディ」が第一位に選ばれている。

さらに、平成二十一年三月に朝日新聞がおこなった世論調査において、「昭和といえば、誰を思い浮かべますか」という問いに対し、第一位の昭和天皇に次いで、三位以下を大きく引き離して第二位に輝いたのは、昭和の歌姫・美空《みそら》ひばりや俳優・石原裕次郎《いしはらゆうじろう》でもなく、田中角栄であった。

日本に危機が訪れる度に、「もし角さんがいたら、どのような大胆な政策を打ち出してくれるだろうか」という田中角栄待望論が強まる。二〇一一年に起きた東日本大震災や、今年四月、熊本大地震に見舞われる度に、いっそう田中角栄待望論が巻き起こる。

逆に言えば、それだけ現代の政治家のリーダーシップが頼りなく、信用がおけない証左でもあろう。

不思議なことに、「吉田茂《よしだしげる》が生きていたら」とか、「岸信介《きしのぶすけ》が生きていたら」との声は上がらない。敗戦後の日本政治史において、吉田や岸は、戦後ナンバーワンの総理との評価は識者の間に多数ある。むしろ、庶民宰相《さいしょう》田中角栄より、総理としての評価は高い。にもかかわらず、危機に際しては、田中角栄待望論が噴出してくるのである。

なぜか。田中角栄なら平時の政策の延長線でなく、大胆不敵な政策を一気呵成に打ち出し、日本をガラリと変えてくれるのではないか。そう国民に思わせるからである。

じつは、吉田も岸も、あるいは佐藤栄作《さとうえいさく》も、田中角栄のライバルで「角福戦争」を争った福田赳夫《ふくだたけお》も、中曾根康弘《なかそねやすひろ》もみな、東大法学部卒の官僚出身の総理大臣であった。国民大衆を領導するのがエリートの務めとの認識がその底流にあった。

田中角栄が総理大臣になったとき、「今太閤」ともてはやされ、支持率が高かったは、そうした官僚主導による戦後政治の流れ、エリート主義の政治そのものを「オラが大将」の田中角栄が変えてくれるという一般庶民大衆の期待があったからである。


田中角栄待望論で忘れてはならないのは、その田中を支え続けた秘書であり、金庫番であり、恋人でもあった佐藤昭《さとうあき》の存在である。佐藤昭は、田中角栄の〝分身〟的存在でもあったのだ。

田中は、彼女を心から信頼し、おそらく、自分の女性関係をのぞいては、秘密の百パーセント近くを打ち明けていたであろう。

没後十七年目に月刊『文藝春秋』誌に公表された、田中が佐藤昭へ宛てた「ラブレター」に、「君程の悧口《りこう》な女は初めてである」と書き遺している。生前の佐藤昭に何度も会い、長年取材を続けたわたしから見ても、この言葉はお世辞ではない。記憶力、判断力、気配り抜群の女性であった。

早坂茂三《はやかわしげぞう》ら男性秘書に任せられない政治的役割は、彼女に任せていた。

いっぽう、国際政治の巨頭である、当時の米国国務長官ヘンリー・キッシンジャーは、アメリカ越しに日中国交正常化を果たし、オイルショック時には、中東を支配する米国オイルメジャーを差し置いて独自の資源外交を展開した田中の政治的力量に畏怖を感じていた。それがのちに発覚するロッキード事件の引き金、米国の陰謀説にもつながっている。

「日本のドン」ともいわれた田中角栄にとってカネの動きは、秘密の部分があった。金庫番は、ある意味政治的共犯者部分がある。佐藤昭は、田中が政治家に秘密の政治資金を渡す際も、その金額すら任せていた。任せられた佐藤昭に、相手にいくら渡したかを確認することを田中はしなかった。佐藤昭が、いくら渡したかを口にすると、田中のイメージした金額と違うことはなかったという。

田中が、桁外れの巨人的政治家として歴史にその存在を刻まれるように仕事に邁進できたのも、まさに佐藤昭あってのことといえる。まさに、田中角栄の政治的〝伴侶〟であった。

現在の田中角栄ブームのなかで、佐藤昭の存在を忘れてはならないと、あえて今回、東日本大震災のちょうど一年前の、平成二十二年三月十一日に亡くなった越山会《えつざんかい》の女王・佐藤昭の生涯を関係者の新たな証言を交えて振り返りたい。

ふたりを育んだ、苛酷な日本海の雪嵐がもたらす越後の風土は、雪解けとともに豊穣な米の実りと過剰な情念を生み出す。角栄が愛唱した都都逸《どどいつ》、浪花節の世界だ。

その二重奏はやがて中央へのコンプレックスと克己心を生む。波乱万丈だった田中角栄と佐藤昭のその生涯は、昭和という時代の陰と表裏一体の映し鏡である。グローバリズムとコンプライアンス万能の現代感覚からは読み取れまい。

「田中角栄あっての佐藤昭、佐藤昭あっての田中角栄」

二人三脚の天下獲り物語は、まさに昭和という時代が生んだ一卵性双生児であったのだ。

田中角栄と越山会の女王　目次

第二章

修羅場への第一歩

第三章

昇り龍の陰で

第四章

田中派の「オヤジ」と「ママ」

第五章 総理大臣・田中角栄の誕生

第六章 「早く潰そうとしている奴ばかりだ」

第七章 「淋しき越山会の女王」と呼ばれて

第八章 田中軍団に走る亀裂

序章

田中角栄と越山会の女王

［特別鼎談］

佐藤敦子／朝賀昭／大下英治

最初で最後の〝仲人〟

大下英治［以下、大下］この「田中角栄ブーム」再来を誰よりも喜んでいるのは、佐藤ママでしょうね。

朝賀昭［田中角栄元秘書　以下、朝賀］ほら、わたしの眼に狂いはなかったでしょう。今や歴史上の英雄なんですよと、あの世で微笑んでいるでしょうね。

佐藤敦子［佐藤昭氏長女　以下、敦子］おかげさまで、母の本『私の田中角栄日記』（新潮社刊）も復刊して売れています。

大下　かつて、演歌だけでなく政治の世界でも発言力を持っていた作詞家の川内康範《かわうちこうはん》さんが「ママあっての角さんでした」と言っていましたが、まさにそう思いますね。総理時代でも、頂点を極めた人間は、実に孤独だと思います。しかも、いつ信頼している人物に裏切られるかもわからない。田中角栄も、現実に竹下登《たけしたのぼる》、金丸信《かねまるしん》、ひいてはわが子のようにかわいがっていた小沢一郎《おざわいちろう》らに創政会クーデターにあっている。政治の世界において、男と男というのは最後の最後まで信じられない面を残す。本当のことは話せない部分がある。

かといって、妻のはなさんには、政治の悩みも口にはできない。政治のことはわからない。神楽坂の恋人であった辻和子《つじかずこ》さんも、政治のことはわからない。佐藤ママの場合、政治を熟知して、そして、絶対に裏切ることのない人間として側にいた。これはね、精神衛生上も大きかったと思う。自分の愚痴も言える。ママは、時には厳しいことも言うじゃない。

「なに言ってるの、あなた。人に会うのが嫌なら政治家を辞めたらいいでしょう」とか。そういう人間が秘書をしていて、そして、金庫番をしているから、金に関しても安心できる。

朝賀　僕は、なぜ、ほかの秘書が知らないことまで知っているかというと、ここが大事なんだけど、オヤジはね、たぶんママには、自分に都合の悪い話以外は九割話している。それで、ママもまた、自分に都合の悪い話以外は、オヤジから聞いた話を私には九割話している。だから、最後、やっぱり死ぬまで持っていかないといけないこともママからいくつか聞いているが、〝いわゆる〟と言われるものは、八割はしゃべっているけれど、あとの二割は、これは持っていかないといけないだろうな、というのはあるわけですよ。

だから、僕は取材に来た人に、「俺は田中角栄の八十一パーセントを知っているんだ」と。「八十一パーセントって何ですか?」と。田中先生は佐藤昭子さんに九十パーセント話している。佐藤さんは、その九十パーセントを俺に話しているんだよと。だから俺は、八十一パーセントは、オヤジがやってきたすべてのことを知っている。

大下　わたしは、佐藤ママが田中角栄と、朝賀さんの結婚式を挙げる話、胸が熱くなりましたね。

朝賀　妻になる陽子と一緒に、昭和四十二年七月、赤坂にある佐藤ママの自宅に呼ばれたんです。通された奥の部屋には、三々九度の盃《さかずき》とお神酒《みき》が用意されていた。わたしの結婚式はすでに身内と友だちだけで

（新潟県）刈羽の貧乏人の子として生まれ、人生の苦しみも味わった。納税する国民の立場で政治を行いたい。

挙げていたのだが、ママが弟のようにかわいがっていたわたしのために、こっそり準備してくれた祝いの席だったんです。

「あなたの仲人を、オヤジにさせるから」

田中のオヤジは、仲人を引き受けたことがない、といつも言っていました。

「おれは、仲人はやらんよ。（小沢）一郎の仲人もやっていないんだから。一郎の仲人は、二階堂《にかいどう》（進《すすむ》）にしてもらったし……」

仲人を断る本当の理由はわからないが、わたしには、歳上の妻のはな夫人、神楽坂の辻和子さん、そして佐藤ママという三人の女性が関係しているような気がしていた。オヤジの気持ちがわかっているママも、それならば……ということで、オヤジとママが仲人として立ち会うたった四人だけの結婚式をセッティングしたのです。オヤジの指示で鯛が用意されていました。わたしの祝いの場ということで、思いっきり祝ってやろうとしてくれたんでしょう。奥の部屋には、三つの盃とお神酒を乗せた三方の隣に祝いの鯛が並べられた。こうして、三々九度の酒が酌み交わされ、わたしと妻の陽子は、オヤジとママの前で夫婦となったんです。

オヤジとママ。二人の仲人の前に、わたしは婚姻届を広げて見せた。

「オヤジさん、婚姻届をまだ出していないんですが、オヤジさん、ここにある保証人になって頂けませんか？」

そういって、わたしは頭を下げました。

婚姻届を提出する際には二人の保証人が必要だ。その保証人の欄に、オヤジとママのサインを書いてもらいたかった。
「おれは、こんなもん、書いたことないな……」
そういいながら、オヤジはサインに応じてくれた。ママもそろってサインした。
田中角栄と佐藤昭子が保証人となったわたしの婚姻届は、後日、世田谷区役所に提出された。

お母さんは、私のために生きてきたんです

大下　わたしは、実は、敦子さんとは、わたしが『週刊文春』の記者時代にドラマティックな出会いをしているんです。昭和五十七年一月のことでした。そのことをいま打ち明けてもいいかな。

敦子　全然いいですよ。大笑いの話。相手の方には思い出させて申し訳ないけれど。乱入事件ですね。わたしが二十四歳の時でした。

大下　突然、編集部に電話がかかってきたんです。

「佐藤昭の娘さんが、すべてを打ち明けると言っているんです。彼女は、いま四谷の風月堂で待っていますから、早く行ってあげてください」

こういうトップ記事になるような情報が飛び込んでくることは、滅多にない。わたしは、電話を終えるなり、紀尾井町の文藝春秋社の前でタクシーを拾うなり、四谷の喫茶店風月堂に急いだ。

風月堂に着き、店に入るや、ロングヘアーで細面で清楚な美人ながら憔悴しきっている敦子さんに声をかけた。

「佐藤昭さんのお嬢さんですね」

敦子さんはうなずいた。

わたしが質問する前に、敦子さんの方から母親の佐藤昭さんについて語りはじめた。

「わたし、母さんが、とっても好きなのね………この世の中で、一番好き……その気持ち、わかってほしい……母さんのこと、〝越山会の女王〟とか、いろいろとマスコミに書かれ、とても強い女のように思われてますが、外面だけなんです……娘のわたしの前では、別の顔を見せるんです……母さん、本当は、弱い人なんです。それを見ているのが、つらくって……。母さんは、私のために生きてきたんですよね。小さい頃から、わたしの頼みごとは何でもしてくれた。お前が元気ならいいって。母さん、わたしがいつも、笑ってないと、涙をボロボロ流して、泣くんです」

そう語りながら、敦子さんは目に涙をいっぱいためていた。

そして、敦子さんは言うんです。

「だから、わたし、母さんの前では、お酒の酔いにまぎらわしてでも、三枚目でいたいんですよね」

敦子　あの頃は、確かにわたしは母のことをすごく尊敬したがっていたんですね。実質的な気持ち以上に尊敬したかったし、尊敬する方向に向けていたんです。

女王の記憶力

大下　敦子さんは、あの時、妻子ある恋人との抜き差しならぬ恋について語り、インタビューの六時間前に彼と別れる決心をしたと打ち明けたので驚きました。おそらく、インタビューに応じ、公になることで、決心を固めようとしたんでしょうね。

敦子　わたし、いまだから言えますけど、あの時、実は咳止めとバファリンでラリッておりました。恋愛の悩みで、薬中毒みたいになっていたんです。でも、咳止めどまりで、非合法の薬には絶対に手を出しませんでした。わたしが罪を犯して、母から「お父さん」と呼びなさいと厳しく言われていた田中角栄という偉大な政治家の足を引っ張ってはいけない、という強い自制心だけはありました。

大下　わたしが、このあと、敦子さんがお母さんを愛しているんだな、と思わされたのは、敦子さんの写真を撮るために、文藝春秋社まで来てもらった時です。カメラマンがいざ敦子さんにカメラを向けた時、敦子さんは、ハンドバックから一枚の写真を取り出した。それをわたしに見せた。

「ママの写真なの。これまで恐い顔のママの一枚の写真ばかりがマスコミに載り、誤解されている。見て、ママって美人でしょう。この写真、わたしの写真といっしょに載せて」

たしかに、これまでの佐藤昭の写真と異なり、むしろなまめかしい佐藤昭でした。

敦子　それまでマスコミに載った母の写真は、福田文昭《ふくだふみあき》カメラマンの撮った振り返りざまの睨みつけるような雰囲気の一枚のみでした。母がいかに魅力的な女性であるかをぜひ知ってほしかったんでしょうね。

大下　それから敦子さんの写真を撮った。ただし、敦子さんの写真は、渦巻きにして少しわかりにくくすることにした。佐藤ママの写真は、そのまま載せ、それまでの世間の印象をガラリと変えた。

このインタビューは、『週刊文春』の昭和五十七年一月二十一日号のトップ記事として取り上げた。

「妻子あるジャーナリストとの不倫の恋に悩む　孤独な胸中をあかし続けた長時間インタビュー」の惹で『〝越山会の女王〟佐藤昭子（改名）の娘（24）が語った「わが母、わが恋」』というタイトルでした。

実は、のちに佐藤ママに取材で会った時、『週刊文春』でわたしの書いた記事に触れ、わたしが言ったんです。

「ひどい男がいたもんですね。わたしもおよそ品行方正の男ではないですが、敦子さんのような初心《うぶ》なお嬢さんを相手に残酷なことはできませんよ。たとえていうなら、手の平の上に、毛も満足に生えていないひな鳥が乗り、かわいい音でピヨピヨと鳴いているのに、残酷に握り潰すようなことはできませんよ」

ところが、それから一年後に佐藤ママとの話のなかで、敦子さんの話になった時、わたしが初めて敦子さんについて触れた雛鳥を握りつぶした比喩を、ママは、一字一句そのままに表現したんです。ああ、記憶力抜群な人だな、とあらためて驚きましたね。

朝賀　ママは、政治の世界での記憶力も抜群でしたけど、そのような文学的な繊細な表現への記憶も大変なものがありました。

敦子　でも、わたしからしたらしんどい話でね。そんな一言一句をしっかりと覚える母親って、下手なことを言えないじゃないですか。

オヤジは強要を一切しなかった

大下　敦子さんにとって、田中角栄という存在は、どのように感じていたんですか。

敦子　わたしは、お母さんが知り合いの親切なオジサンと再婚したんだと思ってました。「再婚」という言葉もわからないけど、結局、このあいだまで「おじちゃん」と呼んでいた、あの人が、わたしのお父さんに……

朝賀　なっちゃった（笑）。

敦子　社会的立場として、そういう契約が成り立ったんだと思ってた。ある時期まで。

大下　そのように田中角栄への愛と、逆に言うと憎しみか、あるいは不満とか、それはどうだったんですか。

敦子　まず、憎しみを持ったことは一回もないです。不満は、途中からありますよ。「この人は本当のところ、わたしにとって、いったい誰なんだろう」と思ってた。四つとか、五つとかの時、それまで、切手とかを持ってきてくれたおじちゃんが、「これからはお父さんと呼びなさい」と言われた。人形とかいろんなものをくれるし、とても優しかった。

朝賀　何しろ、女の子が喜びそうなものを人様が持ってくると、オヤジは、「敦子に持っていけ」と言うわけ。ママにね。銀座のクラブ「ジュン」のママが、フランスにレストランを出したとき、お土産にオヤジに石鹸をプレゼントした。オヤジはさ、てっきりチョコレートだと思って、「これ、フランスのチョコレートだ。敦子に持っていけ」と。ママは、それがチョコレートだと疑いもしないで、持って帰って、敦子に「これ、フランスのチョコレートだから」って、食わせた（笑）。

敦子　わたしが「お父ちゃん」と呼んでた時期があって、母はその庶民的なニュアンスがイヤだったよう

東京へ来るときは山を越えてきた。
生まれ故郷は山の向こうにあると常に思ってきた。

で、「お父さんと呼びなさい」とこだわっていましたね。彼女は彼女なりに、一般的な「恵まれた上流の家庭」の姿をつくり上げるのに必死だったんでしょう。

大下　それから、どう変化していくんですか。

敦子　学校から帰ってくると、ときどき、車があるんです、駐車場のところに。「ああ、お父さんがいるんだな」と思って駆け上がっていくと、母の部屋に入れない。

大下　えっ、なんで？

敦子　鍵がかかっていて。何かしてらっしゃるんです。

大下　ハハハハ。

敦子　その当時は、なんで追い出すんだろうと単純に思っていた。「なんで開かないんだろう」と思っていると、そのうち、お母さんが呼んでると言うから、「えっ？」とか言って二階に上ると、もうすっかり、母の部屋の隣の和室にね、すき焼きの料理の用意ができている。いそいそとお母さんがこうやってお野菜を鍋に入れたりして、オヤジは機嫌よく、「俺が作る」とか言ってる。気が短い人だから、自分でドバドバッと入れちゃう。砂糖でもお醤油でも。

大下　味は覚えてる？

敦子　全然美味しくなかったですよ、はっきり言って。甘いし、しょっぱ過ぎるし。

だから、わたしはいまでも、反動で味が濃くない食べ物を好みます。

大下　ハハハハ。月刊『文藝春秋』に、児玉隆也《こだまたかや》の「越山会の女王」って出るでしょう。それはご自分で知っていたの？

敦子　きっかけは中吊り広告です。たぶん、お母さんがその二週間ぐらい前から機嫌悪かったんだと思う。なんか、突然あの人、天岩戸にひきこもるように、寝室から出てこなくなったりするんですよ。機嫌悪くなるとね。布団かぶって、ふてくされて寝ちゃうの。

わたしは、高校にバスで通っていたんだけど、よく新宿とかブラブラ行ったりしていたので、車内吊りじゃないかな。「え～っ」と思って、でも、何だかわからないですよね。「越山会」もわからないし、「金脈」って言われても、なんか、鉱脈があるじゃないですか。それを掘り当てたのかなって。金《きん》が出てきたのかなと思って（笑）。

それで、こっそり月刊『文藝春秋』は買ったけど、ああ、これは読まないほうがいいなと思った。バーッと読んだけど、深く読んじゃうと、うちにいられなくなっちゃうなと思って、捨てました。

間の悪いことに、わたしが同じ時期にお酒を飲み始めて、不良になり始めているから、それが原因だと思われちゃうわけです。でも、それが原因じゃなくて、自業自得もふくめて、単純にわたしの多感な、いろいろ自分の置かれている状況に対する不満からで、それに重なっちゃったというだけで……。

大下　ママは説明しなかった？

敦子　あの人は、何も説明しない人なんです。説明を求めたりすると、怒ってすごいこわい顔になって、ほんとにこもっちゃう。

大下　田中角栄の個人事務所のある砂防《さぼう》会館に行ったことはありますか？

敦子　中学生のころ、学校から帰ってくると、突然、事務所から「迎えに行ってもらうから、こっち来て」と言われて、わたしは事務所に行くんです。そうすると、奥の個室に連れていかれて、そこにオヤジがいる。
　そこで、何かとにかくガーッとやられて。

朝賀　ヘッドロックしてな。

敦子　オヤジがワーッと抱え込む。そうすると、わたしが逃げようとするから、余計押さえつけようとして、ヘッドロックのようになるということなんだけど。もうわたしは思春期になってるから、オヤジのヒゲも痛いし……。その一連の儀式が終わったあとに、何か高いものとか食べさせてくれる。メロンだとか。それで、残り時間でブツブツ、「お母さんがきつくて大変なんだ」と言ってた。「お父さんのことを責めて大変だ。おまえから何とか一つ取りなしてくれ」って（笑）。

朝賀　助けを求めるわけだよ。ママにいじめられるのを、娘に助けを求める。

敦子　わたしにとっては、お母さんは面倒くさい人だな～とそろそろ思っている時期だから、母のことを、こうやって一つ一つ乗り越えているこの人はすごいなって（笑）。だからわたしは、オヤジを政治家としての尊敬というよりも、懐の深さという、そういうのは感じてた。
　今日、久しぶりに大下さんにお目にかかるので、いままで話してないことはないかなと、お風呂に入りながら考えていた。一つだけ思い出したのは、オヤジはわたしに、偉いと思わせる強要を一切しなかった。自分を偉いと思わせるとか、尊敬させるとか、そういう強要とか、仕向けるとか、一切しなかった。それは、とても素敵なことだったと思う。母は、わたしに強要し過ぎるんだと思う。「母を尊敬しろ」と。「認めろ」と。人間って、あまり強要されると……、鬱陶しいよ、もういいよって。それがちょっと不幸だったなと思います、母にとっても。

お母さんは、自分の自伝の『私の田中角栄日記』を「いい本だから、読みなさい」とかって言うのね。そんな間抜けな、と言っては申し訳ないんだけど、そんな言葉を、わたしは愛せなかった。わたしももういい歳の大人になっていたのだから「ほんとにこの人って、女の人なんだな」と思えればよかったんだけど、そんな言い方、普通、娘にしないだろうって。偉人伝じゃないんだから、みたいになってしまって。

例えば、「こんな本が出ちゃったのよ。ちょっと恥ずかしいんだけど、よかったら見てみて」と言ってくれたら、わたしだって、「はいはい、わかりました」とストンと従えたと思うんですけどね。とにかく、わたしは、いつの間にか、なかなか母に優しくなれなくなっていました。

大下　「越山会の女王」という記事と、「越山会の女王」という言葉に関しては、佐藤ママはどう思っていましたか。

朝賀　もう、最悪でしょう。

敦子　オヤジは母に言っていたそうです。「おまえはいいよ、女王なんだから。俺なんか『闇将軍』だぞ」って。「越山会の女王」というフレーズは、児玉隆也さんのレポートと一体化している。そちらがイヤだから、そのネーミングもイヤだと言いながら、やってることは、やっぱり女王なんですけどね。まあ、でも、ほんとにすごい人生ではありました。

朝賀　うん。

［二〇一六年八月七日　銀座にて］

第一章

田中角栄と生きた女――運命の出逢い

二十七歳の立候補者

昭和二十一年二月二十三日——佐藤昭《さとうあき》は、運命的な出会いをすることになる。この日は、奇《く》しくも母親ミサの亡くなった祥月命日《しょうつきめいにち》であった。〔戸籍名の佐藤昭から昭子になったのは、昭和五十四年である〕

元柏崎《かしわざき》警察署長であった岡部友平が、昭の家にやってきた。叔母から、岡部が今度の選挙に立候補する人を連れて来ると、あらかじめ聞かされていたのである。その候補者は、年齢が二十七歳だという。政治家としては、若い。

〈どんな人かしら〉

昭は、ひそかに興味を抱いた。

岡部は、連れの男を紹介した。

「今度の選挙で、立候補される田中さんです」

岡部の横にいた男が、一歩前に進み出た。

立候補するという男は、茶色のカシミヤのコートに、茶色のマフラーを首に巻いている。長靴を履《は》いていた。さすがに立候補を決意するだけはある。二十七という歳にはおよそ似合わない、威風堂々とした貫禄を持ちあわせていた。

その顔には、チョビ髭《ひげ》が、まるでとってつけたようにちょこんと乗っている。

紹介された男は、濁声《だみごえ》で挨拶した。

「田中角栄と申します。どうぞ、よろしくお願いします」

田中は、大正七年五月四日に新潟県刈羽《かりわ》郡二田《ふただ》村〔現・柏崎市〕に生まれた。昭より十歳年上であった。二田尋常高等小学校を卒業して上京。神田中猿楽《なかさるがく》町にある夜学の中央工学校に通いながら、井上工業東京支店で働き、一級建築士の資格を取った。昭和十二年には独立し、十八年には「田中土建工業」を創立した。

田中は、この四月十日に投票がある、戦後初の衆議院選挙への出馬を決意していた。「田中土建工業」の顧問をしていた日本進歩党の大麻唯男《おおあさただお》の勧めにより、進歩党から立つ。

大麻は、立憲民政党の町田忠治《まちだちゅうじ》の側近であったが、政党解散後、大日本政治会の長老として東条英機《とうじょうひでき》内閣の国務大臣にまでなった人物である。〝寝わざ師〟の異名で呼ばれていた策士でもあった。

敗戦とともに、旧政友会系は、鳩山一郎《はとやまいちろう》を中心に日本自由党を結成した。自由党に対抗して、旧民政党系は、昭和二十年十一月十六日に、日本進歩党を結成した。その結成の根まわし役が、大麻であった。

昭は、田中をひと目見ると、正直なところびっくりした。

〈本当に、この人、二十七歳なの？　歳をごまかしているんじゃないかしら〉

田中は、髪が黒々とさえしていなければ、五十といっても通ってしまう。

会う前に思い浮かべていた溌剌《はつらつ》とした青年政治家の印象とは、ほど遠い。まさか、この目の前にいる男がやがては総理大臣にまでなり、秘書として彼と歩みをともにする自分が「越山会《えつざんかい》の女王」と呼ばれるま

人間誰しも出来損ないだ。
しかし、政治家はその出来損ないの人間そのままを愛せるかどうかなんだ。
人を愛せなきゃダメだ。

でになろうとは、夢にも思わなかった。

いっぽう、田中は、初対面の昭を印象深く胸に刻みこんでいた。のちに、田中は昭に話した。

「おれは、おまえに一目惚れしてしまったんだよ。だけど、そのときにはおまえには婚約者がいたしなぁ……そのまま引っさらおうかと思ったことすらあった。しかし、なにより、おまえは堅気《かたぎ》の娘だったから」

岡部元署長と田中は、昭の家にあがりこんだ。

田中は、明るい調子で話しはじめた。

昭は、少し思い直した。

〈話してみると、なかなか気さくでおもしろい方だわ〉

岡部が、昭に相談をもちかけた。

「誰か、いい弁士はいないかな。田中さんは東京にずっとおられたので、地盤が固まっていないんだ。応援は、多ければ多いほどいいのだが」

田中は、無名のうえ、東京から急に新潟県にもどって選挙に立った。そのために地元の人たちからは「落下傘候補」と皮肉られていた。そのハンディをおぎなうことが必要だった。

応援演説の柱として、草間道之輔と星野一也のふたりを頼んでいた。草間は、田中の小学校時代の校長で、終生の恩師である。星野は、当時、地元にある「理研農工」の社長をしていた。

田中は、選挙事務所を、佐藤家の菩提寺《ぼだいじ》である明蔵寺にかまえていた。

田中の選挙運動は用意周到をきわめていた。星野に応援を頼んだのも、そのひとつの戦術だった。星野から、田中と理化学研究所［略称：理研］とのつながりを説明してもらい、票を得ようとしていたのである。田中は、終戦前、「理研工業」の工場を朝鮮の大田市《テジョン》に疎開させる大仕事を引き受けていた。

田中は地元で、自分の手足となって働いてくれる者が欲しかったのである。

昭は、はずんだ声を出した。

「いますわ」

同人誌「久遠の誓」の主宰者の青年である。その青年は県立柏崎商業高校では弁論部に所属し、主将をつとめたこともある。弁舌はお手のものだった。

昭がそのことを説明すると、岡部はよろこび勇んだ。

「それは、心強い」

「でも、本当にお役に立てるかどうかは、わかりませんよ」

「いやいや、そんなことはない。ねぇ、田中さん」

岡部は、田中に同調を求めた。田中も、満面の笑みを浮かべた。

「うん、ぜひとも紹介していただきたい」

数日後、田中はその青年と会った。田中は、青年と強く手を握りあった。

「よろしく、お願いします」

青年は、田中に会った直後、昭に熱っぽく語った。

「田中という人は、凄い男だ。きっと、のちのち、どでかいことをやってのけるにちがいない」

彼の田中への肩入れは、並々ならぬものがあった。

彼は、田中の選挙運動に、柏崎市内で古着屋を営んでいた本間幸一《ほんまこういち》をも仲間に引き込んだ。本間は、〝古着屋のコーちゃん〟と呼ばれ、町の人たちから親しまれていた。秀才というわけではなかったが、細部によく気がつく。文学青年で、映画のシナリオをよく読んでいた。選挙の手伝いには、うってつけと思われた。本間はのちに「越山会」の新潟における総支配人となり、〝国家老《くにがろう》〟〝影の新潟県知事〟とまで呼ばれるようになる。

夜になると、選挙の運動員たちは、メガホン片手に街中を歩きまわった。

「田中で結構です。角栄で結構です。よろしくお願いいたします」

青年は、ある日、段ボール箱を抱えて昭の家にやって来た。

「これ、全部、書いてくれよ」

なかには、選挙人名簿と選挙用ハガキがどっさりと入っていた。

昭は、眼を丸くした。

「これを、全部ですか！」

「そうだよ、なるべく早く」

そう言い捨て、忙しそうに出ていった。

昭はその後を追い、玄関を出た。彼は、意気揚々と歩いていく。

元陸軍中尉だった彼は、敗戦のショックからか、世間を斜にかまえて見ていた。進駐軍のやり方を、いつも激しく罵《ののし》っていた。が、いまや水を得た魚のように田中の選挙運動に没頭している。

昭は立ち尽くして、彼の背中を見送った。彼のあまりの変わりように、驚いてしまっていた。

〈あんなに生き生きとしているあの人を見たのは、初めてだわ〉

昭は、しばらく経ったある日、田中の立会演説を聞きに出かけた。

「おれが応援演説をするから、絶対に聞きに来てくれ」

青年からそう強く言われたからである。

昭は青年の演説がぜひとも聞きたい、というわけではない。いつもの彼を見ていれば、見事にやってのけることはわかりきっていた。あくまでも、義理にすぎなかった。その彼が応援してやまない田中が、どんな演説をするのか、それにはかすかな興味があった。

いよいよ、田中が壇上に立った。

田中は初めての大舞台に、緊張で堅くなってしまっていた。昭にも肌で感じるほど、それが見てとれた。

田中が演説をはじめた。

「わ、わたくしが、こ、このたび立候補しました、た、田中角栄でございます」

言葉がつかえて、まともに話ができなくなってしまっている。

昭は、首をかしげた。

〈どうしてしまったのだろう？　わたしの家に来たときとは、まったく別の人みたい〉

威風堂々とした田中は、どこへ行ってしまったのか。

じつは、田中は二歳のころにジフテリアを患《わずら》った。それがもとで、幼いころには、吃音癖《きつおん》があった。苦しみに苦しんだ末、小学校高学年のころに克服したのだが、いざというときになって、突然再発してしまったのである。

聴衆からは、罵声《ばせい》が飛び交った。

「ちゃんとしゃべらんか！」

「全然聞こえんぞ！」

演説が、なかなか進まない。田中はさらに動揺した。いっそうしどろもどろになった。手にしたハンカチで、何度も何度も顔をぬぐっている。

昭は思わず、マントの襟《えり》に顔をうずめた。壇上で、野次を受けて火ダルマになっている田中の姿を見るのが、しのびなかった。

田中は、ほうほうの体《てい》で壇上から降りた。

後を受けて壇上に立ったのが、昭に好意を寄せていたかの青年である。田中のときとは対照的に、「いいぞぉー！」「待ってました」と声援が飛ぶ。

青年は、田中のあけた大きな穴を埋めなければならない。さすがに、弁論部の元主将だけある。プレッシャーを、いとも簡単にはねのけた。拳《こぶし》を握りしめての熱弁で、野坂参三《のさかさんぞう》を激しく批判した。

野坂は、大正十一年、日本共産党の創立に参加。昭和六年にモスクワに亡命。昭和十五年には日中戦争下の中国に潜入。中国共産党の指導者である毛沢東《もうたくとう》らと反戦運動をつづけた。昭和二十一年一月、敗戦直後の日本に、まるで〝凱旋将軍《がいせんしょうぐん》〟のように帰国して、共産党の再建に着手した。そして、この選挙に共産党から立候補していた。

青年の演説は、田中とは対照的に受けに受けた。田中以上の拍手喝采が送られた。

昭は、演壇近くに座っている田中を見つめた。田中は背筋をまっすぐにのばし、ただ真正面をじっと見据え、唇を、きつく引き締めていた。

青年に対する拍手喝采が、昭の胸にさみしく響き入った。

しかし、田中は、演説会の失敗などものともしないかのように、必至の選挙運動を展開した。ポスターにも掲げたように、「若き血の叫び」を前面に押し出し、若さを強調した。

が、昭和二十一年四月十日投票の選挙は、惨敗に終わった。得票数三万四千六十票。敗戦から一年も経たない、大選挙区制時代の田中の初陣は十一位に終わり、落選してしまったのである。

内弁慶の負けず嫌い

佐藤昭子《さとうあきこ》は、昭和三年八月五日、新潟県柏崎町大字枇杷島《びわしま》関町〔現・柏崎市〕で生まれた。戸籍名は、昭である。

柏崎は、明治末期に掘り出された刈羽《かりわ》油田の影響を色濃く受け、信越線、越後線の地の利を生かし、製油都市として発展していた。

昭が生まれたのは、理化学研究所が柏崎工場を建設した矢先のころだ。理研は、のちに田中角栄が、社長の大河内《おおこうち》正敏《まさとし》子爵の擁護を受け、選挙のときに世話になる。

八百屋のおっちゃん、おばちゃん、その人たちをそのまま愛さなきゃならない。政治の原点はそこにあるんだ。

父親の作治は、関町で、文房具を中心とした日用品雑貨屋を営んでいた。間口は四間半あり、関町ではもっとも大きな店をかまえていた。

昭は、経済的には恵まれた環境に、二男四女の末っ子として生まれたのである。が、昭が生まれる前に、すでに長女の愛子がこの世を去っていた。昭が生まれて二年後には、次女の郁子も死ぬ。

さらに大黒柱の父親も、昭和八年四月二十五日に死ぬ。またもや肉親の死である。昭、四歳のときであった。

作治亡き後の佐藤家は、長男の仁史が継いだ。仁史は、昭より十七歳年上であった。

仁史は、新潟県立柏崎商業高校を首席で卒業後、一時修業のために新潟県長岡の問屋に奉公に出されていた。が、いくら修業とはいえ、便所の汲み取りまでやらされたのには我慢ができなかった。ついカッとなり、店の中に糞尿《ふんにょう》をぶちまけ、逃げ帰っていた。

仁史は、戸主となると、それまで父親に厳しく押さえつけられていた箍《たが》が外れたのか、好き放題のことをはじめた。

学生時代、音楽部に入っていたせいで、クラリネット、サキソホン、ヴァイオリンと、楽器はなんでもこなした。手当たりしだいに楽器を買い漁《あさ》っては、演奏にふけりはじめた。昼間、電蓄をガンガン鳴らして、近所から苦情を受けたこともあった。

「うっさくて、昼寝ができないじゃないか！」

写真にも凝《こ》っていた。超高級なライカのカメラを、何台も持っていた。二階の私室の押し入れを暗室にして、自分で現像もやってのけた。昭や友達の写真を撮ってくれたこともあった。絵をよく描き、店の看板は自分で描いた。ときには、「WELCOME」と英語で小粋《こいき》に看板に書いた。なかなかの二枚目で、女性にもモテた。いわゆる「ハイカラ」であった。

いっぽう、仁央は戸主としてのプライドも高かった。昭の父親代わりとして、作治同様、いやそれ以上に躾《しつけ》には厳しかった。昭がご飯を食べているとき、少しでも食卓に肘《ひじ》をつこうものなら、仁史の鉄拳が昭を見舞った。

昭が、昭和十年に枇杷島小学校に入って間もなくのことである。習字の練習で、昭は母親に下書きを書いてもらっていた。

そこに、仁史がやってきた。

「母さん、母さんの字じゃ、うまくならないよ」

仁史はお手本に書いてある字を、自分で書き直した。

仁史は、教育に厳しかった父親作治から、徹底的に習字の手習いをさせられた。文房具を売っているため、習字の和紙はふんだんにある。作治が納得するまで、何枚でも書かされていた。たとえ、家の裏にある学校から始業ベルが鳴り響いてこようが、作治はおかまいなしであった。徹底的なスパルタ教育であった。

そのおかげで、仁史は、どこに出しても恥ずかしくないほどの達筆になっていた。

昭は、手本の一ページを、仁史の書いた字を見ながら一週間書きつづける。そして、「これでよし」と認められれば、ようやく次のページに進める。また一週間、そのページの字を書きつづける。まさに仁史が作治に課せられたと同じようなスパルタ教育だった。

さすがに昭も、サボることはできない。いつ仁史の鉄拳が飛んでくるかわからない。昭は、嫌々ながらも習字の練習に取り組んだのだった。おかげで、仁史同様、どこに出しても恥ずかしくないほどの字を書けるまでに上達した。このことは、のち田中角栄の秘書として、計算のよくできる才と並んで、おおいに活《い》きることになる。

内弁慶な昭は、同級生グループのなかにあって、あまり目立とうとしないタイプだった。が、一年生から卒業までずっと優等生を通すことになる昭は、自然に目立つ存在になった。学業のほうも優れていたが、体育も得意だった。小学校のときから短距離をやっていた。ダンスの基本など、模範として、みなの前で何回もやらされた。

親友の瀬下さだは、思っていた。

〈昭ちゃんは、静かだけど、なにをやらせてもうまいんだ〉

しかも、内気なぶんだけ秘めた思いが強く、負けず嫌いだった。高跳びなどをやらせて、跳べないと、何度でも挑戦した。次はより高く、と果敢に挑んでいった。

相次ぐ肉親の死

昭和十二年二月初め、長男の仁史と嫁のあいだに、女の子が生まれ、陽子と名付けられた。が、生まれて間もなく、陽子は、急に引きつけを起こした。

昭より九歳年上の次男の正は、肋膜炎《ろくまくえん》のため、離れのひと部屋で闘病生活に入っていた。それなのに、陽子が引きつけと知ると、深夜、陽子を抱えて病院に走った。が、陽子は看護も虚《むな》しく、息を引き取った。

仁史は悲しさのあまり、正に当たりちらした。

「おまえの病気が移ったから、陽子か死んだんじゃないか！」

正は身長が百八十センチもある体を小さくし、仁史の八つ当たりに黙って耐えていた。

正は、偉丈夫とまわりからも言われていた。が、学校での軍事教練のときに、雨の中で立ち尽くしたため熱を出し、それをこじらせ、肋膜炎になってしまっていた。性格は、長男の仁史とは対照的に、温厚で真面目だった。

長男の横暴に黙って耐えている母親のミサに、正はやさしく言っていた。

「学校を卒業したら、お母さんを安心させてあげるから」

昭は、そんなやさしい正が好きだった。仁史から、「正のところには、近寄ってはならない」と釘を刺されていても、こっそりと離れに行っていた。

正は、そんな昭を、「アコ、アコ」と呼んでかわいがってくれた。ときには、甘い薬用飲料水ドリコノを飲ませてくれたり、特別栄養がつくという食品を食べさせてもくれた。

しかし、病は、正だけではなかった。そのころから、三女の芙美子も病の床に伏せるようになってしまった。

昭の家では、

「また、兄ちゃんが倒れたよ」

「姉ちゃんも……」

というような辛《つら》い会話が、多くなってきた。

正も芙美子も、かつては健康優良児で表彰された。家にはふたりの賞状を額に飾ってあった。それほど健康だったにもかかわらず、ふたりとも病に伏せてしまったのである。

すでに佐藤家では、父親の作治、長女の愛子、次女の郁子が死んでいる。昭を溺愛《できあい》した母も、長兄も、昭どころではなくなった。それまで昭をかまっている時間が、倒れた兄姉のほうへと向けられてしまった。

昭は、事情がわかっていながらも、悲しくてならなかった。

〈だれも、あたしを相手にしてくれない〉

昭和十二年五月十五日、次男の正が他界した。母ミサと理研農工の星野一也とのあいだで、正が三月に中学を卒業したら、理研ピストンリングに就職することがすでに決まっていた。

正に多大な期待をかけていたミサの気の落としようは、尋常ではなかった。腰を抜かしたようになり、しばらく床から起き上がることができなかったほどである。

不幸が、さらに佐藤家を襲った。三女の芙美子も肋膜炎に倒れたのである。芙美子は、母親のミサに、自分の病状をそれまで打ち明けずにいた。次男の正の死を悲しんでいるミサを、それ以上悲しませたくなかったのである。

女学校二年であった芙美子は、仁史夫婦が一時離婚したとき、ミサに説得され、休学していた。なにひとつ不服を言うことなく家事を手伝うかたわら、通信教育を受けていた。

芙美子は、病に倒れたことが、よほど悲しかったにちがいない。ひとりさびしくすすり泣いている芙美子の姿を、昭はたびたび見たことがあった。

昭和十二年の夏、ミサは、柏崎に近い鯨波《くじらなみ》の海辺に家を借りた。芙美子と昭を連れて、ひと夏を静養のために過ごした。

ミサは、芙美子の病気を治すために懸命だった。きれいな空気をうんと吸って、新鮮な魚を食べれば、少しは回復するにちがいない、と祈る気持ちであった。ひときわ美人であった芙美子を、ふたたび健康な美しさにもどしたかった。

が、芙美子の病気は回復には向かわなかった。

その年の十月二十七日の夜中、寝ていたミサに、芙美子は、なにか乞うかのように声をかけた。

「お母さん、お母さん……」

が、ミサは、毎日の看病に疲れ切っていた。

「夜が明けたら、取り替えてあげるから、そのままでいいよ」

てっきりトイレにちがいないと思いこみ、そのまま眠りつづけた。が、母に呼びかけたその言葉が、芙美子の最期の言葉になった。

芙美子は、その夜、誰に看取られることもなく、静かに息を引き取った。

家が落ち着きを見せかけて、そろそろ復学できるか、との希望が見えてきた矢先のことである。

オフクロが田の草取りするのに、扇風機を担いで行ったか。藁仕事をするのにガスストーブを使ったか。ワシらは屋根のある家にいるではないか。

ミサは初孫の陽子、期待していた正、そして芙美子と、半年のうちに、三人もの肉親を失った。

長男の仁史は、いまだに好き勝手を続けている。店の資金繰りも難しくなる一方であった。

仁史は、ついには、母親のタンスをこじあけた。ミサの金に手をつけるようにまでなっていた。ミサが「母の許しなくして、母のタンスに手を触れるべからず」とわざわざ書いて貼りつけておいたのにも拘わらず。

そのタンスには、ミサが細々と貯金をしていた貯金通帳が入っていた。娘たちが、嫁に行くときのためにと、つくっていた着物も入っていた。仁史は、それをも奪ってしまったのだった。

ミサにとっては、昭だけが、唯一の生きる希望となっていった。


昭和十三年の春のある日、長男の仁史は、痔瘻《じろう》のために病院に入院した。

仁史は、このころは真面目になり、クラブ化粧品の代理店を請け負っていた。東京と柏崎をひっきりなしに往復し、ときには北海道まで、セールスに行ったりもした。長い車中での往復とそんな激しい生活をするうちに、結核性の痔瘻にかかってしまったのである。

ちょうど仁史の次女瑛子が生まれて間もないころであった。ミサは息子の病気より嫁のほうに気兼ねして、産後の世話や店のことで病院に行く暇がない。

仁史の世話は、昭がすることになった。

仁史は、当時では、最高の治療を受けていた。磁気治療もし、ついには手術さえ受けた。毎日、仁史の好物を抱えて病院に行くと、芸者が見舞いに来ていて病室に入れないこともたびたびであった。

が、いっこうに治癒しそうになかった。その気配すらない。むしろ、悪くなる一方であった。

ミサは、さすがに見るに見かねて覚悟していたのにちがいない。涙ながらに、昭に言った。

「お兄ちゃんが死んでも、泣くんでないよ。お兄ちゃんは好きなことを、すべてやり尽くしたんだからね」

それは、昭にというより、自分自身に言いきかせているようであった。

昭和十四年二月二十二日、仁史は、ついにこの世を去った。奇しくも、仁史の長女陽子の命日だった。

その夜、ミサは泣き明かした。

じつは、仁史が危篤《きとく》のときから、嫁の親兄弟がねじ込んできていた。

「長男の仁史に代わる新しい戸主は、仁史の娘と民法上決まっている。全部、わたしどもに渡してください」

が、ミサは、書類を一枚持ち出してきて突きつけた。仁史が生前に書いておいた家の権利の譲渡書であった。

ミサは、生前の仁史に言ったことがある。

「いい加減、わたしとアコのことも、きちんと考えておくれ」

仁史は、ぶっきらぼうに答えた。

「ああ、わかっているよ」

それから三日後、仁史は、ミサに公正証書付き譲渡書を渡したのであった。

仁史はにこりとした。

「これで安心したでしょう」

いくら嫁側の親族が騒いでも、仁史の生前に、すでに家屋敷の名義はミサに移されていたのである。ハイカラで好き勝手をしてきた仁史であったが、最後の最後は、やはり佐藤家と母親と妹のことを心配していたのである。ミサも昭も、家から追い出されなくて済んだ。

しかし、嫁の親兄弟は、そんなことでは引き下がらなかった。ミサの姉や本家の戸主を加え、毎日のように喧嘩に近い言い争いが繰り広げられた。

その結果、佐藤家で、嫁と瑛子のふたりの経済的な面倒を見ることになった。瑛子が満十五歳になるまでの養育費を渡すことで、決着がついた。嫁と瑛子は、しばらくして、東京にもどっていった。

広い家が、まるでがらんとしたように沈みこんでしまった。ミサと昭との、ふたりきりのさびしい暮らしがはじまった。

母娘ふたりの生活

兄姉の死は、昭にとって、たしかに悲しかった。が、半年ほど経つと、すっかり立ち直った。

昭には、現実をいったん受け止め、それに合わせていく運命論者的な資質がそのころから培われていた。解放感に似た思いすらあった。これまでのように、ガミガミとうるさく怒鳴る仁史もいない。ミサも、これまで以上にかわいがってくれる。ちょっと泣き顔を見せれば、オロオロしてなんでも買ってくれる。まさに、昭にとって、わが世の春であった。

昭が小学校六年のとき、それまで町であった柏崎が、市に昇格した。そのとき、昭と親友の瀬下さだは担任に引率され、初代市長の原吉郎にインタビュアーとして出かけたこともあった。ミサはこのことをよろこんだ。

昭和十六年二月、昭は、県立柏崎高等女学校の入学試験を受けた。柏崎市の女学校のなかで、一番の名門校であった。

合格発表の日、昭は、ミサとともに県立柏崎高等女学校に歩いて向かった。ミサは、病気がちであったが、発表の日と聞くと、居ても立ってもいられなかったのである。途中、白竜神社の前を通りかかった。その付近は、蓮沼地帯である。

ミサが、冗談とも本気ともとれる口調で言った。

「ねぇ、アコちゃん、もし落第していたら、ここでお母さんとふたりして死のうか」

「なにを言っているのよ、お母さんたら」

昭は笑って、受け付けなかった。ミサは、日々の生活に疲れ切っている。このままあの世に行ってしまえば、どんなに楽だろうかと考えていたのであろう。

学校の門をくぐると、上級生が走り寄ってきた。

「おめでとう！」

上級生たちは、あらかじめ掲示板を見てくれていたのである。

昭はさすがにうれしかった。そしてミサの手をとり、笑いながら言った。

「これで死なないで済んだね」

ミサは、複雑な笑みを浮かべていた。

県立柏崎高等女学校の入学式の日のことである。昭は、紺地に赤いブレードが二本、そして柏の校章の刺繍《ししゅう》の入った制服を着込み、颯爽《さっそう》と登校した。

入学式の後、担任が言った。

「級長は、佐藤」

たまたま同じ学年に同姓同名の生徒がいた。昭は、まさか自分が級長になるとは考えてもみなかったので、とっさにその生徒が呼ばれたにちがいない、と思い込んだ。

「佐藤さん、早く前に出なさい」

隣の生徒が、昭を小突いた。

「昭ちゃん、あんただよ」

昭は、あわてて前に進み出た。内心おかしくてならなかった。

〈合格しなかったらいっしょに死のうなんて、母さんは言っていたのに……。級長だなんて〉

県立柏崎高等女学校は、明治三十四年四月に創立された。質実剛健、質素を旨とし、良妻賢母を範とした名門校であった。男女交際が見つかれば、停学、退学は当たり前のことであった。

飲食店に入るにも、父兄同伴でなければならない。十二月の真冬になるまでは、靴下をはくことすら許されなかった。

さらに不文律として、学校の外で上級生に会ったときには、かならず頭を下げて挨拶しなければならなかった。昭ら新入生は、町を歩くときでも神経を尖らしていた。なにしろ、狭い町である。いつ、どこで、上級生に出会うかわからない。昭は、あまりにも神経を遣いすぎて、別の学校の上級生にまで挨拶をしてしまったことすらあった。

昭は部活動にも専念した。もともと足が速かったため、陸上部に所属した。運動部のなかで花形だった。昭は、短距離走の選手であった。血統なのであろうか、幼いころから体は強いほうではなかった。特に、心臓が弱かった。しかし、それをハンディとは考えたくなかった。そこで、自分の持てる力を存分に発揮し切れる短距離を選んだのである。

春から秋にかけては、毎日、放課後、ブルマーにはき替え、校庭を走りに走った。冬になると、雪のため、外での練習はできなくなる。廊下での練習ばかりであった。スタートやバトンタッチの練習をしたり、階段の昇り降りのトレーニングに励んだ。陸上部以外の生徒たちが、教室からいっせいにのぞく。昭らは、その視線のなかを、颯爽と走り抜ける。得意でならなかった。

昭は、過酷な練習にも歯を食いしばって耐え抜いた。その甲斐あって、地区大会、県大会にも出場できたのである。青い鉢巻きに青い襷《たすき》と、青ずくめの出で立ちで大会に出場して走るときの快感といったらなかった。

部活動がすんで、ひとり学校から帰るときは、乙女の心にたちもどった。春は、まるで鯉のような形に

親、子、孫が生まれ故郷を捨てず、住むことができるようにするのが政治の基本だ。だからこのトンネルを造ったんだ。

残った米山の雪が、より感傷的な気持ちにさせた。秋は、稲穂がたわわに実った畦道《あぜみち》を歩きながら、希望を夢に託した。

家に帰ると、ミサがかならず家の前で佇《たたず》んで待っている。バケツに水を汲み、昭の足を洗ってくれる。雨の日などは、傘と長靴を持って学校の途中まで迎えにきてくれた。

昭は寝つきが悪かった。そのため、朝は不機嫌なことが多い。いつまでも眠気が取れないので、ごまかして、「頭が痛い」とミサに訴える。ミサは、怒るどころか、「学校へ行くの止めて、お母さんといっしょにいよう」と、昭が休むのをむしろよろこんだ。

部活動が終わると、ジャムパンをみんなで食べることがある。そのために、家での夕食では、腹が空かない。ご飯を三杯食べるところを、二杯しか食べないときがある。ミサが、とたんに騒ぎはじめる。

「アコちゃん、大丈夫？　どこか悪いんじゃないの」

昭は、ご飯を無理矢理三杯かき込んだ。ミサの溺愛ぶりは、昭自身でも恥ずかしくなるほどだった。

ミサは、親戚の家に行っても、落ち着かなかった。

「そろそろ、アコが学校から帰る時間だから」

そういって、お茶の一杯も飲まずに、そそくさと帰るのである。

親戚のひとりが、昭に言った。

「お母さんは、朝から晩まで、アコが、アコがと、アコちゃんのことばかり言っているのよ。アコちゃんだって、もう女学生なのに」

まわりは、あまりの親馬鹿ぶりを冷やかした。

しかし、ミサは、なりふりかまわなかった。自分の息子娘五人を早くして亡くしたのだ。一縷《いちる》の望みは、昭だけだった。昭だけは、命を賭しても育てあげたい。そればかりを一心に願いつづけていたのである。

しかし、昭はときおり、その母の愛情がうとましく、冗談まじりに言うことがあった。

「わたしもね、十六歳で死ぬかもね」

ふたりの姉が十六歳で死んでいる。だから、自分もその歳で死ぬというのである。

ミサはそれこそ大騒ぎだった。

「なにを馬鹿なことを言っているの！　そんなことを言うもんじゃありません！」

いつもはやさしく見守ってくれるミサも、そのときだけはむきになった。

李香蘭と人生の並木路

昭和十六年六月中旬、閻《えん》魔《ま》市《いち》がひらかれた。毎年、田植えが終わると柏崎市本町の閻魔堂にある閻魔大王を祀《まつ》る。そのとき市内には、全国から露天商が集まり、門前市をなす。出店だけでなく、サーカスをはじめとした見世物もある。学校の周囲もサーカスの呼び声やジンタ〔宣伝やサーカスなどに使われる街の楽隊〕の音で、うるさくて勉強ができない。そのため、閻魔市がひらかれている期間は、学校も休みとなった。

昭は、上級生に誘われた。

「映画、観に行かない？」

映画は、日頃、観に行くことを止められていた。が、このときばかりは学校側も大目に見てくれたのである。一年に一回だけの機会である。

昭は、幼いときに何度か、兄嫁に連れられて観たことはある。しかし、そのときには、映画そのものよりも、映画館のなかで買ってもらえるアイスクリームや玄米パンのほうに興味が傾いていた。

昭はすぐに承諾した。

「行こう、行こう！」

何人かで連れ立ち、「柏盛座」という映画館に向かった。

「柏盛座」の大きな看板には「支那の夜」と大きくタイトルが書かれていた。主役の長谷川一夫と李香蘭《りこうらん》（山口淑子《やまぐちよしこ》）のふたりのポスターも、描かれていた。

李香蘭扮するところの両親のいない中国娘桂蘭は、長谷川一夫の扮する貨物船の船員の親切のために親日的になっていく。そのいっぽうで、桂欄の親戚には抗日的分子がおり、ひと波乱起きる。しかし、ふたりは純愛の末、結ばれるというラブ・ストーリーである。

昭は、感動に胸を熱くした。純粋な心に、地平線のつづく広大な大陸が刻み込まれた。それ以上に、李香蘭のあまりの美しさに魅了されてしまったのである。

李香蘭は、昭和十三年に満州〔現・中国東北部〕の満州映画協会〔満映〕に入り、天性の美貌を買われ、日本人ながら「中国人女優」として売り出された。〝日満親善〟の象徴として昭和十五年の「支那の夜」に出演したのである。

昭は李香蘭の美しさに魅せられてから、「支那の夜」を四回も五回も繰り返し観た。ついには、ストーリーだけでなく、台詞《せりふ》まで、ほとんど覚え込んでしまった。

母親のミサに、はやる心を打ち明けた。

「お母さん、わたし、女学校を出たら上級学校に進学して、女学校の先生になるわ」

「それはいいことね」

昭和十六年当時、日中戦争の長期化により、日本は満蒙《まんもう》政策に大きな力を入れていた。昭の通う柏崎高等女学校にも、満州の女学生が、日満親善使節団として来た。昭らは、満州国歌をおぼえて、使節団といっしょに合唱したりもした。各市町村からは、満蒙開拓団として、多くの人が満州に渡っていた。柏崎からも、開拓団や慰問団が渡っていた。町の人々に見送られる、その人たちの姿も見ている。よけいに、満州が素晴らしいところに映って見えたのである。

「中国に渡るの。中国で、先生をやるの……」

ミサは、一瞬、唖然《あぜん》とした。昭には、中国大陸はまるで目と鼻の先にあるように思われた。しかし、ミサには、地球の果てほどに遠いところに思えたのであろう。

ミサは、力ない笑みを浮かべた。

「アコちゃんが行くところなら、お母さんも、どこにでもいっしょに行くよ」

のちに、昭は、中国の夢を見せてくれた李香蘭に会うことになる。昭和四十九年七月の参議院選挙前のことである。李香蘭こと山口淑子は、全国区から立候補するために、昭に面会を求めた。

さすがの昭も、緊張しきってしまった。

〈自分が憧れていた人に、実際に会えるなんて……〉

山口に会うと、思わず女学校時代の自分にもどってしまった。

しかし、いざ政治の話になると、きちんと言うべきことは言った。

「とにかく、政治はおやめになったほうがいいですよ。政治は、山口さんが想像されているほど、きれいなものではないです。なかに入ったら、権力闘争でドロドロとしています」

昭としては、田中の秘書になり、さまざまな政治抗争を嫌というほど見せつけられてきた。その世界に、自分の憧れていた銀幕のスターが入り込んでくるというのは、忍びなかったのである。

が、山口は、きっぱりと言った。

「佐藤さんのお気持ちは、大変にありがたく思います。しかし、わたしの決心は変わりません」

昭は、そのひとことに、山口の決心の固さを感じ取った。

「わかりました。それならば、死に物狂いで応援させてもらいます」

山口は、見事に当選し、以後、田中派の議員として活躍する。

さて、小学校のときに昭をかわいがってくれた男の先生から手紙が来たのは、昭が中国に胸をふくらませている、ちょうどそんなころだった。

昭和十六年十二月八日、日本海軍が、いきなり真珠湾を攻撃した。太平洋戦争が勃発したのである。柏崎市民も、はじめのうちは戦勝ムードに酔い、はしゃぎにはしゃいでいた。

しかし、昭和十八年四月十八日、山本五十六《やまもといそろく》連合艦隊司令長官が、ニューギニア島沖のソロモン方面での前線視察に際し、米軍機に要撃されて命を落とした。山本は、新潟県長岡《ながおか》市出身で郷土の英雄であった。山本の死を機に、地元の人たちの戦意は、がっくりと落ちこんだ。県立柏崎高等女学校でも、山本元帥《げんすい》追悼慰霊祭がおこなわれた。昭はおののいた。

〈この戦争は、負けるにちがいないわ〉

昭の通う柏崎高等女学校では、クラス編成が分隊編成に切り換えられた。学年が中隊、クラスが小隊、それをまた十人単位で分けて分隊としていた。その分隊を基本単位として、防火演習がおこなわれた。

小隊長である昭は、先生が教室に入ってくると、号令をかける。

「起立！」

「礼！」

「着席！」

同級生たちが席についても、昭だけは立っている。

みなが座ったのを確認し、報告した。

「何小隊、総数何名、欠席何名、現在何名、報告終わり！」

まさに、軍隊さながらであった。しかも、授業ごとに先生が替わる。そのたびに、いちいち報告しなければならなかった。

〈いくら戦時下とはいえ、こんなことばかりつづいては、嫌になってしまう〉

昭は、毎時間号令をかけるので、担任以外の先生たちにも強い印象を与えた。授業中に指名されること

権力の中枢は空洞だ。

も多かった。そのために、まわりの生徒たちについやっかまれた。ある先生との仲を、黒板に相合い傘で書かれた。習いはじめの英語で「I Love You」と黒板に書きたてられることもあった。

毎週月曜日の朝礼の後、行進がおこなわれる。ある月曜日の行進の終わった後のことである。ひとりの生徒が、憎々しげな表情で昭に近寄ってきた。

「あんたの声が小さいから、蔣介石《しょうかいせき》に怒られちゃったじゃないの」

蔣介石とは、校長の渾名《あだな》だった。中国国民政府の蔣介石にあまりに顔が似ていたため、そう呼ばれていたのである。

小隊長の昭は、行進して壇上の校長の前に差しかかるとき、小隊全員に号令をかけなければならない。

「歩調とれ！　頭ッ、右ッ！」

が、声があまりに小さすぎた。列の後ろまで届かない。そのため、後ろの生徒たちの動きが、遅くなってしまう。教練の後、列の後ろのほうの生徒は、校長からこっぴどく叱られたというのだ。

その不満が出てからというもの、昭にとって月曜日は、「魔の月曜日」と化してしまった。いくら大きな声を張りあげても、後ろに届いているかどうか不安でならなかった。

ある日、昭は、親友の瀬下さだに、一枚の紙を手渡した。

「わたし、これが好きなの」

その紙には、「人生の並木路」の歌詞が書いてあった。

泣くな妹よ
妹よ泣くな
泣けば幼いふたりして
故郷を捨てた
甲斐がない

「人生の並木路」は、昭和十二年一月に発売されていた。佐藤惣之助作詞、古賀政男の作曲で、ディック・ミネが歌っていた。昭がその歌を好んだのは、情緒的な詩や歌が好きだったこともある。それだけでなく、知らず知らずのうちに、亡くなった兄姉たちが自分をかわいがってくれたことへの、郷愁のようなものを感じ取っていたのかもしれない。

母の死

昭は、柏崎高等女学校三年生の冬休み、母親のミサにいたわりの声をかけた。

「わたしが手伝うから、休んでいていいわよ」

ミサは、病を押して働きに働いていた。その疲労が、顔色や動きにありありとあらわれていた。昭も、さすがに不安に思ったのである。

ミサは、昭に甘えた。

「じゃあ、少し休ませてもらうかねぇ」

が、床についたミサは、翌日になると、起き上がることができなくなった。それまで張り詰めていた緊張の糸が、ぷっつりと切れてしまったのか、持病であった喘息《ぜんそく》が悪化してしまった。

冬休みが終わってもなお、床から起き上がることはできなかった。

昭和十九年一月八日、昭は、三学期のはじまった学校に登校した。担任の山崎喜久治先生に、教職員の応接室にいきなり呼び出された。

「明日から、学校を休んで、お母さんの看病をしなさい」

ミサの姉が、どうやら山崎先生にミサの病気の悪化を知らせたらしい。

昭は、山崎先生に訴えかけるように言った。

「先生、わたしは、これからが大変な時期なんです。どうしても、上級学校に進学したいんです」

昭は、ひそかに東京の専門学校に進みたいと考えていた。具体的には明かさなかったものの、進学する意向があることはつねづね山崎先生に伝えていた。

「佐藤さん、あんたの気持ちはよくわかる。しかし、あんたの成績では、進学のほうは心配しなくてもいい。あんたの実力からいえば、多少の遅れは、すぐに取り戻せるから」

山崎先生は、昭の肩にそっと手を置いた。

「お母さんがよくなるまでの辛抱だよ。な、佐藤さん」

「……わかりました」

昭は、すぐに帰り仕度《じたく》を済ませ、学校を後にした。帰る道々に見える雪に覆われた山々や枯れさびれた田圃《たんぼ》が、まるでいまの自分の心のように、わびしく映った。

〈もしかすると、このまま自分の道を進めず、不幸な一生を終えてしまうのではないかしら〉

周囲のさまざまなものにがんじがらめにされ、東京どころか、新潟県内でも上の学校にも行けなくなるのではないか。その不安に胸が締めつけられそうになった。

〈その道を閉ざそうとするのが、伯母さんなんだ〉

焦りの矛先《ほこさき》は、伯母に向けられた。

家に帰るやいなや、母親の寝ている奥の間に飛び込んだ。昭はミサの横に、ぺたりと座り込んだ。涙が、後から後からこみあげてくる。

病のために青ざめた表情のミサは、懸命に半身を起こした。昭の背中を優しくさすりながら、か細い声で問いただした。

「いったい、どうしたというの？　なにがあったっていうの。言ってごらん」

じつは、ミサの病状は、声が出なくなるほど悪化していたのである。

昭は、強い口調で言いたかった。

「わたしは、東京に行きたいのよ！　進学するんだから」

ミサは、昭の背中をさらにやさしく撫《な》でながら、もう一度訊いた。

「なにがあったっていうの」

「先生が、明日から、学校に来ないで、お母さんの病気の看病をしろって」

落ち着きかけてきた昭だったが、あまりにもミサが優しすぎるために、悲しみがあふれ出した。ミサもまた、目に涙をいっぱいにためていた。

「ごめんね。お母さんさえ、病気にならなければ」

ミサは、昭に、拝むようにしながら手を合わせた。

昭が、母親にそこまでわがままを言えたのは、母親の病がかならず治癒するものと思い込んでいたからである。ミサは、昭に、喘息だと言っていた。しかし、じつは肺浸潤《はいしんじゅん》だった。喘息が悪化したために、肺を冒していたのである。

ミサは生きるために必死だった。知り合いから、「これは、精がつきますよ」と教えられたものは、なんでも食べた。鶏の生き血、鯉の胆《きも》、まむし……。ふだんなら顔をしかめて食べないものすら食べた。

ミサの頭には、

〈アコのために、アコのために……〉

その思いしかなかった。

顔は青ざめ、眼のまわりには黒々とした隈《くま》ができているミサが、そのようなものを必死で食べるさまは、なにかに憑《つ》かれたようですらあった。

ミサの容態は、いよいよ悪くなる一方であった。

そんなある日、昼ご飯を食べ終わった後、ミサが昭に言った。

「タンスの引き出しを、開けてごらん」

それまで、自分以外の者には、決して手を触れさせなかったタンスである。

昭は不思議に思いながら開けた。

なかには、花嫁衣装から、昭の夫となるべき人の男ものの着物まで仕度一式が用意されていた。さらに貯金通帳まで入っていた。

　ミサは、昭にその貯金通帳も手渡した。

「これは、おまえのために、いままで貯めていたものなの。いざというときのために、おまえに渡しておくからね」

　昭は、胸を熱くした。

〈お母さんは、そこまで……〉

　昭は、母親の看病をしながら、学校のことに考えがおよぶと、焦《あせ》りに身を焦《こ》がす思いがした。休学したはじめのうちこそ、友達が授業のノートを持って来てくれていた。それもしだいに、少なくなる。ついには、来なくなってしまっていたのである。

　しかも、ミサの容態は日に日に悪くなっていく。

〈兄ちゃん、姉ちゃんのように、お母さんもまた、近いうちに、この世から去っていってしまうのではないだろうか〉

　その不安もまた、昭の孤独感を、さらに募らせていた。が、不安を必死で打ち消した。

必要な金は、ワシが血の小便を流しても自分の才覚で作る。君達はその金を仕事に活かしてくれればそれで良い。

〈お母さんが、わたしを置いて逝ってしまうわけがない！〉

昭にとっては、暗闇に突き落とされたような気持ちであった。

ミサは、ついには、歩くことさえままならなくなった。お手洗いに立つにも、昭の肩を借りなければならないようにまでなっていた。

そのうち、昭の家は、あまりの豪雪に二階まで覆われてしまった。障子を開け放ち、換気することもできない。よどんだ空気が沈殿し、体の弱ったミサにはますます悪い。

咳きこむ苦しさをやわらげるために、ミサの寝ている枕元には火鉢が置いてあった。その上に、金盥《かなだらい》を乗せ、湯気を立たせている。

昭は、その湯を使って体を拭《ぬぐ》うミサの姿を見たことが何度もあった。

〈お母さん、いつも寝てばかりで、気持ち悪いんだろうな〉

昭も、ミサの体を拭ってあげたこともあった。が、ミサにしてみれば、自分で自分の体をきれいにするためだけにただ拭うのとはちがった意味をもっていた。

昭が大人になって振り返ってみると、遺体を柩《ひつぎ》におさめる前に湯で体を清める湯灌《ゆかん》のつもりだったのであろう、と思われてくる。

ミサは、死はまぬがれえぬものと、あきらめていたのだろう。たとえ遺体となっても、美しくありたいと願っていた。今日こそ最期、といつも覚悟して生きていたにちがいない。さらに、まだ子供の昭には、いざというときの始末の仕方がわかるまい、との配慮もあったのだろう。

タオルをしぼるミサの指先は、皮膚が破れ、感覚すらなくなっていた。それでもなお、いっこうにやめようとはしなかった。

ミサも、昭に言っていた。

「早く戦争が終わればいいね。戦争が終われば、ドイツから良い薬が入ると、お医者さまが言っていたよ」

ミサのいう薬は、ストレプトマイシンのことであった。

昭は、ふと目を覚ました。しんしんと雪が降り積む夜中であった。なにか、人の声が聞こえたように思えたのである。

〈幻聴かしら……〉

眠い目をこすりながら、隣で寝ているはずのミサのほうに目をやった。

ミサの姿が、ぼんやりと浮かんで見える。が、ミサは寝てはいなかった。布団のうえで正座をしている。

しかも、何者かに向かって、「ハイ、ハイ」と返事をしているではないか。

昭は、布団から飛び起きた。

「どうしたの⁉」

ミサは、うつろな目を昭に向けた。

「ご先祖さまに、叱られていたのよ。うちは真言宗なのに、南無妙法蓮華経の軸をかけているから」

昭は、床の間を見上げた。山岡鉄舟《やまおかてっしゅう》が筆をとった軸がかけられている。ミサの病が回復するようにと、ミサの姉がすすめたのである。その軸に「南無妙法蓮華経」と書かれていた。昭の家は、真言宗である。

それなのに、日蓮宗のお題目をかかげているので、ミサの枕元にご先祖があらわれ、諌《いさ》めたのだという。

「済まないけど、すぐにその軸を外しておくれ」

昭は、軸を外した。しかし、胸の内は複雑だった。

〈どうして、そんなことをしなくてはならないの。病気が治る手助けになるなら、宗派なんて関係ないじゃない〉

昭和十九年二月二十一日、ミサが、ぽつりと洩《も》らした。

「明日は、仁史兄ちゃんの命日だね」

「そうよ。ちゃんとお参りしなければね」

「そうね」

ミサは、思いつめた目で昭を見つめた。

「アコや、お母さんは、明日までもたないよ」

ミサの枕元にある火鉢に乗せた金盥の水がなくなり、からからと音を立てはじめた。昭は、胸が締めつけられる思いがした。

「なにを言っているの。お医者さんを、呼んでくる!」

昭は家を飛び出し、凍《い》てつくような寒さのなか、病院まで走りに走った。

医者を引っ張るようにして連れてきて、診察をしてもらった。

「大丈夫ですよ。心配いりません」

そう言って医者は、帰っていった。

翌日、昭はほっとした。

「お母さんの、嘘つき。わたしをおどろかせて、泣かせるなんて」

ミサは、なんともいえない複雑な笑みを浮かべたまま黙り込んでいた。

夜が明けると、ミサが昭に頼んだ。

「アコちゃん、済まないけど、ホウレンソウの味噌汁が飲みたいから、つくってくれない」

めっきり食欲のなくなっていたミサにしては、めずらしいことだった。昭は、うれしさに胸をはずませた。これから、ミサは、まちがいなく回復していくにちがいない。暗闇に一条の光がのぞいたようにすら感じられる。

「わかった。すぐつくってあげるからね」

昭は、ひととおり仕度を終え、店先に届けられた新聞を取りにいった。

部屋にもどり、そっとミサを見た。

ミサが、枕から頭を外している。ふだんなら、きちんと枕に頭をのせて眠るはずである。不審に思った。

「お母さん」

そう呼びかけようとして、ハッと息を呑んだ。ミサの息は、すでに絶えているではないか。これまで何度も頭のなかをよぎり、打ち消してきたことが、いま現実となって横たわっている。

「お母さん……」

ミサは、最後の最後まできれいに生き抜こうとしていたにちがいない。両手は、胸の上にきちんと合掌されていた。

昭は茫然としていた。あまりの悲しみの深さと、突如おとずれた残酷な現実に、頭のなかがまさに空洞になっていた。涙すら、流れない。

悲しみの極致に達すると、人間は涙すら流れないのであろうか。

舅《しゅうと》にいじめられ、短気でなにかにつけカッとする夫に虐《しいた》げられ、子供たちにはつぎつぎと先立たれてしまった母親であった。涙を流すためにこの世に生まれてきたようにしか、昭には思えなかった。四十一歳で未亡人となり、五十一歳で生涯を閉じたミサは、薄幸の人生としかいえなかった。

ミサの横に、座った。

ミサの顔に、触れてみた。

まだ、ぬくもりがその肌に残っている。

〈最期くらい、お母さんを、きれいな姿でいさせてあげたい〉

そのことだけが、頭の隅にあった。

昭は気丈にも、立ち上がった。ただ夢中で、体を動かしていた。枕元にあった薬瓶や吸い飲みなど、汚れたものをすべて掻き集めた。

開きにくくなった窓を、強引に開け放った。

目の前は、二階まで覆う雪が壁となっている。掻き集めたものを、悲しみとともに雪の壁に向かって力一杯投げ捨てた。

隣の家にただちに連絡し、親戚に連絡をとってもらった。

ミサの葬式の日は、目も開けられないほどの猛吹雪が舞っていた。まるで、昭のこれからの人生を予兆するかのようですらあった。

昭は、身寄りのいなくなったさびしさとともに、これからのことを考えつづけていた。弔問《ちょうもん》の人びとに挨拶しながら、心のなかでミサに語りかけた。

〈お母さん、これからは、ひとりで生き抜いてみせます。心配しないで、見守っていてね〉

内弁慶で、隣の家に回覧板を持っていくのさえ嫌がっていた昭が、葬式の後、親戚に言われて隣近所に挨拶してまわった。

「お母さんが、生前はお世話になりました」

その姿を見て、近所の人は昭に同情した。

「これから、どうするの」

誰もがそう訊ねてきた。

昭は、ミサの死後しばらくのあいだ、その家に残っていた。夜は、祖母の家の大伯母と、本家の大伯母が、交代で泊まりに来てくれた。しかし、ひとりきりで過ごす昼間、臆病な昭は、トイレに行くのさえ恐かった。

財産整理が終わると、近くの下宿に引っ越した。ミサが残した財産は、定期預金、郵便貯金と相当な額

ワシには誇るべきものは何もない。学歴も役職も、何もない。頼りになるのは、事業と金があるだけじゃないか。金儲けがなぜ悪いんだ。

であった。当時、女性が一生を生活するのに二万円もあれば十分と言われていた。

ミサは、つねづね「アコが上の学校に行くには、十分な貯蓄があるからね」と言っていた。そのほか、家をふくめた不動産もあった。しかし、家と定期預金は、ミサの実家の当主と佐藤家の本家の当主の、連帯保証ということになった。昭が未成年者であったからである。

昭は、母親のミサが残した家財道具や、掛け軸などを、教育費や生活費を得るため、知人の世話で次から次へと売ってしまった。十棹《さお》以上もあった桐タンスは、一棹百円で売った。後で、それを知った大伯母から大目玉を食らった。苦労知らずの昭には、物の値段などわからなかったのである。

昭の手元に残ったのは、ミサがこれまで懸命に貯めてくれた貯金通帳だけになった。それだけが、唯一、自由に使えるものだった。一カ月に使う金は、百円と決めていた。下宿代は、二十五円であった。

月に一度、郵便局に百円を下ろしに行くと、年老いた局長が諭《さと》した。

「いいかい、お母さんが一生懸命に貯めたお金だからね。ムダ遣いしちゃあ、駄目だよ」

昭は毎月、貯金を下ろしに行くたびに、おなじように説教されたという。

上京、東京大空襲、そして終戦

昭和十九年四月、昭は、県立柏崎高等女学校四年生になった。

日本の戦局は、いよいよ厳しくなっていった。中部太平洋のサイパン島の日本軍守備隊残存兵力約三千名が、この年の七月七日、アメリカ軍に万歳突撃を敢行。翌八日までに玉砕《ぎょくさい》した。

二学期がはじまると、ついに柏崎高等女学校の生徒たちまで、徴用されることになった。昭たちは、柏崎理研ピストンリング工場に出向いた。

たいていの女生徒は、旋盤工として働かされた。が、昭は運がよかった。上級学校進学希望者は、コンクリート三階建ての建物で、気泡管の検査に従事させられたのである。硝子《がらす》の管を研磨し、エーテルを気泡にして、その動きを検査する仕事であった。

検査室の人が説明してくれた。

「これが、高射砲の照準器になるんだ」

その人は、誇らしげに自慢していた。しかし、昭には疑問であった。

〈こんな簡単なもので、敵機を狙うというの。これじゃあ、とてもB29を撃墜するなんて、できるわけないわ〉

アメリカ軍の最新鋭機であった大型爆撃機B29は、日本の都市を容赦なく爆撃し、恐怖の的であった。来る日も来る日も、殺伐《さつばつ》とした兵器をつくるための日がつづく。昭は、いくらお国のためとはいえ、嫌で嫌でたまらなかった。

夢多き乙女たちが、工場勤務で、男子生徒や行員たちといっしょに働く。女学校の生徒たちは、そんな殺伐たる現実から逃避するように、昼休みにはひとつところに集まった。

みなで、かわいい模様の入った小さな手帖に寄せ書きし、まわし読みをした。

昭は、上田敏《うえだびん》が訳したドイツの新ロマン派風の詩人カール・ブッセの「山のあなた」という詩を載せた。

山のあなたの空遠く

「幸」住むと人のいふ。
噫《ああ》、われひとゝ尋《と》めゆきて、
涙さしぐみ、かへりきぬ。
山のあなたになほ遠く
「幸」住むと人のいふ。

昭ら新潟県立柏崎高等女学校の仲間は、ときにはみなで集まり、楠木繁夫《くすのきしげお》の歌う「緑の地平線」を合唱したりもした。

なぜか忘れぬ　人故《ゆえ》に
涙かくして　踊る夜は
ぬれし瞳に　すすり泣く
リラの花さえ　なつかしや

当時は、「愛国の花」をはじめとした国民歌謡と軍歌が流行していた。「愛国の花」を主題歌として、昭和十七年十一月には、松竹で従軍看護婦の愛の物語の映画さえつくられていた。そのような国民挙げて戦争に協力している時代に、恋にうつつをぬかす「緑の地平線」を歌うなど、非国民呼ばわりされかねないが、乙女たちは、大きな声で歌いつづけた。

高峰三枝子《たかみねみえこ》の「南の花嫁さん」も、合唱した。まわりにいる先生たちは、生徒たちを不憫《ふびん》に思ったにちがいない。注意もせず、ただ耳を傾けていた。

しかし、昭は、楽しそうに歌う仲間たちから、しだいに離れていった。まわりの仲間が楽しそうに歌えば歌うほど、憂鬱さがいっそう増した。

下宿屋にもどると、ひとり部屋に閉じこもった。そして黙々と、縫い物に専念した。生地《きじ》には、母親のミサの遺品である着物を使った。

ミサは着道楽だった。錦紗《きんしや》、御召縮緬《おめしちりめん》、銘仙《めいせん》、セルの着物、白い極細のショールをはじめ、さまざまな着物と装飾品を持っていた。当時としては得がたい着物が幾棹《いくさお》のタンスにも入りきれないほど残っていた。それをほどき、国民服のズボンに仕立てあげたり、セーターを編んだ。ときには、極細の毛糸を真っ赤に染め、水着を編んだこともあった。それこそが、自分の思いどおりに運ばない現実に対する、せめてもの抵抗であった。

昭和十九年も暮れに入り、卒業が間近に迫ってきた。昭は心に決めていた。

〈わたしは、絶対に東京で勉強して、先生になるんだ!〉

まわりの友人たちのなかにも、昭とおなじように志望する者もいた。が、先生に厳しく止められた。

「東京は、日に日に食糧事情も悪化している。そんなときに、東京に、しかもうら若き乙女が行くなど、もってのほかだ。進学するなら、長岡女子師範に行きなさい」

ほとんどが、先生の説得に屈し、東京行きを断念した。

昭の親戚もまた、東京行きには猛反対していた。柏崎に残り、しかるべきところに嫁にいってもらいたいとさえ考えていた。それが、家族を失いひとりきりになった昭にとって幸せな生き方と、親戚連中は信じ込んでいたのである。

昭は、まわりの人たちからも説得された。

「東京に行きたい気持ちはわかる。でも、東京はやはり危険よ。こっちに残っていたほうが、安全よ」

しかし、昭の決意は、まったく揺るがなかった。

〈長岡女子師範では、小学校の先生にしかなれない。わたしは、女学校の先生になるんだ〉

東京女子大出身の数学の教師である都築先生に憧れていた。

昭は、東京女子大学を受けようとも考えていた。しかし、東京女子大は四年制であった。家計を考えると、そのような贅沢《ぜいたく》は言っていられない。そこで、三年制の東京女子専門学校〔現在の東京家政大学〕を選んだのである。ひそかに、湯島にある東京女子専門学校の願書を取り寄せた。

このことは、親戚にはあくまで秘密にしていた。親権者の欄は、本家の当主の名前を書き入れ、おなじ佐藤の印鑑を押した。

ところが、第一次試験を受けたものの、何日たっても、合格通知が来ない。いっしょに受けた何人かの生徒の家にも届いていないという。

〈駄目だったのかしら〉

その矢先だった。県立柏崎高等女学校の担任の阿部七郎先生から、呼び出しを受けた。

阿部先生は、一通の封筒を手渡した。

「これが来ていたよ」

東京女子専門学校からの合格通知書だった。昭が下宿先の住所を書かなかったために、女学校に転送されてきたのである。

阿部先生は、あきれたように言った。

「まったく、あんたは、あんな危ない東京まで受験に行くばかりか、簡単に受かってしまうんだからね」

昭は、にこりと笑った。

「先生には、ご迷惑をおかけします」

上京する日、阿部先生は、わざわざ柏崎駅まで見送りに来てくれた。阿部先生は励ました。

「二次試験も、がんばりなさいよ」

昭は、期待を胸に、下宿の人に付き添われて東京に向かった。が、ひどい雪のために、汽車が遅れてしまった。湯島にある学校に着いたときには、すでに試験は終わっていた。泣き出したい気持ちだった。

呆然とする昭を、下宿の人は叱咤《しった》した。

「アコちゃん、あきらめては駄目だよ」

足取りの重い昭を引っ張り、学校の窓口に交渉してくれた。結果、追試験を受けさせてもらえることに

母フメの三つの教え
一．人前で大法螺を吹くな　二．馬を持つな　三．大酒を飲むな

なった。

試験は、三角形の定義や適応性について述べよといった類《たぐい》のもので、昭は難なく解いてしまった。体操の試験も面接もあったが、それもわけなかった。

試験は終わった。しかし、昭は柏崎に帰らなかった。

〈帰っても、待ってくれる人もない。それだったら、東京で合否がわかるのを待っていよう〉

それからしばらくたち、合格も決まった。

そろそろ柏崎にもどろうかと考えていた。昭和二十年三月十日になったばかりの零時八分のことである。空襲警報が、けたたましく鳴り響いた。昭は、すでに床に就いていた。

泊まっていた神田司《つかさ》町の下宿屋の窓から、ただちに外を見回した。東の空が、赤々と燃えている。しかも、耳をつんざくような轟音までもが響きわたっている。

昭は、ときおり、柏崎の空を飛ぶ敵機の影を見たことがある。ただし、そのときには、まだのんびりとした気分で見ていた。が、今度は、そんな生易しい音ではない。何十、いや何百もの敵機が、闇夜を不気味に覆いつくしている。身震いした。が、不思議と、死ぬことはまったく恐くなかった。

〈どうせ、ひとりぼっちなんだ。死んだってかまわない〉

防空壕にも入らなかった。下宿の物干しに出て、昼のような、いや昼より明るい空襲の模様を、まるで他人事《ひとごと》のように虚しく眺めつづけた。

昭和二十年三月十日の零時八分からわずか二時間半のあいだに、アメリカの爆撃機B29二百七十九機もが、低空飛行で高性能焼夷弾《しょういだん》をばらまいていった。

東京は前日の昼から風が強く、夜半にはいっそう激しさを増していた。焼夷弾のために起こった猛火は、一気に広がり、東京東部を舐《な》めつくした。死者は八万を超え、全焼家屋は二十六万戸、東京三十五区のうち二十六区が大被害を受けた。いわゆる、東京大空襲である。

火災がおさまったのは、すでに陽がのぼった午前八時過ぎだった。下宿屋は、運よく火災から免れた。

昭は、すぐに柏崎に引き返した。親戚の人たちは、昭の無事な姿を見ると、ほっとするも束の間、雷を落とした。

「いままでなにをしておったか！」

くどくど何時間も、説教を食った。

「東京の学校など行くな！」

とまで言われた。が、昭は、頑として言い放った。

「わたしは受かったんです。東京には、絶対に行きます！」

それからしばらく経って、柏崎高等女学校の卒業式がおこなわれた。卒業証書を手にした昭は、友達といっしょに柏崎の裏浜に飛んでいった。陽炎《かげろう》がたちのぼる浜辺を見ながら、昭は、大きく息を吸いこんだ。

〈これで、徴用からも解放される〉

その日は、西陽が落ちるまで、友達といっしょに将来について語り合った。昭の前途は、この戦局とは裏腹に、希望に満ち満ち胸がおどるようにすら思えた。

卒業式が終わって間もなく、昭は、ふたたび上京した。東京は、焼け野原と化していた。市街には、身元不明の焼死体がごろごろと転がっていた。試験を受けた東京女子専門学校の校舎も、空襲で焼けてしまっていた。

授業は、駒込にある錦花寮でおこなわれた。毎日、神田須田町から飛鳥山《あすかやま》行きの市電に乗り、東大赤門前を通り、駒込に通った。

市電には、東大生も乗っていた。兵役に不合格のもやしのような学生が、ゲートルを巻いた格好で立っていた。昭は、そんな学生たちになんの魅力も感じなかった。

昭の胸の内は、夢でいっぱいだった。

〈これから、本当に、女学校の教師への道がはじまるんだわ〉

昭は、のちのち親友の瀬下さだに会うと、いつも言われる。

「昭ちゃんは、夢見る夢子ちゃんだったからね。いまも女学生のときのままなんだから」

昭にとって、この時期こそ、もっとも楽しい夢を見ていた時期だったのかもしれない。

それから四カ月ばかりたった昭和二十年八月十五日のことである。下宿先の小母さんから教えられた。

「今日、十二時から、天皇陛下のお言葉があるらしいよ」

昭は、学校には行かず、その時間まで読書をしながら待ちつづけた。十二時前になると、町内会の面々が、簡易住宅としてつくったトタン屋根の掘っ建て小屋からぞろぞろと出てきた。

正午から、天皇陛下の玉音放送がおこなわれた。昭は、近所の人たちの集まりの後ろのほうで聞いていた。が、ラジオの調子が悪いのか、よく聞きとれない。

〈なにをおっしゃっているんだろう〉

前列の人が、がっくりと膝をついた。肩をふるわせて泣きはじめるではないか。そのうち、まわりの人が、口々に言いはじめた。

「戦争は、負けたらしい」

昭には、たいしたおどろきはなかった。つぎつぎに肉親の死を見つづけてきた。いつの間にか、諦観が培われていた。

〈やはり……〉

あらためて戦争を振り返った。柏崎の理研の一室で見た高射砲の照準器ひとつとっても、戦争に勝てるはずがないと思った。それに、あの東京大空襲。そして、毎日のように飛んでくる敵機からの機銃掃射。日本の軍隊は、それを指をくわえて見ているだけだった。なにもできなかったではないか。負けるのは当然だと思った。

数日経つうちに、まわりの人たちが騒ぎはじめた。

「マッカーサーが東京に入ってくるから、すぐに逃げなければいけないよ」

マッカーサーというのは、日本占領連合国軍最高司令官のことである。八月の終わりには、日本にやって来るというのである。

「男は殺されて、女は犯されるって」

昭の通う東京女子専門学校も、閉鎖してしまった。東京にいるより、新潟県の柏崎で開校を待つほうが安全にちがいない。昭は、柏崎に帰るしかなかった。

もともと昭が住んでいた柏崎の家には、母親のミサの末妹サイの家族が間借りしていた。昭は、その親戚たちとともに住むことになった。が、居つくつもりはまったくない。

〈学校が開校したら、かならずや、東京に……〉

誰にも縛られたくないの

昭は、ある日、かつて世話になっていた下宿屋に遊びに行った。

その下宿屋の小母さんから、ひとりの青年を紹介された。

「『久遠の誓』の主宰者だよ」

「久遠の誓」とは、下宿屋の息子をふくめた県立柏崎商業高校時代からの仲間九人が出している同人誌である。下宿屋の小母さんが、つけ足した。

「エリートで、満鉄に入社したんだけれども、現地召集の幹部候補生に受かって中尉にまでなっていたんだよ」

南満州鉄道会社、いわゆる満鉄は、日本が満州を支配するうえで中心的役割を果たした半官半民の巨大国策会社である。

昭は、バンカラ風なその青年の顔を見た。

〈そういえば、どこかで見たことのあるような〉

すぐに、一枚の写真が思い浮かんだ。町なかにある写真屋のショーケースに飾ってあった、ポスター大ほどもある大きな写真である。若い男性がギターを抱えていた。写真屋の主人が、うまく撮れた一枚として、飾っていたのである。その写真の男性のあまりの男振りが、昭たちのまわりで噂にすらなっていた。いま目の前にいる青年こそ、その男性にちがいない。

青年は、それからというもの、たびたび昭に会いにやってくるようになった。

彼は、あるとき、さびしげな表情で昭に洩らした。

「おれには、身寄りといえる人が、ひとりもいないんだ」

彼は、幼くして両親を失った。その後、彼の両親が残してくれた財産とともに、叔父のもとに引き取られた。柏崎にやってきたのは、そのときであった。

叔父には、男の子供がいなかった。自分の後継ぎとして、彼を養子に入れたのである。が、その後、叔父に男の子が生まれた。彼の人生は、一変した。やっかい者として扱われるようになった。

昭もまた、四歳のとき、父親の作治を亡くしてから、兄二人、姉一人、母親とつぎつぎに亡くし、いまや天涯孤独の身である。青年の生い立ちを聞き、その辛さやさびしさが、まるで自分のことのように理解できた。

彼は、同人誌「久遠の誓」の集まりがあるたびに、昭に声をかけた。昭は、ときどき友人を誘って出かけた。が、激論に加わるわけではない。文学論をぶったり、詩を読むのを、おとなしくそばで見ているだけだった。

働いてから休め。

昭は、ときには、彼とふたりで、夜半に柏崎にある裏浜に出かけた。押し寄せる波の音を聞きながら、声を合わせて石川啄木《いしかわたくぼく》の短歌を詠んだ。

東海の　小島の磯の　白砂に
われ泣きぬれて　蟹とたはむる

夜の浜辺は、たとえようもなくロマンチックだった。なぜか、人恋しくさせる。

ある日、彼は、昭にはっきりと言った。

「おれは、上級学校の勉強を受けた女は、嫌いだ」

じつは、そのころ、昭宛に東京女子専門学校から、昭和二十一年四月に開校することを知らせる通知が届いていた。

昭は、胸を沸き立たせていた。

〈また、東京で勉強できるんだわ〉

か、彼のひと言は、昭の勉学に燃える熱い気持ちに冷水を浴びせた。

昭は食ってかかった。

「わたしは、どうしても東京に行って、勉強がしたいの。学校に行きたいんです！」

彼と話しているとき、これほどまでに自分の気持ちを激しくぶつけたことはなかった。

彼は、さすがに気圧《けお》された。

「……おれは、反対だな」

表情に、さびしい色が浮かんでいた。彼は、昭に自分の側にいてほしいと切実に願っていた。が、強がりゆえに、素直にはその気持ちを表現しえなかった。上級学校の勉強を受けた女性は嫌いだというのも、東京の学校に行くのをやめて自分といっしょにいてくれ、という精一杯のプロポーズの言葉だったにちがいない。が、昭はまだ幼かった。その言葉の綾が理解できなかった。

昭は、かまわず上京する準備に取りかかった。親戚たちが執拗に反対した。

「東京なんて、まだ、どんな状態になっているのか、わからないんだから。年頃の娘がひとりで出て行くなんて、危ないわよ」

「アコちゃんは、あの人と結婚したほうが幸せよ」

「年頃の娘がいつまでもふらふらしているのは、よくないよ。彼と結婚したほうがいいわよ。なにかと落ち着くし」

親戚たちは、強引だった。東京に出て、ふたたび東京女子専門学校で学ぶと言い張る昭を、なんとしてでも柏崎に残そうと必死であった。同人誌「久遠の誓」の主宰者の青年と結婚させようと目論んでいた。

昭が結婚しない限り、昭のことでなにかと責任を負わされる羽目になる。独り身の昭は、親戚たちにとって悩みの種であった。昭には、そんな親戚たちの心の動きが、手にとるようにわかった。

昭は必死で抵抗した。

「わたしは誰にも縛られたくないの。東京に行くの！」

親戚たちは、最後には、昭を縄で縛りつけてでも柏崎に残す、そんな勢いであった。さすがの昭も、屈せざるをえなかった。

〈どうして、どうして、自分の思いどおりにしてはいけないの〉

自分の大きな夢が、もろくも崩れさっていく。まさに、身を切られる思いだった。

不幸な結婚

昭和二十一年の九月、昭は、田中角栄の初めての立候補の応援弁士をつとめた青年と正式に所帯をもった。ふたりの新居は、昭の家であった。青年は、自転車でリヤカーを引き、引っ越してきた。運び込んできた生活用品は、将校行李《こうり》ひとつと、布団ひと組みだけだった。あとは、書籍が五百冊近くあった。

新妻である昭には、不思議と新鮮な気分はなかった。どこか冷め切っていた。

〈まるで、押しかけ女房ならぬ、押しかけ亭主ね〉

田中からも、結婚の祝儀が送られてきた。祝儀袋には、一カ月の生活費を超える千円が入っていた。

田中は、昭和二十二年の衆議院選挙に再度挑戦した。昭の夫は、このときも田中の応援に奔走した。

選挙運動での反応は、前回とは、まるでちがった。田中の車が豪雪のなかを走ると、子供たちは、前回の選挙ポスターに「若き血の叫び」と印刷してあったのをおぼえていたのであろう。大声をあげて叫びながら、後をついて走ってきた。

「おーい、若き血の叫びが来たよぉッ！」

投票日は、昭和二十二年四月二十五日であった。田中は、前回の無念をみごとに晴らした。三万九千四十三票を獲得し、第三位ながら初当選を飾った。

そのとき、新聞記者のインタビューに、胸を張ってこう答えた。

「おれは、二十代で政務次官、三十代で大臣、四十代で幹事長、五十代で総理大臣になってみせる……」

昭の夫は、田中から強く誘われた。

「どうだい、おれの秘書になってくれないか」

田中は、昭の夫を高く買っていた。夫も、田中のことを凄い男だと惚れ込んでいた。にもかかわらず、田中の誘いはきっぱりと断った。そして代わりに、田中の初めての選挙をともに手伝った本間幸一を秘書に推薦した。

夫は、昭に言った。

「おれは、鶏口《けいこう》となるも、牛後《ぎゅうご》となるなかれという姿勢を貫く」

たとえ小さい団体であろうとも長となれ、大きな団体の尻につき従う者となるな、という意味である。夫の野心たるや、田中に負けはしなかった。

六月に入ると、夫は、いきなり告げた。

「一カ月以内に、上京するぞ」

あまりに唐突すぎる。昭は、おどろきを隠しきれなかった。

「上京して、どうしようというんですか」

「一旗、揚げる」

夫はそれしか言わない。昭は不安でならなかった。

〈本当に、大丈夫かしら〉

押しかけ亭主とはいえ、夫にちがいはない。昭は、女房たるもの、夫に従うものと思い込んでいた。不安を胸に抱きながらも、黙ってつき従うしかなかった。

しかし、東京は食糧事情が悪いと聞いていた。なにはなくとも、食料だけは確保しておかなければならない。たまたま、夫の友人に公安調査官がいた。その伝《つて》をたどり、貨物列車一両を借り切った。全家財と、米をはじめとした食糧を車両いっぱいに積み込み、上京した。

昭と夫は、田中土建工業の寮に入れてもらった。田中が経営する飯田橋に本社を置く会社である。ふたりが田中の選挙を手伝った縁である。

寮に入ったおかげで、食糧にはあまり不自由しなかった。当時、田中土建は、進駐軍の工事を請け負っていた。その関係で、米軍用の精製された小麦粉をはじめ、食糧が入ってきた。燃料も、早稲田の夜学に通いながら田中土建の製材所で働く学生たちが、リヤカーに積んで持ってきてくれた。

しかし、その寮にはそう長くはいられなかった。ほぼ二年後の昭和二十四年一月二十三日の選挙に、田中は、再選をめざして立候補した。田中は、ちょうどそのころ、いわゆる炭管疑獄で小菅《こすげ》刑務所に入っていた。獄中から立候補届を出したのである。投票日まで十日と迫ったときに保釈してもらい、選挙運動を展開した。この選挙で、田中は昭ら夫婦の住んでいた寮を売り払ってしまった。そのため昭らは、引っ越しせざるを得なくなったのである。

引っ越し先も、田中が世話してくれた。田中土建工業の真向かいにある二階建ての一軒家であった。二階には、田中の長姉・一枝が住んでいた。田中は、昼食を一枝につくってもらっていた。食べ終わると、かならず、一階の昭のところに顔を出した。

田中はいつも昭を励ました。

「奥さん、いつまでも苦労はさせないから」

その間、夫は、一階で電気工事関係の会社を興していた。田中の請け負った仕事の下請けを中心に、間口を広げていった。ついには、飯田橋に社屋を構え、下北沢に自宅を購入するまでになった。書院窓があり、ひとり雇っていたお手伝いさんの部屋もある。広い家であった。

まさに、夫の事業は順風満帆に思えた。

ところが、そのころから、夫の帰りが遅くなってきた。午前様になることもしばしばだった。たいてい帰宅途中で、いっしょに帰る社員たちにつかまってしまう。

「若社長、ちょっとだけですから」

夫は、「若社長」の言葉にうまく乗せられた。得意にもなっていたにちがいない。

あるとき、夫が、ワイシャツに口紅をべったりとつけて帰ったことがあった。

昭は訊いた。

「これは、どうしたんですか？」

念仏を百万回唱えても実行しなければ意味がない。

「満員電車に乗って帰ったから、そのときにつけられたんだよ」

「そうなんですか」

素直に受け取った。昭は二十歳を超えたばかりである。夫の言葉をすべて信用する、疑うことを知らない若妻であった。

間もなく、夫の態度が一変した。気に入らないことがあると、昭を激しく殴った。皮バンドで殴りつけたことさえあった。昭は、ある程度までは、歯を食いしばって堪える。が、一度頭に血がのぼると、その激しさは夫に負けなかった。

しかしさすがに、夫に歯向かうことはしなかった。食器棚から瀬戸物を何枚も取り出し、怒りを込めて庭に投げつけた。仲直りしたときに、夫から笑われたことがある。

「おまえは、よく考えているよな。いくら怒っても大事な物は投げないから。投げるのは、瀬戸物とか、割れてもいいものばかり。価値のあるものは投げないね」

夫が暴れ、卓袱台《ちゃぶだい》はひっくり返され、食器や、昭がせっかくつくった料理が乱れ散るときもあった。昭は黙って片付けをはじめる。殴られた頬は、焼けたような疼痛《とうつう》で絶え間なくうずく。

そんなとき、ふと、いまの自分と母親のミサの姿を重ねて見ることがあった。ミサは、なにかあるたびに、短気な父親に痛めつけられていた。

昭の脳裏には、三歳のころの記憶がはっきりと残っている。昭は、父親の作治に肩車をされていた。その目の前で、ミサが泣いていた。自分の身のまわりの荷物をまとめていた。

作治が、昭を見上げるようにして言った。

「アコ、お母ちゃんなんて、いらないよな」

昭は子供ながら、複雑な心境でミサを見つめていた。

昭は割れた皿を拾いあげた。思わずため息をついた。

〈子は親の背を見て育つというけど、これじゃあ、まるで、お母さんとおなじだわ〉

昭和二十五年六月二十五日、朝鮮戦争が勃発した。日本は特需の恩恵にあずかった。復興の兆《きざ》しがいっこうに見えなかった日本経済が、一気に活性化された。朝鮮戦争がはじまってから一年間の、物資、サービスでの発注額は、なんと千百三十億円にものぼった。

いわゆる特需景気は、恩恵だけを与えたわけではなかった。物価の高騰も引き起こした。昭の夫の経営する会社は、その煽《あお》りをまともに食らった。

特需景気が起こる前に契約した工事が、まだ完成していなかった。急激な高騰により、契約した時点での額では、とうてい工事ができなくなった。足りない金は会社から出さざるを得ない。工事をすればするほど、雪だるま式に赤字が増えていく。もともと少ない資本で、なんとかやりくりしてきた会社である。資金繰りが、かなりむずかしくなった。

昭らは、下北沢の家を手放した。飯田橋の社屋に、社員たちといっしょに住まざるを得なくなった。神楽坂にある三菱銀行から、小切手の支払い期日を知らされることも多くなった。昭は、追われるような思いであった。埋め合わせのために、自分の着物や、母親のミサが残してくれた宝石を次から次へと金に換えていった。

しかし、夫の派手な生活はまるで変わらなかった。新宿のバーにつとめているという女性が、たびたび遊びにやってくる。が、昭は、夫がその女性とどんな関係にあるのかなど、疑うこともなかった。

ついには、飯田橋の社屋も売らざるを得なくなった。

夫は、そのころ、田中角栄との仲も悪くなっていたらしい。田中に反抗するかのように、田中土建のある飯田橋からも出ていく、と言いはじめた。

新居は、雑司ヶ谷の古い借家であった。

ある日、友人や知り合いを呼び、パーティーをひらいた。が、昭がふと気づくと、いつの間にか、夫がいなくなっている。

〈自分の友達をほったらかしにしておいて、どうしたんだろう〉

以後、夫は家にはもどってこなかった。

ある日、従業員のひとりが昭に告げた。

「あまり申し上げたくはないのですが、奥さんはごぞんじですか。社長が、バーの女のところに行っていることを」

昭は、夫がどこかの女のところに入り浸《びた》っていることに、うすうす感づいていた。が、すでにあきらめ切っていた。

従業員は、言葉を選びながら、夫と女との関係について、くわしく話してくれた。夫は、バーを経営している女の家に居ついている。ほとんど会社に顔を出さないらしい。女は満州帰りで、昭より十二も年上であるという。

昭の胸の内に、憎しみの蒼い炎がめらめらと燃えあがった。

〈会社が傾きかけたときこそ、命懸けでふんばらなければならないのに。こともあろうに、女におぼれるなんて。負け犬だわ〉

ひとりの従業員に頼んだ。

「これを、質屋さんに出してきてほしいの」

昭が持っていたのは、ミシンの本体であった。いまは家財道具を売り払うしか、資金繰りの手立てがなくなっていた。が、昭は、質屋に行ったことがない。

売れると思われるものは、なんでも売り払った。社員に言われるままに、会社の倉庫に置いてあった工事用の銅線も売り払った。このころの銅線の需要は、凄まじかった。しかし、被覆《ひふく》してあるままでは、中身が何かわからないため、二束三文で買い叩かれてしまう。それよりも、剝き出しの銅線のほうが、かなり高く売れると教えられた。昭は、何十メートルもの銅線に巻いている布を小刀で引き裂き、裸の銅線にしていった。

しかし、売るものも売りつくしてしまった。ほかの手立ても見つからない。昭は、生まれ育ったときから、経済的に苦労をしたことがない。まさに、これまでの人生のうちで、最大の修羅場であった。

そんなある日、夫が、ひょっこりと雑司ヶ谷の自宅にもどってきた。ひどく神妙な顔をしている。

「このままでは、おれもおまえも、駄目になってしまう。ここで、もう一旗揚げたいんだ」

昭は、話半分で聞いていた。一度自分を裏切った男である。心から信用することなど、できるわけがない。冷たく聞き返した。

「どうしようというの」

「とにかく、まず沖縄か海外に出て、事業をはじめようと思う」

「そう」

「そこで、頼みがあるんだが……」

夫は、言い澱《よど》んだ。

「柏崎のおまえの家を売って、資金をつくってはくれないだろうか」

昭は、一瞬、言葉を失った。柏崎の家は、両親が心血注いで建てた家である。それを、売れとは……。

昭は、ようやく言葉を継ぐことができた。

「よくも、そんな虫のいいことを」

「もちろん、無理を言っているのは、重々承知している。しかし、資金を提供してくれる者はどこにもいまい。柏崎の家を売るしか、方法がないんだよ」

夫は、畳に手をついた。

「どうか、頼む！」

「…………」

昭には、信じがたかった。あれほどプライドが高く、人に頭を下げることが嫌いな夫である。

夫は、さらにつづけた。

「これまで、おまえには迷惑ばかりかけてきた。済まないと思っている。そこを、なんとか。つぐないは、かならずするから！」

夫は、ふと顔をあげた。いまにも泣き出しそうな表情をしている。

昭は胸を打たれた。

「……わかりました」

「本当か」

「でも、いつかかならず、佐藤家の家をつくってくださいね」

「ああ、約束するとも」

昭はすぐに柏崎にもどった。家の名義は、母親ミサの実家の当主と、佐藤家の本家の当主が連帯保証人になっている。そのふたりをはじめ、親戚連を口説き落とさねばならなかった。一軒一軒、許してくれるよう頼んでまわった。なかには、怒鳴る親戚もいた。

「なにを言っているんだ。せっかく両親が建てた家を。おまえは、なんという親不孝者だ！」

「あの人が立ち直るには、家を売るしかないんです。どうか、許可してください……」

昭は夫のために懸命だった。平身低頭、ひたすらに許しを乞うた。数日かかって、やっと全員の許しを得た。

柏崎の商店が並び立つ通りに面した家である。買い手も、すぐについた。しかし、売るとなると、さす

初めに結論を言え。
理由は、三つに限定しろ。
世の中、三つほどの理由を挙げれば、大方の説明はつく。

がに昭の胸は痛んだ。

〈父さん、母さん、佐藤家の家は、かならずわたしがふたたび建てますから。そのときまで、許してくださいね〉

東京にもどった昭は、夫に、家を売り払った金をすべて渡した。

「済まないな……」

夫は、バツが悪そうに言った。

しかし夫は、事業資金のはずのその金を持ったまま、女のもとに行ってしまった。昭には、一円の金も置いてはいかなかった。その金は、火の車と化した会社の回転資金にも、まったく役に立たなかった。しかも、夫は、いつまでたっても新たな事業をはじめる気配すらない。

昭は、ついに、夫が同棲している女のもとに乗り込んでいく決心をした。

昼下がり、女の店のドアを叩いた。女と夫は、店の二階で同棲していたのである。

階段を駆け降りる足音が、聞こえてきた。ドアが開いた。サンドレスを身にまとった女が、あらわれた。眠たげな目をした女は、ぼさぼさの髪の毛を掻きながら訊いた。

「どなたですか……」

昭は、冷ややかに言った。

「いますでしょうか」

女の顔から、一瞬、血の気が引いた。

「ちょっと、お待ちください」

一度、ドアが閉められた。

しばらく経つと、ふたたびドアが開いた。女は髪の毛の乱れを直し、浴衣《ゆかた》に着替えていた。先ほど出てきた女とは、まるでちがう。妖《あや》しさを漂わせる女に変貌していた。

「どうぞ、お入りください」

昭は、埃臭《ほこり》い階段を上がっていった。

二階の部屋には、夫が肘枕をして横になっていた。昭の顔を見ると、ぶっきらぼうに言った。

「なにしに来たんだ……」

居直っているのか、異様に居丈高だ。事業資金をつくるため、柏崎の昭の実家を売ってくれと、頭を下げたときのあの神妙さは、どこにいってしまったのか。

昭は訴えた。

「社員を抱えて、毎日が大変なんです。生活費をもらいにきたんです。わたしの家を売ったお金があるはずなんだから」

女が昭の前にジュースを差し出した。

夫は、皮肉まじりの笑みを浮かべた。

「飲めよ。ここのジュースは、ただなんだから」

「…………」

「まあ、飲めよ」

「けっこうです」

お盆に乗ったジュースを押し返した。

それから、女を見た。

「主人がお世話になってます」

女に対する、最大限の皮肉であった。しかし、百戦錬磨の女には、まったく通じなかった。

「いいえ、とんでもない」

ねっとりとした口調で、事もなげに切り返された。昭は怒りを通り越し、情けなさが胸いっぱいにひろがった。夫からいくばくかの金をもらうと、後ろを振り返りもせず、帰っていった。

昭和二十六年暮れ、夫の会社はついに倒産した。夫は強気な態度に出てきた。

「あの女とおれがいる場所がない。おまえは、この家から出て行ってくれ」

女にも金銭的な負担をかけていたのだろうか。昭の家を売った金も、女に吸い上げられ、事業どころではなかったのかもしれない。しかし、盗人猛々《ぬすびとたけだけ》しいとは、このことである。

〈わたしの家を売らせておいて、用がなくなれば、出ていけとは……〉

が、昭も、さすがに辟易《へきえき》していた。

「わかりました。整理がつきしだい、出ていきます」

こんな男は、もう顔も見たくなかった。離婚を決意した。

日本はこの年の九月、アメリカをはじめとした四十八カ国とサンフランシスコで平和条約を締結した。

日本国民は、独立のよろこびに沸き上がっていた。

田中角栄との数奇な再会

昭は、年が明けた昭和二十七年二月二十三日、ようやく身辺の整理を終えた。明後日には、引っ越すことになっていた。所用からもどってきた昭は、不審に思った。家の脇につづく塀に、紺色の高級外車ポンティアックが横づけされている。

〈誰だろう、こんなところに……〉

家の近くまで来たとき、ポンティアックの車窓がひらかれた。窓からひとりの男が顔を出し、声をかけてきた。

「奥さん！」

なんと、田中角栄ではないか。

昭は、思わず顔をつきつらせた。夫の事業が傾いてからというもの、田中と夫の仲は険悪になっていた。夫は、田中に不義理をしていたらしい。たびたび、田中土建の社員が押しかけていた。いよいよ社長本人が、借金を取り立てにやって来たのではないか。

昭は頭を下げた。

「本当に、ご無沙汰しております」

まさに、三年ぶりの再会であった。田中は右手をあげ「やあ」と昭に答えると、独特の濁声で訊ねた。

「ご主人は？」

「不在なんです」

「そうか、ちょっと話があるんだが、いいかな」

「どうぞ、お入りになってください」

そう言ってはみたものの、引っ越しの整理やなにやらで、家のなかは荒れている。しかも、もともと古い家である。代議士をあげるのは、気恥ずかしい。田中は、昭の気持ちを察したにちがいない。

「ちょっと、車に乗ってください」

ポンティアックは、轟音をたてて走り出した。昭は、さすがに不安になった。

〈田中先生は、どこに行くつもりなのだろう〉

車が止まったのは、森永が経営している池袋の喫茶店の前であった。

喫茶店に入り、ふたりが席につき、注文したコーヒーが運ばれてきたときであった。田中が、ふいに立ち上がった。

「やあ、やあ」

右手をあげながら、歩いていった。昭は、ふと田中の背中を目で追った。どうやら、知った人があらわれたらしい。背中を向けた田中は、公人田中角栄にもどっていた。

昭は、あえて知らぬふりをしていた。田中が席にもどってきた。

「済まなかった。ちょっと、知り合いがいたものだから……」

「いえ、別に」

「場所を変えよう」

言うなり、田中はすでに立ち上がっていた。昭はその強引さにつき従った。車で連れていかれたのは、一軒の料亭だった。

「ちょっと、ひと部屋借りるよ」

田中は出てきた女将に告げると、ずかずかと入っていった。どうやら、かなり馴染みの店らしい。田中は、出されたお絞りで首筋を拭いながら切り出した。

「今朝、選挙区から帰ってきた。きみたちふたりが離婚するという話を聞いて、あわてて尋ねたんだよ」

昭は、ホッとした。どうやら、夫の田中に対する不義理の話ではないらしい。やっと落ち着いた。田中が、苦笑いしながら続けた。

「ところが、ふたりともいない。仕方なく帰ろうとしたら、近くでボヤがあったという。で、道が通行止めになったというんで、解除されるまで待っていたんだ。そこに、きみが帰ってきたっていうわけだよ。ボヤがなければ、きみとは永久に会えなかったかもしれんな」

「そうですね……」

田中が、首をかしげた。

「しかし、なんでまた離婚などと？」

昭は、さすがに言いあぐねた。

どえらい大仕事を果たすには、大将の懐に飛び込んで、そのキンタマを握ることだ。そうすれば取り巻きどもが一目も二目も置く。足軽ばかり相手にしていれば、それで一生が終わる。

東京に知り合いひとりいない昭である。これまでの自分の苦しみを打ち明ける人すらなかった。親戚たちにも、これまでのいきさつはいっさい話していなかった。そればかりか、親友の瀬下さだをはじめとした友人や知人たちとの交際すら断っていた。

ましてや、田中に頼ることなど、まったく考えもおよばなかった。が昭は、問われるままに、包み隠さず打ち明けた。

「そうか……」

田中は、ため息まじりに言った。

「しかし、もう一度、縒《よ》りをもどすことはできないのかなぁ」

「主人も出ていけと言っておりますし。わたしも、出ていく決心をしました。明後日には、あの家を出ます」

「覆水盆《ふくすい》に返らず、だな……」

田中は持っていた鞄から、便箋を取り出した。

「まあ、そこまで行ったら、仕方がないな」

田中は、便箋になにやら書きはじめた。

「これを、ご主人に渡しなさい」

昭には、なにが書いてあるのか、わからない。

昭は夫に会い、手紙の内容を知らぬまま、手渡した。

夫は手紙を読むと、離婚を了承した。

じつは、田中と昭が再会した日は、母親ミサの祥月命日であった。田中と昭が初めて会ったのも、おなじ二月二十三日だった。昭和二十一年と二十七年の六年の歳月が、こうも環境を変えていた。

田中は、のちになって昭に言った。

「きっと、おまえのお母さんが、おれにおまえを託したんだよ」

まさに、そうとしか思えない。偶然が重なり合った、数奇な再会であった。

昭の新たな生活がはじまった。が、夫から離れられた解放感に浸る間もなかった。

独りで食べていかなければならない。

昭は、勤めるのなら東京駅前のオフィス街である丸の内と考えていた。夫の知り合いの伝《つて》で、丸の内にある交通公社に履歴書を送ったことがあった。が、思うようにはいかず、アルバイトに専念する毎日が続いた。

大蔵省についに鈴をつけたぞ

その間、ときどき田中と食事をしたり、映画を観に行ったりしていた。そのときに、近況報告をしていた。

そのころ、田中は、昭に繰り返し言っていた。

「道路整備は、戦後日本の大きな課題だ」

その考えに沿って、「道路法」「ガソリン税法〔道路整備費の財源等に関する臨時措置法〕」「有料道路法〔道路整備特別措置法〕」の三法案を議員立法で提出するようくわだててもいた。当時は、立法提案から委員会まで議員がつとめる「議員立法」

のさかんな時代であった。

田中は、西ヨーロッパ諸国を外遊してきた。先進国では、道路整備と都市計画の問題がはたしてどうなっているのか。それを視察するためである。田中にとって、はじめての外遊であった。

田中は、視察して帰ったとき、昭に興奮しきって捲《まく》し立てた。

「なかでも、ドイツのアウトバーンはすごかったぞ」

アウトバーンとは、ドイツを走る高速道路である。ナチス政権下で着工され、戦時にそなえて、飛行機の発着ができるように広くつくられていた。

「いくら速いスピードで走っても、車のダッシュボードに置かれたグラスが倒れることはない。それほど、舗装が行き届いている。素晴らしい道路だったよ。日本とは、まったくちがったよ」

敗戦から七年たらずの当時の日本に、アウトバーンほど舗装された道路はどこにもなかった。車が通るたびに、土埃が舞う。そんな道路しかなかった。

昭は、田中から話を聞いて思った。

〈日本は、いつになったらそれほどまでのすばらしい道路がつくれるようになるのかしら〉

昭和二十六年十二月、田中は手はじめに、衆議院建設委員長に、道路法を議員提案していた。

衆議院は、年内に本会議を通過したが、参議院では、野党の抵抗で大蔵省側の委員の巻き返しにあい、審議未了で終わってしまった。

だが、田中の情熱が通り、昭和二十七年六月十日、道路法が公布され、十二月五日から施行されることになった。

さらに、田中はガソリン税法に取り組んだが、これには大蔵省などから強い反対意見が出ていた。

田中は、参議院建設大蔵連合会で、口髭をふるわせるようにして、ほとんど一人で熱弁をふるった。

「いままで、表日本偏重の予算投下が、長いあいだ続けられ、裏日本とか、裏日本から表日本を横断する道路などが未改良になっております。これを、いっさい整備しなければ、道路整備ができない」

田中の脳裏には、雪に閉じこめられたふるさと越後の交通事情の悪さに苦しむ姿が、焼きついていた。ふるさとの格差是正に執念を燃やしていた。

反対派から攻撃があると、

「ひとり当たり道路費に出している額は、ちなみに、インドが三十九円でして……」

と、煙に巻いた。

田中の記憶力は、群を抜いていた。

しかし、大蔵省の追及はさらに続いた。

「ガソリン税法は、建設省の予算折衝のお助けをする法律にすぎないような気がしますが」

田中は、右の拳をふりあげ、顔面を紅潮させ、飛んでくる矢をかわした。

「建設省のためというような甘い考えはもっておりません。日本の産業の根本的な再興をするためには、道路整備以外ないのです！　最終的には、国土計画が、大蔵省の一方的な考えでやられることが多い！」

田中は、さらに、局面が困難になると、大蔵省にみずから乗り込んでいった。

若き実務家たちひとりひとりをつかまえて、説得に当たった。

「きみたち、日本の再建の基礎は道路だ。頼むぞ！」

各個撃破も功を奏し、大蔵省も燃えあがった。

「わかった。きみのために、ひと肌脱ごう」

と力を貸してくれた。

昭和二十八年七月、ついに参議院でガソリン税法が可決された。

大蔵省側の反対メンバーは、戦後初めて立法府に敗れ、歯ぎしりした。

「田中め……」

田中は、よろこびに燃えて昭に言った。

「誰も鈴をつけなかった大蔵省に、ついに鈴をつけたぞ」

秘書として働いてみないか

昭和二十七年十月の中旬を過ぎたころ、田中は、昭と食事をしながら上機嫌で言った。

「やっと、トップ当選できたよ」

八月二十八日の、いわゆる〝抜き打ち〟解散にともない、十月一日に総選挙がおこなわれた。この選挙で、田中は、この選挙での苦労話を、まるで講談でも語るように捲し立てた。

田中は、これまで二回の当選を果たしてきた。しかし、選挙はいつも苦しかった。今回も、当選する確信はなかった。

「長岡電鉄電化の成功を武器に、今回の選挙を戦い抜いたよ」

田中は、昭和二十五年十一月、新潟県の長岡鉄道社長に就任していた。田中にとって長岡鉄道社長に就任することは、火中の栗を拾うようなものであった。赤字会社の再建に乗り出し、もし失敗でもすれば、政治生命にもかかわりかねない。

しかし、再三にわたり請われて引き受けると、長岡鉄道を電化した。のちに田中派木曜クラブ会長になる西村英一《にしむらえいいち》を、長岡鉄道に引き込んだ。

西村は、明治三十年八月生まれで、田中よりは二十一歳も年上であった。大正十三年東北大工学部卒業後、旧鉄道省に入省。鉄道省では、佐藤栄作と同期であった。昭和二十四年の総選挙で佐藤らと出馬して当選。一貫して上司で盟友の佐藤支持の重鎮として活躍する。西村は運輸省時代、東海道線の電化にも貢献した。〝電化の神様〟とさえ呼ばれていた。

田中は、西村の指示どおりに工事を推し進めた。二十六年十一月には、電化にみごと成功していた。

長岡鉄道の労働組合大会で、委員長千羽幸治が、ぶちあげた。

「みなさん、田中社長は、倒産寸前の会社を救ってくれた恩人であります。田中社長の力があればこそ、電化にも踏み切れ、再建の第一歩を踏み出すこともできたのです。しかしあくまで第一歩です。完全な黒字体制になるまで、まだまだ田中社長に働いてもらわなくてはなりません。われらが社長が当落線上をさ

99%大丈夫でも、1%不安があればワシは決断しない。

まようようでは、とても今後の再建はむずかしくなります。われわれが一致団結して、田中社長を当選させようではありませんか！」

会場は、拍手で埋まった。

「異議なし！　なんとしてでも当選させよう！」

組合員は、ほとんどが、長岡鉄道沿線から通ってきていた。各組合員が、自分の地域の選挙民を担当し、選挙戦を展開することになった。

組合は、翌日から、さっそく委員長以下幹部が、街頭宣伝車でマイクをにぎった。沿線の駅員も、荷主と見るや、頭を下げた。

「なにとぞ、田中角栄に、一票を」

田中角栄は、三十四と歳も若い。ライバルの亘《わたり》四郎《しろう》陣営などに言わせると、「若造もいいところ」であった。

副委員長であった木川忠松らが気を遣ったことは、とにかく選挙戦をしているようには見えないようにすることであった。秘密裡に動き、「地下作戦」で動いた。家々を訪問するときには、昼間でなく、夜遅くなって訪ねていくなど、苦労を重ねた。大っぴらにやると、敵方に知られてしまう。あらかじめめぼしい人をピックアップしておき、できるだけバラバラに訪ねていった。

この選挙で、田中は旧新潟三区において六万二千七百八十八票を獲得し、初めてトップ当選を果たす。

昭とともに食事をしていた田中は、満面に笑みをたたえながら誘った。

「ワシの秘書として、働いてみるつもりはないか」

昭は、思わず聞き返した。

「先生のところで、ですか」

「議員会館には、曳田照治《ひけたしょうじ》という秘書がいる。が、彼ひとりでは、どうしても人手が足りないんだ」

「急に言われましても」

昭はためらっていた。元の夫が経営していた会社で、経理くらいは手伝ったことがある。しかし、田中の事務所で働くとなれば、権謀術数に長《た》けた政治家の相手もしなければならない。自分に務まるかどうか。

田中は、昭の胸中を察したようである。

「政治家の秘書といったって、それほどむずかしい仕事じゃあない。きみなら、すぐに慣れて十分に務まるよ」

昭は、これまでただの一度も田中に弱音を吐いたつもりはなかった。ただ一度だけ、田中に、「ひとり居の空漠を、しみじみと感じています」と手紙を書いたことがあった。

繊細な神経をもつ田中のことである。その一文で、昭の日々の暮らしを察し、気にかけてくれていたにちがいない。

待遇も、若い女性としては破格であった。当時秘書の給料は、一律に一万九千八百円であった。それに二百円足した二万円にしてもらえるという。

昭は、田中の好意に甘えることにした。それが、「越山会の女王」とまで呼ばれるようになる第一歩になるとは、夢にも思わなかった。

第二章

修羅場への第一歩

角栄の罵声「馬鹿ほど長電話をする」

昭は、昭和二十七年十二月一日、千代田区永田町にある第一議員会館の田中の部屋に顔を出した。当時、議員会館は、第一から第三にまで分かれていた。その各議員会館のなかもまた、一号館、二号館と、いくつかの棟に分かれていた。ひとつの棟は二階建てで、二十人ずつ部屋をかまえていた。田中がいたのは、第一議員会館二号館の、二一〇号室であった。

第一議員会館は、大物が揃っていた。一号館には、佐藤栄作、池田勇人《いけだはやと》、益谷秀次《ますたにしゅうじ》、林讓治《はやしじょうじ》ら。田中の入っている二号館は、首相の吉田茂、綱島正興《つなしませいこう》、福永健司《ふくながけんじ》、永山忠則《ながやまただのり》、黒金泰美《くろがねやすみ》らがいた。田中の隣室の二〇九号室には中垣国男、二一一号室には有田二郎が入っていた。二一一号室は、のちに水田三喜男《みずたみきお》に変わる。のちに田中派の重鎮となる西村英一は、四号館の四二九号室。田中派の大番頭と呼ばれることになる二階堂進は、第三議員会館の二号館二〇三号室にいた。みな、おなじ自由党内でもおなじ派閥の者たちが集まったり、当選回数などで区分けされていた。

当時の議員会館は、現在のような鉄筋コンクリートではなく、木造であった。風が吹けば、ガタガタと音をたてるほど古かった。少し大きな声をあげれば、隣に声が筒抜けになってしまう。もしちがう党や派閥の政治家と隣り合っていれば、密談などか漏れてしまいかねない。それを避けるため、おなじ党派の政治家たちを、ひとつところに集めていたのだ。

田中角栄は、自由党のなかでも、首相吉田茂を頭にする一派に与《くみ》していた。そのため、大物揃いの第一議員会館に部屋をかまえていたのだった。

田中は、昭を笑顔で迎えた。

「よく来た。よく来た」

昭は、ぺこりと頭を下げた。

「よろしくお願いします」

もうひとりの秘書である曳田照治の隣の机があてがわれた。この当時、いまの議員会館の部屋のように、三部屋はなかった。ひとつの部屋を、カーテンで間仕切りしてあるだけであった。

昭が座るやいなや、田中は、数冊の選挙人名簿と年賀葉書を昭の机に置いた。ドサリと音がするほどの多さであった。

「まずは、この宛名書きを頼む。一日千枚ずつは書かなければ、元旦に着くように出せないから」

昭は、表情にこそ出さなかったものの、その葉書の量におどろいた。

〈こんなに、たくさん〉

葉書の枚数は、一万はくだらない。一位当選した政治家とはいえ、選挙民たちにこれほどの配慮がないと、政治家は務まらないのであろうか。

さらに、吉田茂内閣はつねに不安定である。前回の〝抜き打ち〟解散のように、突飛なところでいつ解

大学の教授より、むしろ小学校の先生を大事にしなければいけない。小学校の先生が白紙の子供を教えるのだから。

散するかもしれない。いつでも選挙できるように、準備しているにちがいない。

それにしても、一日千枚も書けるかどうか。しかし、昭は、力強く答えた。

「わかりました」

田中は、うなずいた。

「頼むよ」

田中は事もなげに外出してしまった。

〈これほどの枚数をひとりでやらせるには、自分をためす意味が込められているにちがいない。最初に躓《つまず》いては、後々まで響く〉

昭は闘志を燃やした。

さっそく筆をとった。ボールペンや万年筆では、どうしても筆圧が必要である。指や手に力が入るため、すぐに疲れてしまう。大量に書くときには、あまり向かない。筆ならば、そんなことはない。あまり力がいらず、滑るように書ける。

昭は、毛筆で一枚一枚、丁寧に書きあげていった。

しかし、宛名書きだけをしていればいいわけではない。田中は、昭が議員会館に通勤するようになってからというもの、それまでほとんど使っていなかった議員会館の部屋に、毎日のように顔を出すようになった。

国会も、ちょうど休会中であった。田中がいることを知っている代議士や、陳情の人びとが、引きも切らなかった。宛名書きだけに神経を集中できる時間は、一日のうち三分の一ほどである。一日千枚どころか、八百枚書くのでさえむずかしそうであった。が、昭は歯を食いしばって書き続けた。

　曳田がのぞきこんできた。

「なるほど、ねぇ」

　腕を組んで感心している。

　昭は顔を上げた。

「どうなさったんですか」

「いや、オヤジが佐藤さんに書かせろと言った意味がわかるよ。なるほど、達筆だ」

　曳田は、田中の友人の世話で、田中の秘書になった。

　昭も、曳田を知っていた。別れた夫が、家に食事にたびたび招いたことがあった。曳田としても、そのときにかいがいしく食事を出してくれた昭が、田中の秘書として務めるようになるとは、思ってもみなかったにちがいない。

　初めのうちは、さすがにとまどっていた。昭のことを「奥さん」と呼んでいた。数日経って、ようやく「佐藤さん」と苗字で呼ぶようになった。

　曳田に年賀葉書の宛名の字を誉められ、昭は謙遜《けんそん》した。

「いえ、そんなことありませんよ」

　胸の内では、亡き長兄・仁史に思わず感謝していた。昭の字は、仁史に厳しく仕込まれて上達したものである。昭は、一日千枚までは届かないものの、八百枚はかならず書いた。

　二週間あまりで、ようやく書きあげた。田中に、終ったことを報告した。

田中は、たばねた年賀葉書を上から数枚手に取った。

「なかなか、字がうまいな」

見終わると、丁寧に上に重ねた。

「よし、ごくろうさま」

昭は、少々がっかりした。

〈ここまでやり遂げたのだから、もう少し、誉めてくれてもよさそうなのに〉

田中は、誉めるかわりに、次から次へと昭に仕事をやらせるようになった。昭に信頼を寄せたにちがいない。しかし、どんな激務をこなそうとも、以後、昭を誉めることは一度たりともなかった。

昭は、議員会館の二一〇号室の部屋に、ひとり残っていることも多かった。

そんなあるとき、選挙区の村長から陳情の電話を受けた。相手は、かまわず長々と話をする。

用件も終わり、少しばかり世間話になった。数分話していたとき、隣の二〇九号室から、のちに法務大臣となる中垣国男《なかがきくにお》の若い秘書・稲垣実男《いながきじつお》〔のち北海道・沖縄開発庁長官〕がやってきた。

「田中先生から、佐藤さんにと電話がかかってきてますけど」

電話を切り、隣の部屋に急いだ。

じつは、当時、議員会館の部屋には、電話は一台しか置かれていなかった。ひとりが電話をしていれば、ほかの者は電話をすることも、受けることもできなかったのである。

電話を取ると、田中がいきなり罵声を浴びせてきた。

「電話は、用件だけでいいんだ。馬鹿ほど長電話をするんだ！」

昭は、それからというもの、電話を受けたときも気が気でなかった。

〈いつ、オヤジから電話がかかってくるかもしれない〉

いかにしてうまく用件を把握し電話を切るか、頃合を見計らうのに神経を遣った。

身内裏切りの危機――吉田茂に遭遇

昭和二十八年に入ったある日、曳田が、雑用をこなしていた昭に言った。

「この清書を頼むよ」

渡された原稿の冒頭には、「わたしの主張」と書かれていた。その横には、田中の名でなく、曳田の名前が添えてある。

昭は不審に思った。

〈どうして、オヤジの名でなく、曳田さんの名前が添えられているのだろう〉

曳田が田中の意見をまとめたのなら、田中角栄と署名すべきである。それなのに、曳田があえて自分の名前を書いたのは、自分の野望の宣言と自己主張したいのかもしれない。

曳田は、その当時、佐藤栄作についている大津正秘書、塚田《つかだ》十一郎《といちろう》の中田松彦秘書とならぶ大物秘書として、「秘書会の三羽ガラス」と言われていた。

自由党の職員から、曳田宛に電話がかかってきたことがあった。その職員は言った。

「曳田先生は、いらっしゃいますか」

ちょうど、田中も曳田も出払っていた。

「あいにく出ておりますが」

「そう、まさか、田中秘書はいないよね」

口さがない連中は、田中の前では直立不動の形をとる。が、陰では、冗談まじりに、曳田を先生と呼び、田中のことを秘書呼ばわりしていたのである。田中は三十五歳と若く、政治家としての貫禄にはまだ欠けていたのかもしれない。曳田は、田中より一歳年上であった。

曳田も天狗になっていたのだろう。自分でも、田中のことを冗談まじりに「田中秘書」と呼んでいるときもあった。

昭は、あるとき、田中が新聞記者と座って話している背後に立ち、扇子でぱたぱた扇《あお》いでいる曳田の姿を見たことがあった。田中と曳田、どちらが代議士なのか、知らない人では見分けがつかないほどの貫禄を曳田はもちあわせていた。

昭は、曳田の指示にあえて口をはさまなかった。黙って原稿用紙を受け取った。しかし、清書を進めていくうちに、だんだんと顔が蒼ざめていくのが自分でもわかった。

〈これは、曳田さんの立候補表明だわ〉

田中は、これを知っているのだろうか。もしこのまま知らずにいれば、寝首を掻かれることにもなりかねない。昭は憤りを感ぜずにはいられなかった。これまで長いあいだ世話になった田中に、どうしてひと言の相談もなく反旗を翻《ひるがえ》すことができるのか。

昭は「わたしの主張」を家に持って帰り、夜を徹して清書した。ただし、一部でなく、二部清書した。

翌日、曳田にその一部を渡した。もう一部は、自分の机の引き出しにしまい込んだ。

昭は、曳田のいない隙を見て、田中に「わたしの主張」を手渡しながら訊ねた。

「この文章を、どう解釈なさいますか」

田中は何気なく受け取った。ざっと目を通すと、机の引き出しに「わたしの主張」をしまい込んだ。

そして厳しい表情で、昭に釘を刺した。

「このことは、誰にも話してはいけないよ」

「わかりました」

が、田中は、曳田を処罰しようとはしなかった。それまでと変わらず、秘書として使い続けた。

曳田も、ふだんと変わらず務めていた。が、陰では、着々と立候補の準備をすすめていた。どうやら、立候補宣言に近い「わたしの主張」を、彼の出身地である新潟県魚沼を中心に配ってまわったらしい。

田中の支持者たちが、間もなくして、「わたしの主張」を持って議員会館までやってきた。田中は、それでもなお、表立った動きはまったく見せなかった。なにかのついでに、曳田に「こんなものが、支持者から届けられたよ」と言っただけであった。

しかし、曳田のクビを切ることは、決してしなかった。

困ったらいつでも来いよ。

昭から見れば、苛立って仕方がなかった。

〈どうして、自分を裏切ろうとした人を、ずっと置いておけるのかしら〉

田中は、情を重んじる政治家であった。決して人を切り捨てることはできなかった。

昭は、秘書として田中に仕えて数カ月、田中と親しい代議士や陳情に来た人たち、さまざまな人と出会った。

そのなかに、西村英一がいた。西村は、田中の部屋にたびたびやってきた。自分の部屋にいたくないときは、逃げ込んでくる。

「いま陳情団が来ていてね。うるさくて困っているんだ。ちょっと、ここで待たせてね」

昭は、西村にコーヒーや紅茶を出し、話し相手にもなった。ついには、西村のためにおいしい紅茶が淹《い》れられるようにと、紅茶専用のポットまで買い揃えた。

陳情団がなかなか帰らないのか、夜遅くなっても田中の部屋に居続けることもあった。これには昭も、さすがに閉口した。

〈これじゃあ、わたしも、いつまでたっても帰ることができないわ〉

西村は、昭の不満を察したのか、照れた笑みを浮かべた。

「いや、済まんね。もう少し経ったらもどるから。もうちょっとだけ、待ってくださいね」

昭は、その西村の笑みを見るたび、つい言ってしまう。

「そんな、気になさらないでください」

西村の笑みには、なんとも憎めない魅力があった。

昭和二十八年二月二十八日、時の総理大臣吉田茂が、社会党の西村栄一の質疑に対して「バカヤロー！」と吐き捨てた。それに対し、野党から内閣不信任案が提出され、可決された。このため、吉田は衆議院を解散した。いわゆる〝バカヤロー解散〟である。

曳田は、結局、衆議院に打って出ることはなかった。

田中は、この四月十九日の選挙でも、みごと四度目の当選を果たした。

ある日、昭は、衆議院本会議に出席中の田中から、頼まれた。

「大事な書類を忘れてしまった。至急、持って来てほしい」

昭は命じられた書類を手にすると、国会議事堂へと走った。議員たちが入る正面玄関からではなく、その脇にある通用口から飛び込んだ。

そのときである。新聞記者やＳＰ〔セキュリティ・ポリス〕が取り囲んだ一団がやってきた。男たちの取り囲む中心に、羽織袴に白足袋《しろたび》という出で立ちのひとりの小男が、ムスッとした表情で歩いていた。

昭の目は、その男に釘付けとなった。

〈吉田首相だ〉

昭は、これまで、吉田茂の写真を新聞で何度か見たことはある。が、まさか、そんな大物を、手の届きそうなところで見ることができようとは。しかし、写真で見る愛嬌のある吉田とは、まったく雰囲気がちがった。鼻眼鏡の奥にあるその眼は、物を射ぬくほどの鋭い光を放っている。背筋が凍るほどの恐ろしささえ感じた。昭は、威厳に押されて、思わず廊下の端に寄った。

〈わたしは、政治という修羅場に足を踏み入れたんだわ〉

映画「二十四の瞳」に泣いた角栄

昭は、事務所には、たいてい白と黒、あるいは濃紺で、せいぜいジャカード織りのスーツしか着ていなかった。あまり目立たないような色でいて、おしゃれに着こなしていた。

もともと若いときから派手な服装はしなかった。若いときには、派手な色合いや模様の服よりも、シンプルなものほど似合うと思っていた。

靴は、高めで先のとがったハイヒールをよく履いていた。院内にいても事務所にいても、いつもハイヒールを履いていた。そのために、足の親指が第二指のほうに曲がってしまう外反母趾《がいはんぼし》になってしまったほどだ。

髪形は、ショートだった。一週間に一度はかならずセットした。

化粧も、つとめて抑えぎみにしていた。

田中にお絞りを持っていったとき、いきなりそのお絞りを投げつけられたことがある。

「おれは、口紅を塗った女は大嫌いだ。人食い人種ではあるまいし!」

それ以来、派手な化粧にならないように努めていた。

昭は、身長が百五十七センチ。バストは九十七センチもあった。が、ウエストは五十八センチしかなかった。ヒップはバストよりも少し小さく、九十五センチほどだった。

あまりにもバストが大きいために、のちにゴルフをするのに邪魔になったこともある。

後年、田中は、なにかのインタビューで語ったことがある。

「わたしは、恋人と待ち合わせたとき、もし彼女が一分でも遅れれば帰ってしまった」

しかし、昭の知人によると、田中は、昭だけは例外で、何分待たせようと、いつまでも待ち続けたという。

「角さんによると、あるとき、昭さんと、神田の果物屋万惣の前で待ち合わせた。昭さんは、十五分遅れてしまった。が、あのせっかちな角さんが、待ち続けていた。昭さんが姿を見せると、素早くタクシーを拾い、まるで自分もいま着いたように昭さんの前でタクシーを止めさせた。そしてタクシーのドアを開け、昭さんの気持ちを楽にさせるように、『やあやあ』と声をかけた。そして昭さんを乗せて、食事に出かけたそうだ」

田中は、昭和二十九年五月、自由党副幹事長に就任した。幹事長は、佐藤栄作とともに総理大臣吉田茂の寵愛《ちょうあい》を受けていた池田勇人であった。

田中は、じつは、佐藤栄作、池田勇人よりも一期先輩にあたる。田中自身も、昭に言ったことがある。

「おれのほうが、佐藤栄作や池田勇人よりも一期先輩なんだ」

が、ふたりを、ひとかどの政治家として評価していた。佐藤は運輸省、池田は大蔵省で、官僚として力をふるったのち、いきなり大臣として政界へ転出していた。

田中は、ふたりのうち、とくに池田とウマがあった。佐藤栄作は、いかにも官僚出身らしくどこかカミシモを着けた雰囲気があった。それとは対照的に、池田は、官僚出身らしからぬ、あけっぴろげで、がらっぱちなところがある。田中にとっても、池田のほうがなにかと接しやすかったにちがいない。

田中が副幹事長に就任してしばらくたったある日のことである。田中が、第一議員会館の二一〇号室の部屋にもどってきた。

昭はその顔を見て、思わず訊いた。

「どうなさったんですか。眼が赤いですよ」

田中は、いやいやといったように、右手を振り続けた。

「池田幹事長といっしょに、『二十四の瞳』を観てきたんだよ」

「二十四の瞳」は、木下恵介監督で、高峰秀子主演の話題の映画であった。

高峰扮する、小豆島《しょうど》の分教場に赴任してきた若いハイカラな女教師大石久子は、はじめは島の人たちに白い目で見られていた。が、やがて、大石先生の賢明な努力で受け入れられる。しかし、せっかく大石先生と十二人の分教場の生徒のあいだで育《はぐく》まれた師弟愛も、時代という流れに押し潰されてしまう。十二人の生徒たちは離散し、なかには戦地で命を落とす者もいた。

しかし、生き残った者たちは、大石先生を忘れなかった。戦争が終わると、みな、小豆島にもどり、大石先生を囲む。時代の悲劇と、そのなかに生きながら師弟が保ち続ける純粋な気持ちを、この映画は抒情的に撮っていた。

田中は「二十四の瞳」を観て、よほど感動したにちがいない。事務所にもどってきても、しばらくのあいだ映画を思い起こしていたようである。いつまでも、ちり紙を取り出しては、鼻をかんでいた。昭は、田中の純情な一面をあらためて見せつけられた思いがした。

傾きかけていた吉田内閣は、計画造船などをめぐる海運業界、造船業界と、佐藤栄作、池田勇人をはじめとする政官界を巻きこむ一大贈収賄事件である造船疑獄により、さらに土台が揺らいだ。

十二月七日、第一議員会館二一〇号室の田中の部屋は、異様に緊迫した雰囲気が漂っていた。田中と宮城一区選出の本間俊一が、昭の仕事をしている部屋とはカーテン一枚で仕切られた執務室で、ひそかに話し合っている。

そのころ、白金の外相公邸では、松野ヅル平と呼ばれた松野鶴平《まつのつるへい》や、大野伴睦《おおのばんぼく》ら反吉田派が吉田の目論んでいる解散に対し、「解散絶対反対」をとなえ、党首脳会議をひらいていた。

田中が、カーテンを開けて出てきた。

「これを清書してくれ」

解散文であった。田中は、佐藤栄作、池田勇人に与《くみ》していた。そのために、最後の最後まで、吉田を支持するふたりのために、本間とともに書いていた解散文であった。

昭は思わず訊いた。

「今朝の読売新聞では、吉田内閣は、解散でなく、総辞職だと書いてありましたが」

前夜、おなじ自由党ながら、反吉田で、鳩山一郎《はとやまいちろう》のもとに結集する大野伴睦、緒方竹虎《おがたたけとら》らが官邸裏に集まり、「総辞職に追い込んだ」と気勢をあげていたという噂も、まことしやかに流れてきていた。

田中の眼が、一瞬、けわしい光を放った。

シャバにはいいことは少ない。嫌なことばっかりだ。それを苦にしてメシが食えないようではダメだ。腹が減って目が回って、大事な戦《いくさ》もできん。

「なにを言うか！　マスコミが政治をしているのではない。政治は政治家がやっているんだ。時間がない。どうでもいいから、早く書いてくれ！」

昭は、必死で書き上げた。

しかし、すでに遅かった。大勢は、「解散反対論」に流れた。吉田はむくれ、白金の外相公邸から大磯の吉田邸に帰ってしまった。

昭和二十一年五月に首相に就任して以来、五期にわたって君臨してきた吉田茂の時代は、幕を閉じたのである。

第三章

昇り龍の陰で

異端の意地

昭和三十年十一月十五日、鳩山一派の日本民主党と吉田一派の自由党が手を握り合い、自由民主党を結成した。この年十月十三日、右派と左派に分裂していた社会党が統一した。財界に危機感を与え、その圧力によって長年にわたる吉田茂・鳩山一郎抗争に終止符が打たれ、保守合同が実現したのであった。田中は、池田勇人らとともに自由民主党に所属した。十一月二十二日、第三次鳩山一郎内閣の組閣がおこなわれた。

官邸の庭には、組閣時にマスコミがつくる、いわゆるテント村ができあがっていた。曳田と昭のふたりは、そのテント村を横目に見ながら、ふと洩らした。

「いつになったら、うちのオヤジは閣僚になれるのかな」

曳田は、吐き捨てるように言った。

「塚田先生だって、二年も前に入閣しているんだよ。一期しかちがわないオヤジが、こんなに遅れている。もうちょっと自薦運動をしたって、よさそうなもんなのに」

新潟四区選出の塚田十一郎は、田中が初出馬を決意した昭和二十一年四月、田中の会計を担当していた。しかし、田中を裏切り、その選挙にみずから立候補したのである。塚田は当選し、田中は落選した。その後、落選した田中は、田中土建の監査役である塚田を、いつも車で国会議事堂まで送ったりもしていた。

塚田は、代議士としても順調に出世していた。二十八年五月に成立した第五次吉田茂内閣では、郵政大臣兼自治庁長官兼行政管理庁長官に就任し、初入閣を果たしていた。

塚田は、大野伴睦の率いる大野派、石井光次郎《いしいみつじろう》の石井派と渡り歩いていた。まるで、出世のために力の強いと思われるほうに流れているかのようでさえあった。

田中は、塚田とのこれまでの因縁にくわえ、その政治的態度も気に食わなかったらしい。昭に、かなり強い口調で言ったことがある。

「出世が遅れてもかまわない。自分の節を曲げてまで、大臣になんぞ、なれなくてもいい」

言葉にこそ出さなかったが、塚田に対する批判はあきらかである。

田中の政界での生き方は、塚田とは対照的であった。自由民主党への入党を依然として拒み続けている吉田茂や佐藤栄作に与していた。田中は、ひと足先に自民党に入ったものの、党のなかでは異端だった。色目を使って主流派に属せば、すぐに入閣できたかもしれない。しかし、出世のためにおのれの道を曲げるのを潔《いさぎよ》しとしなかったのである。

三十九歳の郵政大臣

昭和三十二年十二月八日の夕方、昭は、大井町の家で、長女の敦子《あつこ》をあやしていた。昼すぎまで降っていた雨は止み、いまにも雪が降りそうなほど冷えこみはじめていた。昭は、七月中旬から産休をもらい、

人間は五十までで決まる。

八月九日に敦子を産んだ。それ以後、子育てに専念していたのである。

昭が引き取って面倒を見ていた母親ミサの妹が、声をかけた。

「ママ、先生から電話よ」

先生とは、田中角栄のことである。田中は、昭が産休に入ってから、心配してたびたび電話を入れてきていた。

田中は、この年の七月十日、第一次岸改造内閣に郵政大臣として初入閣を果たしていた。三十九歳の若さであった。三十歳代で大臣に就任したのは、〝憲政の神様〟と仰《あお》がれた尾崎行雄以来である。

昭は、敦子を胸に抱いたまま、受話器を取った。田中のあわただしい声が響いてきた。昭は、挨拶もそこそこに訊いた。

「なにか、あったんですか」

「じつは、曳田君が死んだんだよ」

「曳田さんが……」

曳田は、田中の入閣を、まるでわがことのようによろこび、郵政大臣秘書官をはりきって務めていた。

昭には、わずか四十歳であった曳田の死がにわかには信じられなかった。

〈あんなに元気だったのに……〉

兵隊時代に患《わずら》ったマラリアを再発させたのであった。

田中は続けた。

「秘書官がいなくては、なにかと不自由だ。次の秘書官を、すぐにでも決めなければならないんだよ」

「山田さんが、いるじゃありませんか」

山田とは、目白の田中邸で秘書をしている山田泰司である。

「山田君は、国会のなかは不案内でいやだと言っているんだよ」

「そうですか」

「もうそろそろ、出てこられないかい。選挙の気運も高まっている。おまえさんしか、いないんだよ」

敦子も生まれてから四カ月が経ち、首も据わっていた。昭の体力ももどっている。

田中の秘書に復帰するとなれば、敦子は、叔母にすべてをまかせるしかない。かわいくてたまらない敦子を置いて仕事に出るのは、なんとも忍びない。が、衆議院議員の任期の満了が近づいている。選挙準備も、忙しくなるであろう。田中が困っているなら、出ていかなければならない。

「わかりました。年が明けたら、かならず出ることにします」

「頼むよ」

昭は、腕のなかですやすやと眠っている敦子をあらためて見つめた。

〈この子のためにも、ひとがんばりしなければならない〉

昭は、昭和三十三年の年明け早々、ひさしぶりに出勤した。その日、敦子は叔母の背におぶわれ、家の近くの煙草屋の前まで見送りに出てきた。生後五カ月ほどであったが、母親の昭が去っていくのをさびしげに見つめている。歩けるものなら、後から追ってきそうである。昭は、まさに後ろ髪を引かれる思いであった。この日以後、敦子は、叔母とともに毎日見送りに出た。昭はそのたび、乳飲み子を置いていくせつなさを胸に抱きながら出勤することになる。

昭は、田中の部屋である第一議員会館二一〇号室に出向いた。

「やあ、すまん、すまん」

田中は、間もなくいつものように右手をあげた独特のポーズで、入ってきた。

昭は、思わず目を見開いた。

〈役職の高さというのは、人間を、ひと回りもふた回りも大きくしていくにちがいないわ〉

ひさしぶりに会った田中は、貫禄がいっそう増していた。ひときわ大きく感じられたのである。

郵政大臣は、かつては無駄飯ばかり食っている「伴食《ばんしょく》大臣」とまで言われるほど軽く見られていた。が、この年に、テレビの周波数をそれまでの六つから十一に増やすことが決まってから、がらりと郵政大臣の重みが変わった。新たに増やす五つの電波使用認可をめぐり、読売新聞代表取締役専務である務台《むたい》光《みつ》雄《お》をはじめ、財界人が連日のように殺到したのである。

田中は、財界人や官僚との折衝に奔走し続けた。

田中はなにかと話題の多い大臣でもあった。NHKの歌番組「三つの歌」に出演し、浪曲「天保水滸伝」をうなってみせた。文化放送の「浪曲歌合戦」では、「杉野兵曹長」をうなった。「浪花節大臣」と呼ばれ、親しまれていた。のちに「庶民宰相」と呼ばれる下地が、すでにこのころからできあがっていた。

昭も、この間の田中の奮闘ぶりを新聞で読んで知っていた。しかし、しばらく見ないうちに田中がこれほどまでに大きく変貌しているとは……。

田中は言った。

「これまで曳田君がやっていたことまでも、してもらわなければならない。ちょっと忙しくなるが、よろしく頼むよ」

「はい、わかりました」

田中は、「ちょっと忙しくなる」と言った。が、そんな甘いものではなかった。これまでとちがい、秘書の仕事すべてを、ひとりでこなさなければならない。一気に、忙しさが増した。

昭は、選挙準備におおわらわとなった。そのうえ、さまざまな雑務もある。

陳情者の相手はもちろん、やってくる議員の相手も、ひとりでしなければならない。田中は、ときには、西村英一が受けた陳情までも引き受けてくる。その処理も、昭がしなければならなかった。隣室の水田三喜男は、いやな来客があると、田中の部屋に避難してくる。そのお守《も》りもしなければならなかった。

しかし、もっとも大変だったのは、田中本人を探すことであった。

ある議員から電話が入る。

「先生はいらっしゃいますか」

「いま外出中ですので、すぐに連絡をつけて、お電話を差し上げるようにいたします」

まず、国会議事堂正面玄関の衛視に電話を入れる。

「田中角栄ですが、車があるかどうか、たしかめていただけませんか」

衛視は、構内放送で「田中角栄先生」と呼んでくれる。もし車があれば、運転手の田中利男がクラクションを鳴らす。鳴らさなければ、院内にはいない。昭は、車があるとわかれば、今度は衆議院控え室付の事務員に探してもらう。

「すみませんが、田中角栄を探し出してください」

秘書は、なにしろ昭ひとりしかいない。いつどこから、緊急な連絡が入るかわからない。のこのこと出かけるわけにはいかなかったのだ。しかし、みな協力してくれ、懸命に探してくれた。

朝から晩まで、落ち着いてお茶を飲む暇など、まるでない。これが終われば、次のこと、また次のこと。その日の仕事を残してしまえば、仕事はどんどん山のように膨れあがってしまう。

重政誠之に書いた詫び状

田中は、昭和三十五年十一月二十日、自民党水資源開発特別委員長に就任した。

日本は、水資源の需要が、都市部を中心に増えていた。これまでの農業部門、工業部門に、上水道、水力発電といった新興利水部門が加わった。この新旧両部門が、水利について、いがみあうようになっていた。

さらに、洪水対策に重点を置く治水事業と、用水を増やそうとする利水事業とのあいだにも、矛盾が生まれた。水資源は、いまや、高度経済成長を遂げようとする日本にとって、大きな問題に発展していたのである。

いよいよ、これらを一本化する必要が生じた。自民党の水資源特別委員会でも、新たな法案づくりのための論議がかわされることになった。

水資源に関しては、建設省、農林省、通産省、厚生省がからんでいる。委員会には、各省の意見を代弁する、いわゆる族議員が集まっていた。

古くからの中国の諺《ことわざ》に、「水を制する者は、天下を制す」とある。各省のこの法案づくりに対する意気込みは、まさに熾烈《しれつ》をきわめた。とくに、建設族と農林族との権力争いは激しかった。意見を一本化するのは、困難な状態に陥っていた。

田中は、その日、第一議員会館二一〇号室の自分の部屋にもどってくると、ソファにどっかりと腰をおろした。昭が茶を出しても、むっつりとしたままである。よほど頭に血がのぼっているのであろう。この寒い季節だというのに、せわしなく扇子で扇いでいる。

昭は、黙って自分の席に着いた。そっとしておいたほうがよかろう、という配慮であった。

しばらくすると、田中が昭に命じた。

「巻紙と、筆を持ってきてくれ」

昭は、書道具一式を持っていった。田中は、すずりに溜めた墨汁《ぼくじゅう》に筆をつけた。

昭は、訊いた。

「なにかあったんですか」

「うん、まあな……」

田中は、巻紙に筆先をおとすと、さらさらと書きはじめた。

若い君が本当に思っていることを話せばよい。
借り物はダメだ。
百姓を侮ってはいけない。小理屈で人間は動かないことを知れ。

「じつはな、重政誠之《しげまさせいし》と、やりあってしまってね」

農商務省出身のバリバリの農林族のひとり重政と、真っ向からぶつかってしまったらしい。

田中は、女姉妹のなかで育った。根はとても繊細でやさしい。弱い部分を持ってすらいた。が、今回のように、さまざまな族議員から叩かれると、俄然強くなった。敵が向かってくればくるほど、闘志をいっそう剝き出した。

田中は、筆を動かし続けていた。いかにも苦々しい口調で言った。

「それで、謝罪文を書いているんだ。これを、重政に届けてくれ」

昭は、あきれ返った。

「謝るくらいなら、喧嘩なんて、初めからしなければいいじゃないですか」

「わかっている。しかし、先輩に対して暴言を吐いたことは事実なんだから」

田中自身も、建設族のひとりとして、代弁もしなければならない。委員長として意見を一本化するためには、妥協も強いられる。田中は、それを十分承知していた。が、議論を押し進めているうちに、つい熱くなった。重政に対し、失礼な言葉を浴びせてしまったのである。

しかし、たとえ若い委員長であっても、長老に対する礼は失したくなかった。田中は、こういうときこそ、間をおかず行動する。田中の持ち前の調整能力である。

その謝罪文が功を奏し、重政との関係も修復することができた。自民党内の一本化にも、みごと成功したのであった。

昭和三十四年から三十五年にかけて、日米安保騒動の嵐が全国を巻き込んでいた。「安保反対」を叫ぶ大衆が、毎日のようにデモを繰り広げていた。木造の議員会館が焼き討ちされるというデマまで流れ不穏な空気に包まれていた。

そんななかで、深夜国会が、毎晩のように続いた。女の身で、会館と議事堂とのあいだの往来も物騒な時代であった。議員会館から国会に渡る陸橋も、デモ隊で遮断されてしまうこともしばしばであった。このとき、川島正次郎《かわしましようじろう》幹事長のもとで、ふたたび副幹事長をしていた田中は、議員たちが容易に議事堂に行けるようにと、ひとつの提案をしていた。

「議員会館と国会議事堂を、地下道で結べばいいじゃないか」

この田中の提案が実現し、昭和三十八年一月には第一議員会館が、二年後の昭和四十年九月には第二議員会館が、国会議事堂と地下道でつながれた。

「おまえ、佐藤のところへ行くのか」と池田は言った

昭和三十五年七月、岸信介が退陣し、その後任を決める自民党大会がひらかれた。総裁公選には、池田勇人、藤山愛一郎《ふじやまあいいちろう》、石井光次郎、大野伴睦の四人が立候補を宣言した。

池田擁立の裏方は、池田の大蔵大臣時代の秘書官でもあった大平正芳《おおひらまさよし》が取り仕切った。大平は、代議士生活をはじめてわずか八年しか経っていない。まだ経験が浅い。初めての総裁選のお膳立てに、なにから手をつけてよいか見当もつかなかった。

大平は苦しんだ末、田中角栄に相談をもちかけた。田中と大平は、大平が経済安定本部公共事業課長をしていたころからの知り合いである。

大平は明治四十三年三月十二日、香川県に生まれた。昭和十一年に東京商科大学〔現・一橋大学〕を卒業して大蔵省に入省。池田勇人大蔵大臣の秘書官を経て、昭和二十七年十月一日の総選挙で当選した。

大平は、田中を信頼していた。八歳年下の田中のことを「兄貴」と呼び、議員会館の田中の部屋にもよく顔を出していた。田中は、佐藤派の参謀として、佐藤栄作の実兄・岸信介陣営の一角を担ったこともある。十分な経験がある。それを踏んでのことにちがいない。

しかし、田中には、表立って池田の支援ができない理由があった。田中は、池田と政治的に袂《たもと》を分かっていたからである。

吉田茂の寵愛を受けていた佐藤と池田は、四年前の十一月、佐藤派と池田派に分かれた。皮肉にも、その日は、池田勇人の甥《おい》と、田中の妻はなの連れ子との結婚式の日であった。式は、港区三田にある綱町三井倶楽部の二階でひらかれた。

田中は、結婚式を途中で抜け出そうとした。池田が、声をかけた。

「おまえ、どうしても佐藤のところに行くのか」

「わたしは、あなたとも近しいけど、やっぱり佐藤さんとはちょっと一歩先に親しいんだ。だから、あなたのほうには、行けない」

田中は、性格的には池田に親しみをおぼえていた。が、政治的立場としては、佐藤に近い。田中はあえて情を捨て、政治信念に走ったのである。心境は、さすがに複雑だった。

田中が会場を出、一階の出口を出ようとしたときである。

「田中！」

背後から、呼びかけられた。振り向くと、池田が、階段を駆けるように降りてきた。その階段には、二人の天使が舞うように飛んでいるロダンの彫刻「ベネディクション」が飾られていた。

「おまえんときは、おれが手伝ってやるから」

池田は、田中が総理大臣に出馬するときのことを言っているのである。

しかし、田中はきっぱりと断った。

「それは、駄目です」

池田は、一瞬、顔をゆがめた。それ以来、田中と池田とのあいだには溝ができたかに見えた。

さて、田中は、池田の総裁選での戦い方を相談に来た大平に、数ページにわたるメモを渡した。そのメモには、総裁選に関する政策の大綱はもとより、具体的な運動の仕方まで、青インクで書いてあった。それだけでなく、重要なところは、わざわざ赤インクでしたためていた。

大平は、後で親しい人物に驚嘆した。

「田中は、おれよりも八歳も若いのに、その知恵たるや、大変なものだ……」

大平は、田中のメモに忠実に動いた。池田は、七月十四日の総裁選の結果、ほかの四候補を抑えこみ、総裁の座に就いた。大平は田中に深く感謝した。以後、大平と田中は、盟友として動くことになる。

角栄と武見太郎の対決――政調会長就任

田中は、昭和三十六年七月十八日、四十三歳で第二次池田改造内閣の、自民党政調会長に就任した。党三役のひとつで、主要ポストである。

これまでも、田中には、いわゆる党七役の国会対策委員長や組織委員長を、という話が何度かあった。そのたび、田中は固辞してきていた。が、いよいよ時機到来と、大役を受けたのである。

昭は田中にしたがい、自民党本部の政調会長室に詰めることとなった。国会は、休会時期であった。休会時には自民党本部内の政調会長室、国会開会時期には、院内の政調会長室に入ることになっていた。

田中は、政調会長室に入る直前、昭に言いふくめていた。

「おまえは女だから、出しゃばるなよ。出すぎると、叩かれるぞ」

当時、女性秘書はまだ少なかった。かつて総務会長益谷秀次の秘書に、辻とし子がいた。辻は、政友会の黒幕とも言われ、日本自由党の創立にも関与した辻嘉六《つじかろく》の娘である。政界の秘書でも有力なひとりであった。

田中は、辻のさまざまな評判を聞き知っていたのかもしれない。昭に対し、ほかのことはなにも言わなかったが、それだけは釘を刺していた。

昭も、胸に深く刻みこんだ。

〈わたしは裏方に徹しよう〉

しかし、いくら目立つまいとしても、数少ない女性秘書である。目立たないわけがなかった。ましてや三十三歳の女性である。

昭は、ある日、産経新聞社記者の楠田實《くすだみのる》に言われた。なお、楠田は、昭和四十二年から佐藤栄作首相の秘書官となる。

「この前、角さんに、天下を取るか、佐藤昭さんを取るかって訊いたんですよ」

楠田は、にやにやしながら続けた。

「そしたら、佐藤さんを取るって言っていましたよ」

昭は思わず顔を赤らめた。

「なにを言っているの。冗談でしょ、そんなこと」

田中が、もし本当にそう思ってくれているのであれば、女冥《みょう》利《り》に尽きる。しかし、田中は、照れ屋である。昭には、面と向かって、そんなことを言うはずはない。

もしかすると、田中は、新聞記者たちが自分のいないときでも政調会長室に出入りして、昭と話し合っているのが気が気でなかったのかもしれない。

田中は、前党三役の益谷秀次、福田赳夫、保利《ほり》茂《しげる》から、医師会との医療費をめぐる問題を未解決のまま受け継がされていた。日本医師会は、日本医師会に属する七万人あまりの全国医師の九割がたの賛成を得て、政府自民党に脅しをかけていた。

「医療費値上げを認めなければ、健康保険の医者は、全部辞めてしまう」

その期限は、昭和三十六年八月一日と切られていた。あと、半月ばかりしかない。

約束したら、必ず果たせ。できない約束はするな。ヘビの生殺しはするな。借りた金は忘れるな。貸した金は忘れろ。

田中は、七月二十四日、御茶の水の医師会館で、日本医師会会長武見太郎《たけみたろう》と渡り合った。田中は、武見に第一次池田内閣の厚生大臣中山マサのときに出した厚生省案を出した。

僧を思わせるイガグリ頭の武見は、ぎょろ目をむいてその案を蹴った。

「こんな古証文では話にならん！　出直してもらいたい！」

田中も、初めから、これでは医師会が承諾するわけがないと読んでいた。そのまま交渉は物別れに終わった。が、なんとか医師会と話をつけたいという思いに変わりはなかった。

〈いい機会だ。武見にもう一度会い、話をつけてこよう！〉

田中は、党三役に就任したものの、マスコミからは「軽量三役」と手厳しく批評されていた。

〈軽量を返上し、重量であるところを、見せつけてやる！〉

田中は、武見と渡り合う前に、池田首相と大野伴睦副総裁に言っておいた。

「交渉は、あるいは決裂になるかもしれません。覚悟しておいてください」

田中は、医師会館に乗り込んだ。朝の十時であった。会長室に入るなり、懐からいきなり白紙の便箋を取り出して、武見に言った。

「武見さん、わたしら素人で、医療のことはよくわかりません。ですからわたしは、こうして白紙を持ってきた。どうか、思うとおりの要求をここに書き込んでくださいよ。ただし、政治家にもわかりやすいように書いてください」

田中ならではのやり方であった。初めから自分の側の要求を捨ててかかっていた。

田中は、身じろぎもせず武見の返事を待った。

武見は、いきなり、その白紙の便箋を田中の手から奪い取った。そして内ポケットに差していた万年筆を取り出し、さらさらと書きはじめた。

書き終わると、田中に向かって、じつに気迫の籠った声で言った。

「政府がこれだけの要求を呑むのなら、医師の総辞退はやめさせる。びた一文、まからん。覚悟しておいてくれ」

田中は、渡されたメモを睨んだ。メモには、「医療保険制度の根本的改正」「医学研究と教育の向上と、国民福祉の結合」「医師と患者の人間関係に基づく自由の確保」「自由経済社会における診療報酬制度の確立」の四原則と、それに「医療懇談会の設置」の付帯事項がついていた。

武見は大声でぶち上げた。

「認める、認めないは、そちらしだいだよ。よく検討してください」

田中は、青ざめ強張った顔で言った。

「よし、このメモさえあれば、ひと勝負できる。鬼に金棒だ。任せてください」

田中は、平河町の自民党本部の政調会長室にもどってくると、ただちに昭に命じた。

「日本電建に行って、これをタイプで打ってきてくれ」

田中は、その年の五月に日本電建の社長に就任していた。日本電建は、昭和五年に創業した日本で初の建売住宅会社である。

日本電建では松浦宏信社長の不正が、発覚した。社員らは刷新同志会をつくり、松浦を辞任させた。その後継社長として白羽の矢が立ったのが、日本電建相談役であった田中角栄である。

田中を日本電建に引き込んだのは日本電建相談役であり、東邦物産社長の寺尾芳男だった。その寺尾が田中に社長就任を口説きに来たのだ。が、田中は、日本電建内の複雑な内部事情を知っていた。はっきりと拒んだ。

結局、寺尾が会社を引き受け、寺尾は、日本電建の立て直しをはかった。が、一年後、狭心症で倒れてしまった。寺尾は、死の直前、田中に頼んだ。

「おまえさん以外に、引き受けられるのがいないんだ。おれはもう寿命がない。おまえ、頼むから引き受けてくれ」

これまで自分をかわいがってくれた寺尾の最後の望みである。

「そこまで言われるのなら、お引き受けしましょう」

さすがに、断りきれなかったのである。

田中は、昭にけわしい表情で言った。

「党内でタイプを打つと、ひとつまちがえば、調停案が外部に漏れてしまう」

田中が昭に渡したのは、武見からメモとして渡された四原則であった。その案は、なにがあろうともいまの段階で外部に漏らしてはならない。党職員など、使えるわけがない。ましてや、党幹部をはじめ、新聞記者までがいつ入ってくるかわからない政調会長室で打つこともできるわけがない。それに引き換え、日本電建なら、漏れる可能性は少ない。田中には、その判断が働いたにちがいない。

「わかりました」

昭は、すぐに銀座にある日本電建に出かけた。

田中は、七月二十五日、武見をともない、自民党本部へ乗り込んだ。

その間、池田勇人首相、田中をはじめ党三役の集まった自民党幹部会では、武見を交え、白熱した対決が続いていた。

しかし、灘尾《なだお》弘吉厚生大臣は、テコでも動かぬかまえを見せた。

田中に、皮肉さえ浴びせた。

「田中さん、武見さんにおだてられて、なにをビクついているんだね」

武見の二代前の会長黒沢潤三は、厚生省の役人の言うことを、いくらでも聞くと評判であった。そのため、慣例として、日本医師会が厚生省に牛耳られてきた。灘尾は、医療行政のベテランである。そのへんの事情を、十分に呑みこんでいた。武見の言うことは、あくまで脅しにすぎない。完全に厚生省の役人のおだてに乗っている。実際に総辞退などできるものか、と高をくくっていた。

田中は灘尾を睨みつけ、口髭を震わせて啖呵《たんか》を切った。

「なにを言うか！　われわれ自民党の力が足らず、日本医師会総辞退ということになったら、どうするんだ。自民党が困るというだけではない！　患者も大いに困るではないか、この武見会長の要求を、蹴るなら蹴ってみろ！　政党がどのくらい苦労するか、考えてみろ。日本医師会を敵にまわして、まともな選挙ができると思うのか」

紛糾を重ねたのち、ようやく田中の推す武見の意見が通った。四原則がまとまったのち、田中は、医師会に武見を訪ねた。

田中は浅黒い精悍《せいかん》な顔を輝かせ、握手のために武見に手を差し出した。

「武見さん、これでスッとした。おたがい、これまでの政府と日本医師会のわだかまりは、水に流そうじゃないですか。仲良くしましょう」

しかし、武見は、ぎょろりとした眼を剝《む》いて拒んだ。

「仲良くなんか、できますか。冗談を言われても困ります」

武見は、田中を十二分に認めていた。しかも、武見もまた、田中とおなじ新潟県の出身である。同郷のよしみで、田中に親近感すら抱いていた。が、日本医師会の会長という立場上、容易に握手はできなかったのである。

田中が帰った後、武見は、親しくしている日本医師会常任理事で銀座菊地病院院長の菊地真一郎に言った。

「あいつは若いが、信頼できるよ。馬鹿のひとつおぼえのようなやり方は、決してしない男だ」

ふたりで歌った「幌馬車の唄」

昭和三十六年八月も、終わりに近づいていた。

「おーい、新聞を持ってきてくれ」

田中は、汗まみれになっていた。玉のような汗を額《ひたい》から流している。昭が新聞を渡すと、田中はページをめくりはじめた。

「いまは、なにをやっているのかな」

田中は、映画欄を見はじめた。映画にはよく出かけた。昭が秘書として初めて入ったころから、寸暇を見つけて出かけた。とくに暑い時期は、ひんぱんだった。映画館には冷房が入っている。暑がりの田中は、映画もさることながら、少しでも涼みたかったのだ。

「おい、いまから映画を観に行こうや」

「ちょっと、手が離せないんだけど」

「いいから、行こうよ」

強引に映画館に連れていった。

親しい新聞記者や、衆議院の政調会長室でアルバイトをしている日比谷高校三年生の朝賀《あさか》昭《あきら》を連れていくこともあった。

「政調会長、善政！」

と記者たちに声をかけては連れていく。善き政治をおこなうために必要なことをしにいく、しばし許せ、とユーモアこめて「善政！」と声を張りあげて出かけていくのである。ときには、田中と昭、運転手の田中利男の三人だけのこともあった。

いつも自分といっしょに激務をこなしている昭を、少しでも慰労する思いやりもあったにちがいない。

髭の手入れに小さなハサミを使っちゃいかん、小さなハサミは部分的にはうまくできるが、左右が揃わないほどかりこむことがある。だから大きな断ちバサミを愛用している。人生も同じ枝葉末節にこだわることなく、大局的な物の見方が必要だ。

映画館の前に行き、まず看板を見る。抱擁シーンなどが描いてあると、田中は言った。

「西部劇に行くよ！」

田中は、ラブ・ロマンスはあまり好まなかった。が、昭が、どうしても観たいと言い張ると、渋々ながら付き合った。それでいて映画が終わり、外に出ると、「いい映画だった……」と涙を流していることもしばしばであった。

ふたりは、時間の許す限り、東劇や日比谷劇場などをハシゴして歩いた。そのあとは、天八という天婦羅屋で食事をした。

田中は、一見無粋《ぶすい》である。が、少年時代には小説家になろうかと夢見ていたほどのロマンチストでもあった。ときにはふたりはくつろぎ、歌を歌った。

夕《ゆうべ》に遠く木の葉散る
並木の道を　ほろぼろと
君が幌馬車　見送りし
去年《こぞ》の別れが　永遠《とこしえ》よ

「幌馬車の唄」である。

田中は、「日本の心の歌」という歌集に載っている歌を、ほとんどすべておぼえきっていた。そのなかでも、「幌馬車の唄」にとくに惚れ込んでいた。

昭も、女学校時代にその歌をおぼえていた。合わせて歌った。

思い出多き　丘の上で
遥《はる》けき国の　空眺め
夢とけむれる一年《ひととせ》の
心なき日に　泪《なみだ》わく

昭は有楽町駅前で田中と別れ、娘の敦子の待つ家路につく。その背中に、田中は元気に声をかけた。

「じゃあ、また明日‼」

田中は昭を不憫《ふびん》に思い、複雑な気持ちを抱いていたにちがいなかった。

「越山会」結成

田中は、いよいよ政治結社をつくることを決意した。

当時、政治結社をもっていたのは、大物政治家だけだった。それまで、田中は、遊説にもひとりで出かけていた。駅や空港までは、運転手の田中利男が送り迎えをしていた。あとは、ひとりでボストンバッグを両手に提げ、各地をまわっていた。

しかし、いまや、押しも押されもせぬ自民党三役の政調会長である。政治家としての修羅場をくぐり抜けて、自信をもってきていた。意欲にも燃えていた。

「これから、中原《ちゅうげん》に駒を進めるぞ！」

唐の太宗《たいそう》皇帝につかえた諫臣《かんしん》魏徴《ぎちょう》の詠んだ漢詩「述懐」に、「中原に還《ま》た鹿を逐《お》う」とある。帝位をめざして、中原の地に、また群雄が争うという意味から、政治の主導権を争うという意味に転じた。

田中は、次のステップとして、政治結社をつくることを思い立った。

田中は、昭に相談した。

「さて、どんな名前がいいかな」

田中が所属する佐藤派の領袖《りょうしゅう》佐藤栄作の結社は「周山会」、その兄の岸信介は「箕山《きざん》社」と命名していた。

田中は、政治結社を「越山《えつざん》会」と命名した。新潟の生んだ戦国の名将上杉謙信《うえすぎけんしん》の詠んだ詩から取ったのである。

霜は軍営に満ちて秋気清し
数行の過雁月三更
越山併せ得たり能州の景
さもあらばあれ家郷遠征を憶う

謙信は、天正五年（一五七七年）九月十五日、能登（現・石川県）の七尾城を攻めたときに、この詩を詠んだという。

田中は、豪勇にして繊細な神経の持ち主であった上杉謙信と一脈通じるところがあったのかもしれない。

この命名で、新潟では、上杉謙信のことを「天正の越山」、田中のことを「昭和の越山」と呼ぶようになった。

昭は、公設秘書の事務に精を出すいっぽうで、越山会の会計責任者も務めることになった。これ以後、田中事務所が閉鎖されるまで、昭は越山会とかかわりあう運命をたどることになる。

口髭を剃れ！

昭和三十七年二月七日の朝、院内の政調会長室に出勤してきたばかりの昭のもとに、知り合いの記者から電話がかかってきた。

「佐藤さん、今朝の『東京タイムズ』を読みましたか」

「いえ、なにか書いてありましたか」

「田中さんの、昨日の会見での発言がスクープされているんですよ！」

昭は、すぐに東京タイムズを取り寄せた。

〈やられたわ……〉

一面に、でかでかとこう書かれていた。

「再軍備前提に沖縄返還、波乱呼ぶ『田中発言』。ケネディ長官にもらした一言」

じつは、前日の六日、田中をはじめ、中曾根康弘、石田博英《いしだひろひで》、江崎真澄《えさきますみ》、宮澤喜一《みやざわきいち》、小坂善太郎《こさかぜんたろう》ら自民党の若い議員が、ジョン・F・ケネディの実弟で、アメリカ司法長官のロバート・ケネディと、麻布の国際文化会館で会見した。その際の田中の発言がすっぽ抜かれていたのである。

田中は、ロバート・F・ケネディとの会見で、発言した。

「沖縄問題は、現在のままで日本に返還する場合、安保条約と憲法のふたつの問題がからんでくる。米国が沖縄を返還するには、日本の憲法が改正され、再軍備して共同の責任で防衛体制をとらねばできない。現在のままで沖縄返還を米国が定義しても日本国憲法は軍備、とくに核兵器保有を禁止しているので不可能であろう。現在の国際情勢、とくにソ連、中共への巻き返しの意味からも米国が沖縄返還するには、日本に対して憲法改正、再軍備を提起して日本がそれを受け入れなければならない」

この会見は、マスコミをいっさいシャットアウトしていた。田中はその気安さから、つい本音を吐いたのであった。ところが、どこからかその発言が漏れてしまった。

当時「東京タイムズ」の政治部記者であった早坂茂三が伝え聞き、すっぱ抜いたのだった。早坂は、この記事がもとで田中と知り合い、のちに秘書となる。

政調会長である田中の発言である。政界は、まさに蜂の巣をつついたような大騒ぎとなった。

衆議院予算委員会では、ちょうど三十八年度第二次予算案の総括質問に入ろうとしていたときのことである。

質問の第一陣に立った社会党の小松幹《こまつかん》が、田中発言を取り上げ、池田勇人首相を糾弾《きゅうだん》にかかった。それを皮切りに、田中に対する非難はさらに大きくなった。

「田中は、辞めろ！」

「口髭を剃れ！」

頭を丸めろという言葉はあるが、口髭を剃れ、というのはめずらしい。予算委員会は、野党の出席拒否のために審議が停止してしまった。

政調会長室には、佐藤派の領袖佐藤栄作、池田勇人首相の秘書官である伊藤昌哉《いとうまさや》が心配して詰めかけた。佐藤派の議員たちも、ひっきりなしにやってくる。

昭は、さまざまな対応を迫られていた。席につく暇もない。が、頭のなかは、妙に冷めていた。

〈ここは、なんとしてでも切り抜けなければならないわ〉

とりあえず、田中は、風邪のため国会には出られないということになった。その間に、政府自民党と野党とのあいだで、話し合いがおこなわれた。その調整をおこなってくれたのが、国会対策副委員長の久野《くの》忠治《ちゅうじ》である。

昭は、久野と綿密に連絡を取り合った。田中は、目白邸に引き籠っていた。が、昭にひっきりなしに電話をかけてくる。しかし数日たつと、弱々しい声で告げた。

「オイ、本当に熱が出てきたよ。三十八度もあるんだ。ちょっと来てくれないか」

自分のひとことで予算委員会が空転し、政治が止まってしまった。田中は、池田内閣に迷惑をかけたと悩んでいた。田中にとって、初めて経験する大きな失態でもあった。落ちこみ、熱を出してしまうのも無

田中の「日本列島改造論」がダメだと言うなら、それよりいい案を出しなさい。

理はない。

しかし、昭は田中を甘やかさなかった。頑として聞き入れなかった。

「なにを言っているんですか。いまは久野さんとの打ち合わせで、それどころじゃありませんよ」

「じゃあ、帰りにちょっと寄ってくれないか。本当に三十八度もの熱が出てしまったんだ」

当時、昭は、品川区の大井町に住んでいた。田中の目白邸とは、まるっきり逆方向である。

〈わたしは幼な子も抱えている身なのに……冗談じゃないわ！〉

昭は冷たく突き放した。

「熱があるんだったら、ゆっくりと寝ていなさい」

昭も、先行きの見えない政局に苛立っていた。荒っぽく電話を切った。

田中の憲法改正発言をめぐり、自民党と野党との折衝が紛糾して、空白国会がほぼ一週間もつづいた。

国会対策副委員長の久野忠治から、昭に連絡が入った。

「わたしがエレベーターの前で待っているから、オヤジは、やあやあとそれだけ言ってくれればいいんだから」

久野の奮闘により、野党もようやく納得してくれたのであった。田中が、みなに詫びるということで決着した。

田中は、国会議事堂内の常任委員長室に出向いた。大きなマスクをしていた。いかにも風邪をひいていますといった装いであった。

一時間もしてからだろうか、田中が、政調会長室に帰ってきた。そして昭にホッとした表情で言った。

「これで、なんとか解決したよ」

やっと肩の荷が降りたのだろう。表情には、余裕が生まれていた。

田中は、すぐに出かけてしまった。おそらく迷惑をかけた佐藤栄作や池田勇人のところに挨拶に行ったにちがいない。

その後、久野が、院内の政調会長室にやってきた。苦笑しながら言った。

「おれは、一言、やあやあと言うだけでよいと口を酸っぱくして言ったのに。角さんも、わかったとしおらしく聞いていたんだ。ところが、委員長室に入るや、いきなり右手をあげて、やあやあ、済まなかった、済まなかった、迷惑かけてと、それこそオーバーにやってしまったんだ。おかげで、おれの描いたシナリオが、全部パアになってしまってね」

「そうですか。本当に申し訳ないことをしました」

「いやいや、彼のあの人柄だから、みんなが水に流してくれたんだ。それは、それでいいんじゃないですか」

田中は、まわりの協力により、修羅場をくぐり抜けることができた。そのことがまた、田中の自信につながっていった。


「この人のために、一生尽くそう」

田中が、ある日、昭を怒鳴りつけた。

「おまえは、なにをやっているんだ！」

昭は、くどくど言っている田中を、睨み据えた。

〈なんで怒られなくちゃあならないの！〉

なんで怒鳴られているのか、まったく見当がつかない。しかも、まわりには、大石武一《おおいしぶいち》をはじめ政調副会長が揃っている。その眼の前で、晒《さら》し者《もの》にされているのだ。人一倍自尊心の高い昭である。

田中への怒りが、ついに頂点に達した。

〈もう、こんなところでは働けないわ！〉

昭は、翌朝になっても、前日、田中角栄に人前で理不尽に怒鳴られた屈辱が冷めやらなかった。地下鉄で国会議事堂前駅までは行った。が、改札を出たところで足を止めた。

〈やめた〉

近くにあった公衆電話から、国会内の政調会長室にいるアルバイトの高校生朝賀昭を呼び出した。昭は、朝賀が来ると、頼んだ。

「これを、田中に渡して」

自分の持っている政調会長室やら金庫の鍵を渡した。

「ちょっと、佐藤さん、どうしたっていうんですか」

朝賀はあわてた。昭は、なにも言わず改札にもどった。田中が困ることは、わかりきっていた。が、どうにも腹に据えかねた。

翌日も、その次の日も、政調会長室には出なかった。たまりかねた田中から、毎日電話が入った。

「頼むから、出てきてくれよ。本当に、困っているんだ」

「…………」

「おい、なにを怒っているんだい」

田中は、怒っても、すぐにケロリと忘れてしまう。昭を人前で怒ったことなど、忘れてしまっているのであった。昭は、なおさら腹を立てた。なにを言われようと、相手にしなかった。辞めろと言われることも、覚悟のうえであった。

が、田中は、執拗に説得にかかってくる。

「なあ、とにかく話し合おうじゃないか。民主主義の根底は、話すことなんだ。話せば、わかることなんだ」

田中角栄は、ついに昭に手紙を出した。

「ぼくは、おまえの才気や美貌に惚れたのではない。もう十七年〔昭和二十一年の初対面のとき〕も前の第一印象からであり、二月二十三日の朝〔昭和二十七年の再会のとき〕のことを考えても、どんな状態にあってもという前提で出向いた気持ちは、いまも変わっていないので、これが縁であり、前世からのものかも知れんとさえ思っておるのである」

なお、昭は、そのときの手紙を大切にしまっていた。

昭のボイコットは、一週間にもおよんだ。

田中も、さすがにこたえたのか、以後むやみと怒鳴ることは、なるべく控えるようになった。

ある日、田中は総務会を終え、政調会長室にもどってきた。その直後、副会長である大石武一が後を追うようにやってきた。いちばん奥にある田中の机の前で、田中に対し、執拗に文句を言いはじめた。いきなり、田中の怒声が聞こえてきた。

「きみはいまごろ、なにを言っているんだ！」

昭は、部屋付の自民党職員横田喜見子と顔を見合わせた。ふだん、政調会長室で議員に対して怒鳴ったことなどない田中である。

坂田道太、原田憲ら大石以外の副会長たちは、政調会長室の真ん中にある椅子に座り、ふたりの成り行きを見守っていた。田中が怒鳴るやいなや、坂田が言った。

「会長の言うとおりだよ」

「なにを！」

大石は、まだブツブツと文句をならべたてた。副会長たちはなだめ、その場をとりなした。

その後、昭は、田中に訊ねた。

「どうかしたんですか」

「いや、なに……」

田中は、さすがに不機嫌な表情を浮かべていた。

「大石が、総務会と政調会の合同会議で決まったことを、いまごろになってグチグチと言いはじめたんだよ。まったく、そんな不満を言うのなら、政調正副会長会議で言うべきなんだ。出席もしないで、後になって、文句を言うなんて、男らしくない」

昭は、田中をたしなめた。

「たしかに、大石さんのやり方は悪かったですね。けれども、あんな声をあげるから、横田さんがびっくりしちゃったじゃないですか」

横田喜見子は、おどろきのあまり息をひそめていた。田中は、その横田に気づいた。

「おお、そうか、そうか」

急に機嫌が直った。いくら怒っていても、すぐにそのことを忘れる。根にはもたないタイプなのである。

田中は、次の会合のため、横田に笑いかけながら政調会長室を出ていった。

「さっきは済まなかったね。もう、あんな声は出さないようにするから」

田中は、自民党本部内や国会内にある政調会長室に詰めている事務員にまで、じつに細かく気をつかった。

当時社会党書記長であった江田三郎《えださぶろう》の長男で、東大生の江田五月《えださつき》を先頭に、学生運動の一団が、自民党本部を襲撃するという噂がまことしやかに流れた。田中は、昭、横田、朝賀を連れて赤坂プリンスホテルに避難した。そんなとき、田中は気さくに、みんなとゲームで遊んだりして、慰労してくれた。

また、あるときには、組織委員会をはじめほかの部署の党職員をも引き連れ、熱海の旅館青木館に出かけたこともある。田中は、自分が田中角栄だということがばれないように大きなマスクをしていた。が、さすがに時の自民党政調会長で、以前郵政大臣のときには「浪花節大臣」と親しまれた田中角栄である。

確かにノーというのは勇気がいる。しかし、逆に信頼度はノーで高まる場合もある。ノーとイエスははっきり言ったほうが、長い目で見れば信用されるということだ。

どんな変装をしようとも、旅館の人をはじめ、熱海に来ている人たちはみな気づき、会釈していく。そばにいた昭ら同行者は、少々窮屈でならなかった。

このように田中はどんな忙しいなかでも、できうる限りまわりに気を遣ってくれた。

そんな田中を見て、昭はつい思ってしまうのであった。

〈この人のために、一生尽くそう〉

昭は、他人の力を借りないで、自分ひとりで生き抜くために必死であった。

昭和三十三年には、大井町の自分の住む一軒家の裏に、十数世帯が入れるアパートをつくった。一世帯は六畳と四畳半の二部屋となっていた。当時としてはめずらしく、一世帯にひとつずつキッチンをつけていた。が、経済的には、それでもなお楽ではなかった。アパートを建てるために信用金庫から借り受けた金を、毎月、アパートの家賃と自分の給料の一部で返済していかなければならない。これまで借金などしたことがない昭である。その借金のことが、いつも頭の片隅にあり、離れなかった。

ついには、布団に入ってもそのことばかりが気にかかり、不眠症にまでなってしまった。睡眠薬を飲む日々がつづいた。何度、田中角栄に相談しようかと思ったかしれない。しかし、政調会長である田中の激烈なスケジュールを、すべて知り尽くしている。自分のために、時間を割かせるわけにはいかない。昭は、歯を食いしばって耐え続けた。

第四章

田中派の「オヤジ」と「ママ」

史上最年少の大蔵大臣に

第二次池田勇人内閣は、昭和三十七年七月十七日、二回目の改造をはじめた。

昭はあきらめていた。

〈オヤジは、きっと更迭《こうてつ》ね〉

憲法改正問題についての発言から、まだ半年と経っていない。いくらなんでも、留任あるいは入閣の目は、ほとんどないと読んでいた。

田中は、十六日の夜、新宿区信濃《しなの》町にある池田邸に盟友大平正芳とともにおもむいた。池田邸には、前《まえ》尾繁三郎《おしげさぶろう》幹事長も来ていた。池田は、三人に言った。

「明日の組閣にあたって、まず党幹事長、外務大臣と大蔵大臣を決めてみなさい」

池田は、自分が大蔵省出身である。なるべく大蔵省の色が濃い人事は避けたかったにちがいない。田中、大平、前尾は、その言葉を受けて人事に着手した。そして党幹事長は前尾の留任、外務大臣は大平、田中が大蔵大臣とすんなりと決まった。

田中は、翌十七日の朝、政調会長室から出る間際、昭に打ち明けた。

「大蔵大臣だよ。口外してはいけないよ」

「まさか。なにを言っているんですか」

この日の朝刊には、田中とともに「軽量三役」と呼ばれていた幹事長の前尾繁三郎と総務会長の赤城宗《あかぎむね》徳《のり》の留任が決まったことが報じられた。ふたりの留任を報じる横に、大きく見出しがついていた。

「田中氏通産入閣」

通産大臣であった佐藤派の領袖佐藤栄作が、池田の説得にもかかわらず、留任を拒んでいた。佐藤の代わりに、田中が通産大臣の椅子に座るという。が、池田は、なお佐藤を説得しつづけるとも言っている。田中がどうなるのかは、佐藤の動向しだいであるという。

しかし、田中は、自信をもって繰り返した。

「だから、大蔵大臣さ」

昭には、にわかには信じられなかった。新聞の報道によると、田中が入閣するとすれば、通産大臣と書いてある。大蔵大臣は、水田三喜男の留任で決まったのではなかったか。組閣がどのように報道されているのか、田中は知り尽くしているはずだ。それでもなお、否定しないところを見ると、本当に大蔵大臣に決まったのかもしれない。

田中の表情にも、寝不足こそ感じられるが、すがすがしさがある。

〈これは、本当に決まったのかもしれない〉

直感が働いていた。

田中は、組閣のために、首相官邸に出かけていった。その直後から、政調会長室の電話が鳴り響きはじ

政治は数だ。数は力だ。力は金だ。

めた。マスコミ関係者、財界人たちが、組閣がどのようになっているのか、問い合わせてきたのである。

田中の盟友と言われた国際興業の小佐野賢治《おさのけんじ》も、電話をよこした。

「佐藤さん、今度の運輸大臣は誰？」

「そんなこと、まだ決まってませんわ」

小佐野は組閣になると、いつも電話をよこした。昭は、たとえ知っていたとしても、決して口外しなかった。が、小佐野は、執拗に訊いてくる。あれかな、この男かな……と。

電話口から訊いていると、小佐野の近くには誰かいるらしい。

〈自分と田中はホットラインでつながっているとかいって、自分を誇示しているのだろうか〉

田中番と呼ばれる記者たちも、わざわざ政調会長室に顔を出した。何食わぬ顔で探りを入れてくる。

「田中さん、入閣が決まるといいですね」

「ええ、どうなりますか」

昭は、あえて大蔵大臣のことは口には出さなかった。

そのころ、首相官邸の閣議室には、副総裁の大野伴睦をはじめ、河野一郎《こうのいちろう》、藤山愛一郎が集まっていた。

池田が組閣案をみなに見せた。大野から、異論が出た。

「これは、まるで大平、田中連合政権じゃないか」

大野らは、大平、田中と、前尾が組閣案をつくったのを知っている。その三人が要職を占めていることに、難色を示したのであった。

田中の大蔵大臣就任には、とくに激しい反対論が飛びかった。田中は、あまりのことに憤慨して立ち上がった。大平もまた立ち上がった。ふたりは隣の部屋に入り、なかから鍵をかけた。ふたりとも、昨晩からほとんど眠っていない。田中も大平も、椅子をならべて簡易ベッドをつくり、横になった。田中は、怒りのあまりまったく眠れない。ところが、横にいる大平は、軽い鼾《いびき》をかきはじめた。田中は、後で昭にこのときの大平について話した。

「細かなことを気にする質《たち》の大平が、あの大事なときに熟睡できるとは……。大胆さも、持ちあわせているのだな」

しばらくすると、ドアがノックされた。どうやら組閣がまとまったらしい。ふたりは閣議室に入った。池田がメモを渡した。大平、田中は、草案どおり、それぞれ外務大臣、大蔵大臣のままであった。

陽が落ちてきたころ、昭は、田中から連絡を受けた。

「大蔵大臣に決定したよ」

「本当ですか！」

昭は、朝から、さまざまな人たちからの問い合わせに追われていた。さすがに憔悴しきっている。が、その疲れをも吹き飛ばす、田中のひと言であった。

田中は、さらにはずんだ声を出した。

「これで、ひとつ、ステップを昇ったよ」

田中の声は決意に満ち満ちていた。つまり、総理大臣の椅子に近づいたということである。総理大臣には、大蔵、外務、通産の重要ポスト、あるいは自民党幹事長経験者が就任するのが通例である。いよいよ、田中は、次の総理を狙える位置まで昇りつめたのである。

田中は昭に言った。

「政務、事務秘書官を、役所から出してもらってもいいかな」

本来ならば、昭が政務秘書官となってもおかしくない。しかし、当時は、まだ女性秘書官のほとんどいない時代である。田中としては、大蔵省への配慮もあったにちがいない。

昭はこころよく答えた。

「お好きなようになさってください」

「しかし、いろいろな実務は、おまえさんにやってもらうよ」

「わかりました」

時に田中角栄四十四歳、史上最年少の蔵相就任であった。


「いいか、女は出しゃばるな」


昭は、田中の大蔵大臣就任の一報を聞いた後、すぐに引っ越しの準備に取りかかった。夜九時過ぎ、大蔵大臣室に移った。そのとき、産経新聞の岡沢昭男、共同通信の麓邦明《ふもとくにあき》、東京タイムズの早坂茂三の三人が、荷物運びを手伝ってくれた。のちに、麓と早坂は、田中の秘書になる。

田中は、親任式を終えた後、昭にあらためて釘を刺した。

「いつも言っていることだが、女は出しゃばってはいけないぞ。女が表面に出ると、叩かれるからな」

そしてさらに、つけ加えた。

「いいかい、五時になったら、なにがあろうとすぐに帰るんだぞ。おまえが帰らないうちは、秘書官室の職員たちが帰れない。これだけは絶対に守るように」

「わかりました」

しかし、昭がいくら五時に帰ろうとも、秘書官室の職員たちは、かなり遅くまで勤務していた。

田中は、自分よりも目上の者に対しては、どんなことがあろうと屈しはしない。が、反面、目下の者に対しては、昭が、

〈どうして、そこまで配慮するのかしら〉

と首をかしげたくなるほどの気の遣いようであった。

田中は、自民党本部でもどこでも、きさくに声をかけた。

「ご苦労さん！」

それが誰であろうとも、にこにこと声をかけていた。

ポーズではない。田中は、ひとりひとりがもっている苦労を身をもって知っていた。そのため、その人たちについ声をかけずにはいられなかったのである。

昭は、大臣秘書官室には、毎日黒いワンピースを着て出かけた。派手な粧《よそお》い、格好は田中が好まない。大蔵省秘書官室の雰囲気に合うものを選んだ。ただし、三十四歳の若さである。黒地の服でも黒い皮で縁どりをして、少しばかり目立たないおしゃれをした。

陳情に来る国会議員や議員の秘書たちが、その姿を茶化した。

「佐藤さん、まるでその黒いワンピースは、制服みたいですね」

「そうよ、これは制服なの」

しばらくのち、榎本敏夫《えのもととしお》が大臣秘書に加わることになった。榎本から、陳情があったのである。

「三、四カ月でいいから、なんとか政務秘書官にしてほしい」

榎本は、東京都北区の区議会議員を務めていた。それを辞めるふんぎりをつけるために、名前だけでいいから秘書官にしてほしいと言うのである。榎本は自民党の職員であったころから、田中を慕っていた。田中としても断りきれない。秘書官といっても名前だけで、実際は、日本電建で総務課長として勤務していた。

親任式から、数日経った。昭は、夕方五時になり、田中に言われたように帰ろうと仕度をはじめた。秘書官のひとりが声をかけた。

「佐藤さん、お電話ですよ」

相手は、緊急に田中と話がしたいと言っていた。昭はただちに田中を探しにかかった。田中はすぐに見つかった。

電話口に出てきた田中に、昭は用件を伝えようとした。ところが、その前に、

「なんで、おまえがこの時間にいるんだ。もう五時は、とっくに過ぎているじゃないか！」

耳の鼓膜が破れんばかりの田中の怒声が、突き刺さってきた。

昭は眉《まゆ》をひそめた。

〈とっくにと言っても、まだほんの二、三分しか過ぎていないじゃないですか。しかも、緊急の用だっていうから、あえて残っているんじゃないの。それを……〉

田中の怒声は、さらに続いた。

「用が残っていても、かまわない。とにかく、早く帰れ！」

昭は、ムッとした。田中に用件を伝え、受話器を叩きつけるように切った。

〈五時になったら、はい、さようならなんて、そんなに都合よくできるわけないじゃないですか〉

「エリート官僚の言いなりになってたまるか」

大蔵大臣の仕事は、政調会長などくらべものにならないほど忙しかった。

さすがに日本の財政を握る大蔵省である。毎日のように、二階堂進、久野忠治をはじめ、佐藤派の議員たちが押しかけてくる。佐藤派ばかりでなく、自民党の他派閥議員までやってくる。役所の秘書官は、田中と来客の因果関係など、くわしく知らない。そこで、昭がすべて一手に引き受けていた。そのため、それらの人びとは、あくまでも昭が政務秘書官だと信じきっていた。

いや、自民党だけでなく、いままで会ったこともない野党の議員や、財界人たちさえも、陳情にやってくる。昭はその処理に、てんてこまいだった。なかには、昭もつい、「なんで、そんな陳情をするのかしら」と首をかしげたくなるものもあった。が、個人的な感情は抑え、すべて漏らさず田中に報告し、自分

損して得を取れ。手柄は先輩や仲間に譲れ。そうすれば、お前、めんこがられて好かれるぞ！

で処理した。

昭は思っていた。

〈自分がきちんとオヤジに報告し、オヤジの許可を得て陳情を処理すれば、オヤジへの信頼も深くなる。オヤジのシンパをつくることにつながる〉

いっぽうで、田中から釘を刺されていることを、いつも念仏のように自分に言い聞かせていた。

〈出すぎないように、出すぎないように……〉

大蔵大臣秘書官室に入って、しばらくたった。昭も、その雰囲気にようやく慣れてきた。

田中は、ある日、昭に言った。

「大蔵省内には、おれを馬鹿にしている者がいるらしい」

「どういうことですか」

「田中はいろいろ言っているが、実のところ、細かいことはわからないと陰口を叩いているらしい」

昭は、組閣で田中が大蔵大臣と決まったとき、大蔵官僚からクレームがついたということは聞き及んでいた。

田中は苦々しい表情で言った。

「いまに、おれの凄さを見せつけてやるよ」

田中は、高等小学校を出て上京し、中央工学校の夜学を卒業したにすぎない。官僚や東大に対するコンプレックスがなかったと言えば、嘘になる。が、昭に言っていたことがある。

「おれは、海軍兵学校でも、陸軍士官学校でも、受かる実力はもっていた。しかし、受かったとしても、たかが給料は四十円かそこいらだ。そんな給料で、両親、兄弟を食わせられるか。家を建てることさえできない。そう考えて、自分の腕を信じようと決心したんだ」

その言葉どおり、東大や京大を出たいわゆるエリートの集団のなかで、死に物狂いの努力をし、のしあがってきた。それを認めず、ただ学歴が低いというだけで拒んだ、そのエリート意識が許せなかったにちがいない。

田中は吐き捨てるように言った。

「エリート官僚の言いなりになんか、なってたまるものか！」

田中は議員立法のたびに、大蔵省と財源で交渉をし続けていたのである。

佐藤栄作が大蔵大臣のとき、年内に予算編成ができないことがあった。予算折衝は、翌年の正月に繰越された。昭は、そのとき、佐藤大蔵大臣から頼まれ、中山競馬場にいた田中と必死に連絡をとった。が、それを見て、政務次官の山中貞則《やまなかさだのり》が息巻いた。

「田中は、いつから大蔵政務次官になったんだ」

山中にしてみれば、自分の領分を侵されたようでおもしろくなかったにちがいない。

田中の大蔵大臣就任は、かならずしも不適任とはいえなかった。前年、政調会長をやり、予算のときには大蔵省と予算折衝を続けてきたのである。

田中が昭に話したところによると、自分を批判しているふたりの官僚を、目白邸に呼びつけた。田中は、ふたりを前に声を荒らげた。

「きみたちは、このおれが、大蔵省の細かな行政について、なにもわかっとらんと考えとるらしい。が、本当にそう思っとるんだったら、けしからん!」

大蔵官僚のふたりも、田中角栄に面と向かって言われると、言葉が出ない。

田中は、「おい!」と言って秘書を呼んだ。そして秘書に、応接間の壁の戸を開けさせた。そこには、ずらりとファイルがならんでいた。

田中は、そのファイルを指差して、大蔵官僚ふたりに言った。

「見てみろ! こうやって、各省庁のすべての資料を、はじめから全部とってあるんだ。おれの頭の中には、それが全部入っている。なんなら、ここで、しゃべってもいいんだぞ!」

さすがの大蔵官僚も、そこまで田中にすごまれると、恐縮のしっぱなしであった。最後には、頭を下げた。

「どうも済みません」

ふたりはすごすごと帰っていった。

この一件以来、その大蔵官僚のふたりは、田中に従わざるを得なくなった。

田中は、この一件で、覚悟を決めた。昭に言った。

「あのふたりのような、生意気な局長、次官クラスは、今後、まともに耳を傾けまい。それより、実際に省の仕事をしている課長、課長補佐連中から、仕事の段取りを吸収しよう」

それからというもの、田中は、課長、課長補佐連中に近づいては、頼んだ。

「おれは学歴が低いから、よく大蔵省のことはわからない。きみたちは専門家だから、よく知っとる。おれに教えてくれんか」

彼らの中でも、とくに優秀な、見どころのある人間を直接自宅に呼んで話を聞いた。

課長クラスに対しては、奥さんが病気である、子供が大学へ入った、という細かいことまでよく調べておき、その都度、お祝いをした。見どころのある人間の冠婚葬祭には、ほとんど出席した。

大蔵省では、課長までが実務をやるが、それから上の局長、次官になると、実務のことはわからない。

田中は、次官から説明を受けたとき、逆に、彼らにやりかえした。

「おい、ここは、おかしいじゃないか。これは、こうじゃないか」

田中は、課長クラスから前もって得た知識を基に、具体的に指摘した。事務次官も、それからは、学歴のない田中に一目置くようになった。

新潟訛りの英語演説

大蔵大臣としての田中角栄にとって、第一の難関は「ガリオア・エロア」の対米債務支払い問題であった。この問題が国会を通らないことには、政府大蔵省の威信に関わる。しかしこの問題は、じつは前国会で流れていたいわくつきのものであった。

ガリオアというのは、アメリカの占領地域救済政府資金のことである。第二次世界大戦後のアメリカ軍占領地域における疾病《しっぺい》、飢餓を防止し、社会不安を除去して占領行政を円滑にするために、アメリカ政府の予算から支出された援助資金をいう。その供給金額は約十九億ドル〔うちエロア援助は三億ドル〕で、日本の債務となった。

昭和二十九年以来、この返済について日米間でたびたび交渉がおこなわれた。アメリカ側は、その返済を強く迫ったが、日本国内では、あくまでも返済すべきであるとの態度をとった吉田茂以外は、おおむね返済には否定的であった。大蔵省は、この援助が贈与であるとの立場から、返済には消極的であった。アメリカは西ドイツの債務返済、総額の三七・五パーセントと同じ方式を要求したために解決できず、昭和三十六年六月にいたって、返済額四億九千万ドル、期間十五年、年利二分五厘の条件が出された。が、まとまらなかった。

田中は、佐藤一郎官房長から、水田三喜男前蔵相、小坂善太郎前外相の国会答弁の速記録を渡された。速記録の単語数は、百十万語におよぶ膨大なものである。

田中は、佐藤一郎官房長から釘を刺されていた。

「この国会答弁とちがう答弁をひとつでもすれば、野党が騒ぎ出して国会審議は全部ストップになります。ですから全部覚えていただきたい。そのうえで、新しいことや補足は、大蔵省と外務省の担当者が説明します」

八月上旬の臨時国会を前に、田中は軽井沢の別荘に閉じこもり、書類に眼を通した。が、書類の十ページくらい読みすすみ、投げた。ガリオア・エロア債務返済協定は、もとは外務省の所管事項である。それなのに、債務は産業投資特別会計から返済することにしたため、外務省と大蔵省の理屈が重なり合って、複雑多岐な答弁資料になっていた。

「官房長の言うように、これを鵜呑みにすれば、迷路から出られなくなる。新しい立論をしたほうが得策だ」

昭和三十七年八月四日、いよいよ、第四十一回臨時国会がはじまった。田中は、財政六法を手に持ち、衆参両院の審議にのぞんだ。

「ガリオア・エロア援助は、日本民族のためにプラスだった。だから相手が返済を要求してきた場合、払える力があれば、払わなくてはならない。ただし、払うときには、国の財政の余力を十分に考えて、日本の財政ペースに近づけるような方向で支払うべきだと思います」

田中の方針のために、国会審議は少なくとも何分の一かの時間で終わった。ガリオア・エロア援助の産業投資特別会計法改正案は、通過成立した。結局、確定債務四億九千万ドル、半年払い十五年賦とし、アメリカはそれを対東アジア経済援助にあてることになった。田中は、第一の難関をなんとか乗り切った。

田中は、昭和三十七年九月、国際通貨基金、いわゆるＩＭＦの総会に出席することになった。道路借《しゃっ》款《かん》という大きな課題も背負っていた。

田中は、出席を前にして昭に言った。

「大変だよ、英語で挨拶しなければならん」

田中は必死に勉強した。大蔵省きっての英語の達人と言われた財務調査官の柏木雄介に英語の原稿を吹きこんでもらい、練習を重ねた。

ＩＭＦ総会まで、あとわずかに迫っていた。田中は、中央工学校出身ということは有名になっていたが、

無理は、しなければ、しないほうがいいんだよ。
苦労というのは、いい部分もあるが、悪い部分もある。
苦労はしてもいいけど、無駄な苦労はしないほうがいいんだ。

じつは正則英語、金城商業などへもあわせて通っていた。英語の読み書きは、ある程度はできたのである。

執務室にいた田中が、のそりと出てきた。

「ちょっと、おれの演説を聞いてくれ」

田中は、大真面目な顔で読みはじめた。昭だけでなく、大蔵省の秘書官たちも真面目に聞いていた。が、ついには笑いを噛み殺す者さえ出てきた。田中の英語が、あまりにも、新潟なまりが強すぎたためである。

田中は読み終えると、訊いた。

「どうだ？　これでわかるかな」

昭も、ついに堪《こら》えきれなくなった。笑いながら言った。

「なんだか、大臣の英語はイングリッシュじゃなくて、エングリッシュねぇ」

つまり、それだけ訛っていたということである。

「そうか、やっぱり駄目か……」

田中はそれでもなお、必死に発音の勉強をしていた。が、ついにマスターしきれず、おまけに石炭特別委員会が出発の日の明け方までかかったこともあり、「飛行機のなかで勉強する」と出発してしまった。昭は分刻みの日程のなか、大蔵省の秘書官との打ち合わせで息をつく暇もないまま、田中の外遊が成功するよう祈るばかりだった。

田中は、九月十七日、ＩＭＦ総会で、まる暗記のスピーチをした。まずまずの拍手で、恥をかかずに済んだ。

九月二十五日には総会も終わり、お別れパーティーがひらかれた。その席で、渡辺参事官が、酔った勢いで言い放った。

「うちの大臣は、芸術家であり、ジャパニーズ・ソングの大家である」

その発言がきっかけとなり、田中は、村田英雄の「王将」を歌う羽目になった。田中は、外国人を前に、日本語で声を張り上げた。

明日は東京に　出て行くからは
なにがなんでも　勝たねばならぬ
空に灯《ひ》がつく　通天閣に
おれの闘志が　また燃える

その歌詞を、二番は、道路借款を世界銀行からなにがなんでも出させなければならん、といった意味の歌詞に替えて歌ったのである。

日本が、現在のようにＯＤＡで海外援助できるような時代ではない。逆に世界銀行から借金をしなければならない時代であった。それが東名、中央といった高速道路をはじめとした道路交通網の整備資金となった。

日本語のわからぬ外国人たちには、柏木雄介が同時通訳した。日本浪曲会顧問という肩書のしゃがれ声を活かした田中の名調子の雰囲気も伝わり、世界各国の大蔵大臣は、拍手喝采を送った。スピーチのときよりも、大きな拍手であった。

ママをいじめちゃ、ダメー

いっぽう、昭は、田中がＩＭＦ総会に行っているあいだ、共同通信の麓邦明、東京タイムズの早坂茂三、産経新聞の岡沢昭男をはじめとした新聞記者数名とともに、長野県の蓼科《たてしな》高原に出かけた。ひとり娘の敦子も、幼稚園を休ませて連れていった。田中がいないあいだに、新聞記者との交流を深めておきたかったのである。

が、もっとも重要だったのは、敦子とともに出かけることにあった。昭は、田中が日本にいるときには政務に追われ、十分に敦子の面倒を見ることができなかった。田中が外遊しているときこそ、敦子とともに過ごす重要な機会であった。

蓼科では、蓼科湖から白樺湖まで、夢のように美しい白樺並木を敦子とふたりで馬車に乗って楽しんだ。昭は、敦子の少しおびえながらも体をすり寄せ母親を独占しようとする姿に、仕事を離れ、母親の姿となっていた。

昭はこの後、一度東京にもどってから、新聞記者たちと再度、新潟に出かけた。

新潟では、新潟交通が一行をもてなしてくれた。延べ千坪を誇る広大な屋敷で、白い壁に囲まれ、豪華さを誇る伝統がある鍋茶屋で、宴会がはじまった。

記者たちは順番に歌を歌ったり、踊りを踊ったりと、隠し芸を披露した。

昭にも順番がまわってきた。記者たちが揃って言った。

「佐藤さん、なにかやってくださいよ」

昭は困った。女学校時代、みなで歌を歌ったりもしたが、人前で披露するほどうまくはない。これといった芸ができるわけでもない。

「わたしは、芸事は駄目なのよ」

記者たちは、さらに盛り上がった。

「いや、勘弁できません。なにか、やってください」

ふだん生真面目な昭に、なにがなんでも芸をやらせたいと冷やかし半分で詰め寄る。

そのとき、昭の隣に座っていた敦子が、すっくと立ち上がった。

「ママをいじめちゃあ、ダメー」

「アッちゃん、じゃあ、ママの代わりになんかやってくれるかい」

「いいわ、わたしがママの代わりに踊ります」

敦子は前に進み出ると、レコードで流された「月はおぼろに……だらりの帯よ……」といった祇園小唄に合わせて、我流で一生懸命に踊った。記者たちはよろこび、やんやの喝采であった。

「いいぞ、アッちゃん！」

昭は、懸命に踊る敦子の姿が、切なくてならなかった。

〈幼いあの娘に、こんなにも気を遣わせてしまって〉

敦子は敦子なりに、母親のことを思いやっているにちがいない。昭の心に、敦子への不憫《ふびん》さが伝わり、いっそう母子の絆が増してきた。

東京にもどった昭らは、数日後、今度は山中湖の貸し別荘に一週間ほど出かけた。田中がいないとき以外に、羽を伸ばす機会はなかった。

山中湖畔から見る富士山は、秋空に映えてなんともいえない美しさにそびえていた。もともと、山への思いが強い昭である。胸がときめくような感動をおぼえた。

亡き母ミサは、富士山に登ると霊験《れいげん》あらたかで元気になると、つねに昭にすすめた。母と「越後富士」と言われた米山の残雪を見ながら、乙女心にカール・ブッセの詩を諳《そら》んじたこともある。

〈いつか、このあたりに別荘を建てられればいい〉

その夢は、それから一年半後の昭和三十九年春に実現することになる。

角栄がしぶしぶ白状した昔の女

昭和三十七年秋、田中は、ひさしぶりにお国入りした。昭も同行した。

新潟県柏崎市では、田中はオープンカーで駅からパレードした。柏崎市は昭の出生の地でもあり、感慨ひとしおであった。町々の通りでは、各家から紙ふぶきが舞った。まさに英雄故郷に錦を飾るの一幕であった。

祝賀会がおこなわれた後、新潟市に向かった。県庁での記者会見をすませ、昭は田中を室長旅館に送り込んだ。その後、当時、関信越財務局長だった鳩山《はちやま》威一郎《いいちろう》とひとときを過ごした。

昭は、その夜、新聞記者たちから声をかけられた。

「佐藤さん、麻雀しませんか」

「麻雀なんて、したことないわ」

「なに、簡単ですよ。おなじ牌《パイ》を三枚揃えるか、数がつづいているものを三枚揃えるだけなんですから」

昭は、強引な誘いに麻雀卓を囲むことになった。が、言われるままにしても、なかなかあがることができなかった。とうとう宿舎にもどらず徹夜となった。それでも、ついに一回もあがることなく終わってしまった。

東京に帰り、朝賀に話した。

「まいったわよ。全部、とられてしまって」

「ママ、そんなんじゃ、みんなのカモになるだけだよ。ちゃんとおぼえなきゃ」

朝賀は、さっそく翌日には、麻雀牌を買ってきて、昭に手ほどきをした。

昭も、なるべくおぼえるように努めた。

麻雀がおもしろかったというわけではない。麻雀には、別の効果がある。

〈麻雀をやると、それだけで、付き合いが深くなるんだわ〉

それまで新聞記者たちと、酒の席で話したりしたことはあった。が、酒の呑めない昭は、どうしても気後れしがちになる。麻雀ならば、雑談をしながら和気藹々《わきあいあい》とできる。

〈これから田中が総理の座を狙うためには、必要なことかもしれない〉

一般論で言えば、男は信用できないヤツが多い。金を渡し、酒を飲ませると、すぐに転ぶ。そこへ行くと女は別だ。一度、この男と決めればテコでも動かない。

それがのちのち、趣味はゴルフと麻雀と言われる素因になってしまった。

それからしばらく経ったある日、ひとりの女性が大蔵省に田中を訪ねてきた。田中は委員会に出席のため、大臣室にはいなかった。

昭が応対に出た。昭は、その姿を見て、眉をひそめた。

白のブラウスにグレーのスカート、サンダル履きの姿であった。手には、買い物籠まで提げている。近所に買い物に出たついでにやってきた、まさにそんな格好である。

〈この人、誰かしら〉

女性は、昭に訊ねた。

「あの、田中角栄先生は……」

「いま、委員会に出席のため不在でございます」

「…………」

「田中からはすべて任されていますので、なんでもおっしゃってください」

女性は、しばらくためらっていた。が、思いきったように口にした。

「どうか、千葉の国有地を払い下げていただけるように、配慮をお願いできませんか」

昭は、ピンときた。

〈昔、なにか縁のあった女性ね〉

昭はきっぱりと言った。

「そういうことは、大臣としてはできません。お引き取り願います」

田中が帰ってくると、昭は、田中の執務用の机に滑らせるようにメモを置いた。

「大臣、この方をごぞんじですね」

田中は、昭の口調がいつもとちがうと思ったにちがいない。紙切れを取り、目を近くまで寄せた。思わず、目を見開いた。

「こ、これは……」

「いったい、どなたたなんですか」

「お、おい、どうしたんだ。これは……」

「先ほど、いらっしゃったんですよ」

「そうか」

田中は、渋々ながら白状しはじめた。

その女性は、田中が、昭和十四年の四月に徴集兵として盛岡騎兵隊第三旅団第二十四連隊第一中隊に入隊するまでいっしょに暮らしていた、芸者出身の女性だった。が、田中が徴兵に出ていく直前に、姉のフジエが、田中の身辺をきれいにするため、女に言いふくめ、ひそかに手を切らせてしまった。このことはのちに、田中が、日本経済新聞の『私の履歴書』で、「ハウスキーパーのような立場の女性」と言葉をにごして彼女の存在に触れている。

田中は、まるで昭に弁解するように言った。

「しかし、それ以後は、まったく縁が切れているんだ……」

田中はあきらかに泡を食っている。そして昭に釘を刺した。

「また来ても、絶対におれに会わせるなよ」

「わかりました」

その後、その女性は一度も姿をあらわさなかった。が、昭には、嫌な後味が残った。

〈なんて女性だろう〉

田中とその女性の縁が切れてからすでに二十数年以上もの時を経ている。田中が大蔵大臣になったからといって突然あらわれるとは……。

〈わたしには、とてもできないことだわ。別れた男性がいくら有名になったとしても、自分は絶対に名乗りをあげることはしないだろう。いや、できない。自尊心が許さない〉

男性は、年とともに風格をつける。が、女性は、年とともに見すぼらしくなる。なんて嫌なことだろう。昭にとって、そんなことのできる女性は、おなじ女として許せない気がしたのである。

一秒五億円の折衝

昭和三十八年度予算編成を前にした三十七年十一月上旬、大蔵省二階にある大蔵大臣室は、緊張した雰囲気に包まれていた。

大臣室のソファに座った石原周夫《いしはらかねお》事務次官が身を乗り出し、田中におそるおそる言った。

「大臣、おわかりのこととは思いますが、大蔵大臣というのは、どんなことでも、いちおう反対するのが仕事というものです。歴代の大蔵大臣は、全員そうしてまいりました。それが通り相場ですから、反対しても不思議はありません。そのつもりで、ひとつ、よろしく」

しかし、田中は、断固として蹴った。

「わたしは政調会長になる以前から、積極派の田中と言われてきた。いまさら、日銀みたいな慎重論を言うわけにはいかん！」

石原次官らは、不安そうな顔で、渋々引きあげていった。

田中は翌日、大阪へ向かった。大阪でおこなわれる恒例の貨幣大試験に出席するためである。

列車には、大蔵省記者クラブである「財政研究会」の記者たちが乗り込んでいた。ひとりから、水を向けられた。

「大臣、三十八年度予算の規模は、どのくらいに考えたらいいのでしょうか」

「そうだな、一般会計規模は二兆八千三百億から五百億、財政投融資総額は一兆円以上、いや、ひょっとすると、一兆千億円程度になるかもしれない。減税規模は、五百億円だな」

予算は、まだ大臣ベースに乗っておらず、事務当局査定の段階であった。これを聞いて大蔵官僚たちは憤慨した。

「大変な放言をしてくれたものだ」

しかし、田中は、その数字には自信があった。あらかじめ、課長、課長補佐などから重要資料を取り寄せ、およその見当をつけていたのである。

〈おれは、急所をつかんでいる。勘が大きく外れるわけがない〉

暮れも押し迫った十二月二十八日、大蔵大臣室で、各省大臣との復活折衝が徹夜で続行された。折衝する相手はつぎつぎに代わるが、田中には代理はない。

終盤になってくると、田中は、大ぶりのコップに氷を入れ、あふれるほどの水をがぶがぶと飲んだ。ひどく疲れているせいであった。冬だというのに、汗が吹き出る。田中はあまりに汗の量が多いため、おしぼりをいつも脇においていた。

田中は、扇子を扇ぎながら折衝を続けた。

じつは、田中はバセドー病であった。ホルモンのバランスが崩れ、新陳代謝が異常に激しくなる。脈拍の多いのが特徴で、病状によってかなりちがうが、睡眠中に測っても九十から百十以上にもなる。甲状腺も腫《は》れる。汗が多く出て、体温が高めになる。冬でも手のひらが湿っていて、さわると温かい。食欲があるのに痩せる。疲れやすく、体がだるい。

いっぽう、全神経、脳髄のあらゆる襞《ひだ》がフル稼働している。ふつうの者の頭が一時間に百回まわるとすれば、田中の頭は一万回もまわる。

それゆえ、田中は、いつも性急と思われるような行動をとっていたのである。

酒の呑み方も、せっかちだった。とにかく長い時間は、呑むことができなかった。そのため、パーティーに出席しても、話を終えると、さっと帰った。

昭には言っていた。

「人が騒いで、埃の立つようなああいうところじゃあ、とても呑めないよ」

田中は、一見豪放磊落《らいらく》そうに見えるのだが、人一倍潔癖症だった。

が、田中は達観していた。

「男には、この病気は、一万人にひとりしかいないんだよ。女性は、更年期になると自然に癒るらしい」

さて、田中にとって、建設大臣河野一郎との折衝が、最大のヤマ場であった。

河野は、党人派の代表的存在で、吉田茂政権下に台頭した官僚政治家と激しい政権争奪戦を展開していた。河野は、昭和三十七年七月の第二次池田内閣の二次改造で、建設大臣に就任しただけでなく、事実上の副総裁扱いをされていた。

佐藤栄作を抑えつけて首相になろうと狙っている河野にとって、田中が力をつけてくるのが不気味であった。

「次期総理は、おれだ」

そう意気込む河野は、田中との一騎打ちに一歩も退かぬかまえでのぞんだ。

河野は、椅子に腰をおろすなり、どすのきいた声ですぐに話を切り出した。

「道路百十億円、治山治水四十五億円、下水道十億円、計百六十五億、これだけを復活してもらいたい。これだけやったら、文句は言わない」

田中の考えは、主計局の次長から、あらかじめ党建設部会の代表や建設次官へも通しておいた。復活額も呑めないほどのものではなかった。

第一は、できるだけ敵を減らしていくこと。世の中は嫉妬とソロバンだ。インテリほどヤキモチが多い。人は自らの損得で動くということだ。第二は、自分に少しでも好意をもった広い中間層を握ること。第三は、人間の機微、人情の機微を知ることだ。

田中は、扇子を音をさせて閉じた。

「思い切りよく、出しましょう！」

河野は、田中の返事を聞いた瞬間、にんまりとした。

河野との折衝は、わずか五分間で終了した。マスコミの一部は、この折衝を「一秒五億円の折衝」と評した。

昭和三十八年度予算は、十二月三十日の臨時閣議で決定した。一般会計の規模は、二兆八千五百億八百万円、財政投融資総額は一兆千九十七億円、減税規模は初年度五百四十二億円であった。

この数字は、田中が東海道線の列車のなかで記者を前にして言った数字と、あまりに近い数字であった。一部の新聞や週刊誌などから、「歩くコンピュータ」などとおだてられたり、ひやかされたりした。

田中は、後で昭にうれしそうに自慢した。

「どうだ、おれの勘も、捨てたものでもあるまい」

最高の愛の告白

大蔵大臣である田中は、あまりの忙しさに、好きな映画を観に行く暇すらなかった。昭は田中に頼まれ、東和映画と連絡をとり、大臣室の隣にある個室で映画鑑賞の準備をした。田中が観たいというのは、「哀愁」などの映画で有名なマービン・ルロイ監督の「心の旅路」であった。

第一次世界大戦が休戦となった日、過去の記憶を失っていた兵士スミスは、中部英国メルブリッジの病院を出てさまよっていた。スミスを演じるのは、ロナルド・コールマンで、田中同様、口髭をはやしている。そこを、踊り子ポーラに助けられる。ポーラは、グリア・ガースンが演じていた。

ポーラは、スミスの境遇をあわれみ、踊り子を辞めてデボンという田舎でいっしょの生活をはじめる。ふたりはやがて結婚し、子供までもうける。しかし、ある日、スミスはリバプールまで出かけたとき、雨の街路で転倒した拍子に、奇跡的に記憶がよみがえる。が、スミスは、今度は記憶を失っているあいだのことをまったく忘れてしまったまま実家にもどり、実業家としてのしあがっていく。

その間、ポーラはスミスとのあいだにもうけた子供を失い、途方に暮れる。そんなとき、スミスが実業家となっているのを知る。そして、女秘書として、スミスのもとに就職する。が、スミスは、ポーラのことをまったくおぼえていない。ついには、義理の姪《めい》のマーガレットと結婚しようとする。

スミスは、田中と同じく、政治家になる。

さまざまな折衝に黙々とつとめる秘書のポーラに、「形だけでよいから、結婚してほしい。議員の自分には、きみがどうしても必要なんだ」と高価なネックレスを贈る。

しかし、ポーラには、どんな高価なネックレスよりも、ふたりいっしょに暮らしていたころのことのほうが大事だった。デボンにふたりで暮らしていたころに、スミスがくれた安物のネックレスを握りしめ、本当の愛を思い出さないスミスに、ポーラはひとり泣く。

失意のポーラは、記憶喪失のスミスとかつて暮らした家にもどる。

そんなおり、スミスもまた、労働争議解決のためメルブリッジを訪れることになった。そこで、いつも自分が肌身離さず持っていた鍵が、まさにスミスの記憶をよみがえらせることになった。昭は、そのシーンに、胸が締めつけられる思いがした。

田中は、映画が終わった後、昭に念を押すようにしていった。

「なあ、わかるだろ。わかるだろ……」

暗がりのなかであったが、田中の目が、じっと昭を見据えているのがわかった。

田中は、もう一度、念を押した。

「わかるだろう」

昭は、その言葉にふくまれる田中のメッセージを、胸に深く受け止めていた。田中はスミスに感情移入し、ポーラを昭に見立てていた。

田中はささやいた。

「これから、おれが伸びていくためには、どうしても、おまえが必要なんだよ」

泥臭い田中にはめずらしく気障《きざ》なやり方であった。が、それゆえに、昭の胸に滲《し》みこんだ。昭にとって、最高の愛の告白であった。

田中は、この映画がよほど気に入ったのであろう。次には、局長クラス、さらには課長クラスと官僚たちを呼び、試写会をひらいた。

昭は、そこまで「心の旅路」に思い入れる田中の姿に胸を熱くした。


「おい、大磯から呼び出しがかかったぞ！」

昭和三十八年が明けて間もなく、外務省職員の織田悦子と名乗る女性が、白幡敬友とともに大蔵省秘書官室に昭を訪ねてきた。白幡も織田も、吉田茂の秘書をしているという。

昭は、秘書をはじめたころ、国会内で首相であった吉田茂とすれちがったことがある。その鋭い眼光は、新聞の写真で見るのとはちがい、凄味すら感じた。恐ろしかった。そのときの印象が、いまだに拭《ぬぐ》いきれない。

昭は、思わず身を硬くした。

〈あの、偉い吉田さんの秘書をしているなんて〉

織田が、昭に誘いかけた。

「どうですか、お食事でも」

昭は、いつもならば断るところである。が、みなに誘われるまま、それに応じた。

連れていかれたのは、ハンガリー料理の店であった。白幡と織田は、食事をしながら、吉田茂の話に花を咲かせた。昭は、ただひたすら聞き入るばかりだった。

〈吉田元総理のことを、あんなに気軽に呼ぶなんて〉

彼女らは、吉田をこう呼んでいた。

「大磯のジイさんは……」

まるで近所の親しい老人の話をするかのようである。

大磯というのは、吉田が大磯に住んでいたことから、吉田のことを指していた。田中も、のちに目白に住んでいたことから「目白」と言えば、田中を指すことになる。

そのうち、話はいまの政界のことに移った。織田が、横目で昭を見た。

「池田勇人さん、佐藤栄作さんの後を継ぐのは、誰かしら」

昭は、あえてとぼけた。

「さあ、どなたでしょう。わたくしには、わかりませんわ」

「そりゃあ、決まってますよ」

織田の言葉を受けたのは、白幡だった。

「田中さん、大平さんでしょう」

ふたりが、昭を見つめていた。白幡が、さらにつけ加えた。

「吉田のジイさんも、そう言っていましたよ」

昭は、ふたりがなんでわざわざ大蔵省秘書官室にやってきたのか、わかった。

〈吉田さんが、接触を求めてきているにちがいない。ふたりはその使者としてやってきたんだ〉

そうであるならば、吉田の手にすがらない手はない。もし自分の読みちがいであったとしても、吉田と懇意にしているふたりに近づくことは、のちのちのために悪いことになりはすまい。

それからというもの、一カ月に二、三度、白幡、織田と会った。ときには、外務省官房長である佐藤達夫も同席した。

織田らは、いつからか昭を「お昭さん」と呼ぶようになった。それほど親しくなっていた。会うたびに、吉田茂の池田評などを聞かされた。

「池田君は、自分の前ではよく話を聞くが、玄関を出たとたんに、忘れてしまう」

それは、吉田が、池田に河野一郎を切れと言ったときのことを指している。池田は吉田の前では納得した顔をしたが、それでいて、ついに河野を切ろうとしなかった。

吉田には、池田の次は佐藤栄作との思いがあることも、織田らは打ち明けた。

昭は、織田らに会うたびに誘われた。

「一度、大磯に遊びにいらっしゃいよ。吉田のジイさんも会いたがっているわよ」

「いやだわ、こわいんだもの」

とても吉田がこわくて、応じるわけにはいかない。

「吉田のジイさんは、あなたが思っているほど恐い人じゃないわ。おたくのオヤジのほうがよっぽどこわいわよ」

が、昭はいつも丁寧に断った。田中には、織田、白幡に会っていることは、あくまでも伏せていた。

いつも「女が出すぎると、叩かれるぞ」と口を酸っぱくして言っている田中である。昭がこんなことをしていると知れば、おそらく気を悪くするにちがいない。せっかく吉田茂との会見が実現しても、昭が無断で根回ししてなったものだとわかると、田中の自尊心すら傷つけかねない。そうなっては、元も子もない。

金というものはチマチマ使うより、ここぞというときに一気に使え。その方が、効果は何倍も大きい。

数カ月ほど経ったある日、田中は顔をやや上気させながら、昭に告げた。

「おい、大磯から呼び出しがかかったぞ！」

「それは、よかったですね」

「吉田さんは、なんの話があるんだろう？」

いくら時の大蔵大臣で、吉田十三人衆のひとりと数えられているといっても、一時代を築いた吉田茂に呼び出されるのは、なんともいえない名誉なことなのであろう。

田中は腕を組み、繰り返した。

「なんの話だろうなぁ」

政務はそっちのけに、真剣に考えはじめた。

昭は、胸の内でほくそ笑んだ。

〈これで、ひとつのきっかけがつかめるわね〉

織田、白幡らに何十回と会ってきたその苦労が、ついに実ったのである。

田中は、思い出したように訊いた。

「ところで、吉田さんには、なにを持っていったらいいだろう。あの人は殿様だから、持っていくものがむずかしいな」

これをきっかけに、田中は吉田とのパイプをいっそう太くしていくことになる。

団体旅行「目白詣で」はじまる

ある日、選挙区の秘書である本間幸一が、目白の田中邸を訪れ、興奮した口ぶりで田中に言った。

「選挙態勢強化のために、いい案を思いつきました」

日ごろ冷静な本間にしては、めずらしいことである。それだけに、自分の案によほど自信があったのであろう。本間は、得々と説明した。

「地元の選挙民を、この目白台の家へ団体旅行させてはいかがでしょうか」

「うむ、それは悪くない」

「団体で寝泊まりし、おなじ釜の飯を食うと、不思議と仲間意識がわくものです。わたしは柏崎にいたころ、ボーイスカウト活動をしていましたから、経験的に知っています。団体で東京に来て代議士に会うことを繰り返しているうちに、自然に後援会が固まっていくものです。いまは春ではないが、春に旅行すると、さらに効果も出ます。越後の長い冬からの解放感も味わえ、あたたかい東京に出かけて太平洋側と新潟の地域格差を肌で知ってもらうこともできます」

「おお、すばらしい考えだ。これから毎年それをやろう。おれも、時間のある限り地元民と会う」

本間は、さっそく「目白詣《もう》で」を実行に移した。二泊三日の日程を組み、地元民を夜行列車に乗せ、新潟を出発した。地元民にとって、新潟から出て東京へ旅行できるなど、夢のような楽しさであった。

翌朝、東京温泉でひと風呂浴びさせ、朝食をとらせた。それから、田中の友人である小佐野賢治の経営する国際興業のバスに乗せ、目白台の田中邸に向かわせるのである。

田中邸では、田中みずからが下駄をつっかけたざっくばらんな姿で出迎え、ひとりひとり全員にお茶を出し、羊羹《ようかん》を配った。当時は甘いものがめずらしかった。みんな、羊羹を紙に包んで持ち帰った。

田中は、みんなを前に、得意の浪花節「天保水滸伝」もうなった。

利根の川風袂《たもと》に入れて
月に棹《さお》さす屋形船
ひと目関の戸を叩くは川の
水にせかれる秧鶏《くいな》

選挙民たちは、田中の浪花節に拍手をし、「おらが先生」という親しみをもった。

その後で、国会議事堂を訪ねた。生まれてはじめて踏む赤絨毯《あかじゅうたん》を、まるで、雲の上でも歩いているような気持ちで歩いた。地方からの選挙民が、国会の赤絨毯の上を団体で歩く姿は、田中陣営からはじまった。選挙民たちは、皇居、浅草の国際劇場でレビューも見た。さらに、江ノ島、熱海、伊豆方面の観光にも行き、たっぷりと旅を堪能《たんのう》した。

本間は、「越山会」の国家老として采配を振るっていく。

オヤジに惚れ込んだ朝賀昭

昭のひとり娘の敦子は、すでに幼稚園に通う年になっていた。

敦子の性格は、まるで昭の子供のころにそっくりであった。引っ込み思案の内弁慶。なんといっても、わがままだった。

「幼稚園に行きたくない！」

そう駄々をこねはじめると、梃子《てこ》でも動かない。昭は、敦子の性格が自分に似すぎるほど似いてるがゆえにいっそういとおしく、かつ憎らしくてたまらなくなるときもあった。

「わがまま言っては、駄目！」

敦子を、激しく平手で打ち据えた。

昭は、できうる限り敦子をかわいがった。欲しがる物を買ってやったり、いい服を着せてやっていた。過保護という言葉では物足りない。まわりから見れば、どこのお姫様かと嘲笑されんばかりであった。

しかし、田中の秘書をしている限り、どうしても母親として埋められないものがある。朝は早くから、夜は遅くまで勤めている。家に仕事を持ち帰ることも、しばしばだった。敦子の側にいられる時間は、ほんのわずかだった。

昭は仕事と家庭の板挟みになっていた。敦子に十分に愛情を注いでやれないでいる。その負い目が辛かった。敦子がわがままを言い出すと、その矛盾した感情が波立ち、つい、自分で自分を抑えかねるほど激しくなってしまっていたのである。

敦子は一歩も退かない。泣きながら叫んだ。

「絶対に、行かないんだから！」

昭は、自分の手が痛くなるほど叩いた。それでもなお言うことを聞かないので、スリッパでひっぱたいたこともあった。

そんな愛情と苛立ちの入りまじった修羅場の最中に、アルバイトで来ていた朝賀昭が、入ってきた。朝賀は、毎朝、敦子を幼稚園まで送ってくれていた。

朝賀は、驚いて割って入った。

「ママ、そんなに叩いちゃあ、敦子ちゃんがかわいそうだよ」

昭はすでに頭に血がのぼりつめている。前後の見境がつかないほどであった。スリッパをふたたび振り上げた。

朝賀は敦子をかばった。

昭の振りおろしたスリッパは、まちがって朝賀を激しく叩いてしまった。

昭はハッとして、朝賀に駆け寄った。

「ごめん、朝賀君……」

昭が朝賀を叩いた部分は、赤く腫れ上がっていた。

「朝賀君、本当にごめんなさい」

昭和十八年七月八日生まれの朝賀昭は、日比谷高校の三年生のとき、衆議院のアルバイトで、政調会長の田中と出会った。

朝賀の母親は、田中角栄の選挙区新潟三区のうちである三島郡の出身であった。朝賀は、なんの気なしに昭にそのことを話した。それはただちに田中に伝わり、田中は、朝賀に親近感を寄せたようだった。

「そうか、きみのおふくろさんは、おれの選挙区なんだってな」

「はい。わたしも、戦争中に疎開したことがあります」

田中は昭に言った。

「そういう学生なら、よく面倒見てやれよ」

朝賀は、田中の姿に頼もしさを感じていた。

〈すげぇ人が、いるもんだな〉

アルバイトだったから、自民党の受付をはじめ、いろいろな部署にまわされる。その部署ごとに、さまざまな政治家がいた。田中は、そのなかでもひとつ群を抜いて光彩を放っている気がした。ほかの政治家にくらべれば、年齢が若いはずなのに、迫るような迫力がある。背筋が寒くなる感じすらした。

田中はある日、朝賀に訊ねた。

「朝賀、きみは、大学はどこを受けるんだい」

田中は、昭から朝賀が板前になりたいと言っているのを聞いていた。確かめるために訊いたのである。

「はい、大学には行きません。わたしは、板前になろうかと思っています」

朝賀の母は、小料理屋を開いていた。母親の実家も、田舎のそば屋だった。その影響で、板前になるつもりだった。田中の表情が曇った。

野党は政策を競うのではなく、取引ばかりしている。
労働組合のやり方が蔓延している。
日本政治の最大の問題は、野党が無いことだ。

田中は昭に言った。

「朝賀は、やっぱり大学に行かずに板前になると言っている。でも、板前になるんでも、勉強しておいて損はない。大学に行くように説得してやれ」

昭は説得にかかった。田中の言葉を、正確に朝賀に伝えた。朝賀は田中に惚れ込んでいた。その田中の言葉である。ただちに決断した。

「わかりました。ぼく、大学に行きます」

朝賀は、昭和三十七年四月、中央大学法学部に入学した。大学に入っても、アルバイトとして昭のもとで手伝いをしていた。

朝賀にとって、昭は、なんとも不思議な存在だった。いつどこでも堂々としている田中が、昭にだけは、まるで腫物《はれもの》にさわるようにいつも接しているのである。それだけ、昭のことを大事にしていることがわかった。

田中が政調会長時代、政調会長室の田中の秘書は、昭だけだった。中央での田中の政治活動の秘書役は、昭が一身に引き受けて処理していた。田中は、それゆえ、もし昭がいなくなれば、なにもできなくなる。

朝賀は、田中もさることながら、ひとりですべてをこなしてしまう昭にも感心していた。

ときおり、幼稚園に迎えに行った朝賀が、敦子を連れて大蔵大臣室に顔を出すことがあった。

「ママーッ！」

敦子が入ってくると、秘書官室の雰囲気がなごんだ。田中は敦子の声を聞きつけると、執務室から飛び出してきた。

「よく来たな、敦子」

敦子を抱き上げ、頬ずりする。

敦子が嫌がるのもかまわなかった。

田中の表情は、笑みでくだけきっていた。そこには修羅場をくぐる政治家田中角栄のけわしさはなかった。父親と変わらぬ顔があった。

また、敦子は事務所にもときおり顔を出した。そのとき、昭だけは、まさにねじり鉢巻で雑務をこなしていた。そんな母親の姿を見て、敦子は言った。

「ここでお仕事をしているのは、ママだけじゃないの」

「これは、敦子に一本とられたな……」

田中は、それでもなおうれしそうだった。

大蔵大臣秘書・早坂茂三

昭和三十九年の暮れ、早坂茂三が、榎本敏夫の代わりに大蔵大臣秘書として入ってきた。早坂は、田中が政調会長時代に非公式の場で発言した憲法改正問題をすっぱ抜いた。それがきっかけとなり、田中と知り合ったのである。

早坂は東京タイムズ退社後、昭に田中の秘書として使ってくれるよう、何度も頼み込んできていた。ちょうど名前だけ貸している大臣秘書の榎本敏夫の期限も切れていたため、榎本から早坂に替えたのである。

早坂は、それまで東京タイムズにいたため、新聞記者たちには顔が広い。そのことも考え、広報担当という形にした。が、それからというもの、接待交際費がぜん増えた。早坂は記者たちを引き連れ、毎晩のように付き合っていた。

昭は、会計をすべて握っている。越山会の金庫のなかがどれほどのものか、知り尽くしている。田中とふたりになると、いつも、あといくら残っていて、どれほど足らないかと顔を見合わせていた。それでも、政治家の看板を背負っている限り、必要な金はつくらなければならなかった。ときには、昭の名義で銀行から借金をしたこともあったほどである。それゆえに、昭は、越山会からは接待費を一銭でも出したことはなかった。ほかの秘書たちと食事に行くときは言うまでもなく、吉田茂の側近たちと会っているときでさえも、自腹を切っていた。

それにくらべ、昭の目から見れば、立場がちがうとはいえ、早坂の使い方は、いくらなんでも目にあまるように思われた。

〈こんなことをしていたら、金がいくらあっても足りないわ〉

早坂が領収証を出しにきたときに、注意した。

「早坂さん、接待するのもいいけれど、ちょっと、切り詰めてもらえないかしら」

早坂は言い返してきた。

「なにを言っているんですか。政治家は新聞記者との付き合いが大切なんですよ。それくらい、佐藤さんだって知っているでしょ」

早坂は、いかにおもしろくなさそうに、ムッとしている。

「ぼくは、毎月何十万使ってもいいと、オヤジから言われているんだから」

昭が、田中に早坂が言っていたことを訊ねると、そんなことは言っていないという。田中はつけ加えた。

「おれは、政治家であると同時に、事業家だよ。必要な金は質屋に行ってもつくらなければならないけれども、不必要な金は使わない」

しばらくたって、早坂は、建築雑誌を出版している東京ニューハウスに常務として移っていった。

昭は、佐藤派の秘書会をはじめ、新聞記者、代議士たちとも付き合い麻雀をするようになった。だが、田中には、あえて秘密にしていた。田中はよく言っていた。

「麻雀なんて、亡国的な遊びだから」

まず、時間がかかる。体にも悪い。せっかちな田中は、麻雀は百害あって一利なしと思っていたのである。それと、昭が男性と深夜まで付き合うのを嫌っていたのだろう。なにがあっても麻雀をするのを許そうとはしなかった。

池田から佐藤へ

自民党内では、昭和三十九年七月にひらかれる総裁選に向け、さまざまな声があがっていた。

池田勇人首相も、総裁への意欲を失ってはいなかった。三選を目指していた。佐藤栄作も、総裁選立候補の肚《はら》を固めた。

そのあいだにあって、田中は辛い立場にあった。池田内閣で、二期にわたって大蔵大臣を務めている。だが、田中は池田の次を狙う佐藤派の領袖・佐藤栄作の代貸しでもあるのだ。

田中は、昭にも言っていた。

「なんとかして、池田さんと佐藤さんの激突だけは、避けなければならない！」

五月初旬、田中は、盟友大平正芳とともに、神奈川県大磯の吉田茂邸を訪ねた。田中は、昭の働きによって吉田とのパイプをいっそう太くしていた。

田中は吉田に訴えた。

「なんとか、池田、佐藤の血なまぐさい対決を避けることはできないでしょうか。そのためには、佐藤さんに禅譲《ぜんじょう》してもらうのがいちばんいいのですが」

吉田も、田中の意見にうなずいた。

「わたしも、この際、池田君は辞任して佐藤君に政権を渡し、みずからは元老的な存在になるのが、いちばんよろしいと思う」

吉田は、庭の向こうの相模湾の明るく輝く海を見つめながら、つぶやいた。

「もし必要があるなら、再登場すればいいんだよ……」

田中は、佐藤への禅譲がうまくいくという感触を手にしていた。

吉田は、さっそく池田に手紙を書いた。

「三選出馬を断念し、佐藤君を後継者に選ぶことに力を尽くし、事後、君は元老として、佐藤首相を助け、日本の政治と保守党の発展のために尽くすがよろしい」

それから二週間ほどたった昭和三十九年六月初旬の朝、田中と佐藤栄作は、国会近くのヒルトンホテル〔現・キャピトル東急ホテル〕で朝食をともにしていた。

佐藤が訊いた。

「どうだい」

「池田さんは辞めますよ」

「ほんとに、辞めるか」

「ええ、絶対に辞めますよ」

じつは、この間、田中は、池田に直接禅譲するよう頼み込んでいた。池田は、田中の複雑な心情を汲んでくれた。立たないとの確約を得ていたのである。が、佐藤は慎重だった。

「じゃあ、きみ、とにかく池田に電話をかけてみてくれ」

「わかりました」

田中は、佐藤のいる目の前で、池田に電話を入れた。

池田が出てくると、田中は訊ねた。

「池田さん、ほんとに今度は出ないんでしょうね」

「そんなこと、おれ、嘘をつくか」

人の喜び事は特に励ましてやる必要はない、本人が幸せなんだから。むしろ苦境、悲しみの最中にあるとき、力になってやるべきだ。

が、田中がわざわざそんなことを電話してくるのには、なにかあると勘づいたのであろう。

「おまえ、そこに佐藤でもいるんだろう？」

田中は正直に答えた。

「ええ、ここにおられますよ。ヒルトンで、ふたりでいるんです。佐藤さん、お出ししましょうか」

「出すことはない、出さんでいいよ」

田中は、くどいとは思ったが、もう一度念を押した。

「約束は、ちゃんと、いいんですね」

「ああ、いいよ。そんなもの、まちがいのあるわけないよ。おまえに嘘つくか。おれが佐藤に電話をするよ」

「わかりました」

「で、今日、帰りに寄ってくれないか」

「お宅にですか」

「そうだ」

「じゃあ、お寄りします」

田中は、その夜、信濃町の池田邸に寄った。

ふたりは、応接間で酒を酌み交わしはじめた。ふたりとも、したたかに呑んだ。

九時を過ぎたころ、池田が言った。

「おい、佐藤のところに電話をかけてみろ」

田中は佐藤に電話を入れた。佐藤が出るや、田中は池田と替わった。

池田は陽気だった。

「おうおう……」

田中は、安心して水割りのグラスを傾けた。

〈禅譲も、すんなりと決まるだろう〉

が、池田がいきなり怒鳴ると、電話を激しく切った。

「どうしたんですか」

「佐藤のやつ、おれがなにも言わないのに、ありがとうなどと……」

池田は、田中にはゆずることを約束したものの、心の奥底では政権に執着していたにちがいない。田中は、頭を抱えたい心境だった。

〈池田さんに、酒を飲ますんじゃなかった〉

池田は、酒癖の悪いところがある。この大事なときに、それが噴き出てしまった。

〈それだけ、政権に執着していたということか〉

田中が帰った後、池田は、夜まわりに来ていた記者に、激しい口調で怒りをあらわにした。

「佐藤君に、きみたちからも言っておけ！　公選では、百票は引き離してみせるからな。負けた後で吠え面かくなよ、とね」

七月十日の総裁公選では、佐藤は、藤山愛一郎と二位、三位連合を組んだ。結果は、池田二四二票、佐藤一六〇票、藤山七二票で、池田がかろうじて勝利をおさめた。

吉田は、愛弟子の池田と佐藤の、血で血を洗う争いに心を痛めた。

田中は、

「歳如流水去不返人似草木争春栄」

と色紙によく書いた。

「歳月は流水のごとく去り返らず。人は草木に似て、春栄をあらそう」と読む。

書きながら、昭に話した。

「これは、池田さんと佐藤さんが争ったときに、吉田さんがそのときの心境を書いたものなんだ」

田中は、四度目の大蔵大臣に選ばれた。

その直後、昭は、瀬戸山三男《せとやまみつお》と二階堂進の議員会館の部屋を訪れた。瀬戸山は、ニコリともせずに言った。

「田中君が留任したおかげで、また自分の入閣が遅れてしまったよ」

あくまでも冗談めかしている。が、瀬戸山の本音が垣間見られた。

「どうも、すみませんね」

昭も、冗談として受けた。が、内心、ムカムカとしていた。

〈この人は、日本の政治のことよりも、自分の出世のほうが大切にちがいないわ〉

昭は次に、二階堂進のところに行った。

二階堂は、このとき、鹿児島三区選出の八回生議員であった。昭和二十一年四月の戦後初めての選挙で日本協同党から立候補、初当選を果たした。昭和三十年の保守合同では、佐藤派に属した。田中が大蔵大臣のこのとき、商工委員長をつとめていた。明治四十二年十月十六日生まれで、田中より八歳上であった。

二階堂は、田中の留任を心からよろこんでいた。

「本当によかったですね」

二階堂は名簿を持ってきた。名簿に書かれている政治家ひとりひとりを指さしながら、訊いた。

「この人は、田中さんの支持者でしょ」

「この人は、福田さんかな」

が、どこかピントが外れている。昭は、二階堂を傷つけないようにしながら、指摘した。

「先生、この方は、田中の支持者ですよ」

「ああ、そうなのか」

二階堂は、熱心に昭の言うことに耳を傾けていた。昭が帰る間際、二階堂は言った。

「佐藤さん、おれは、田中のオヤジのためなら、命の限りを尽くすよ。汚れ役でも、なんでもするから」

「ありがとうございます」

昭の胸に、二階堂の誠意が刻みこまれた。

この二カ月後の九月九日、政界にふたたび波乱が巻き起こった。三選を果たした池田勇人が、前がん症状が出たため、国立がんセンターに入院したのである。

田中は、昭にだけそっと打ち明けた。

「じつはな、池田さんは喉頭がんらしいんだよ。それもかなり悪いらしい。口外するなよ」

田中の表情には、あきらかに落胆の色がうかがえた。

東京オリンピックが終わり、十月二十五日、ついに池田は首相退陣の意思を発表した。後継首相は、池田による後継者指名、という方向で固まった。

田中は、池田に呼ばれて国立がんセンターに出向いた。

病室に入ると、池田は、窶《やつ》れのひどくなった顔を田中に向け、ポツリと言った。

「ちょっと前に、河野一郎君が帰ったよ」

河野一郎は、次期総理の座を狙っている。

、河野は、池田内閣の後半は、全面的に池田に協力していた。池田も、河野を高く評価していた。佐藤栄作にとって、最強のライバルである。

池田は、田中の顔をジッとみて、またポツリと言った。

「後任は、誰にするんだ」

田中は、池田の目をまっすぐに見据えた。

「それは、佐藤栄作です」

「うん」

池田も田中の目を見返し、うなずいた。

田中は、言質《げんち》でもとったような気持ちになり、念を押した。

「このことは、大平君だけには、伝えておいてください」

田中は病室から出た。

その間の事情を、田中はことあるごとに昭に話した。誰か信頼する者に話さずにはいられない心境だったのであろう。

田中は、すべてを大平に託し、みずからは動かなかった。その間、河野一郎、藤山愛一郎が手を組んだという話も耳にした。が、大平を信じ、ひたすら待ち続けた。

十一月九日午前十時、自民党両院議員総会で、池田書簡が読みあげられた。

「次期総裁には、佐藤栄作君を指名いたします」

田中は興奮した。ついに、佐藤が総理に決まったのである。

池田勇人は、これから九カ月後の昭和四十年八月十三日、この世を去る。

田中の落ち込みようは、ひときわだった。池田には、政調会長や大蔵大臣に抜擢してもらった恩がある。いまの田中があるのは、池田のおかげといっても過言ではなかった。池田は、人間的にも好きだった。

田中は、昭に言った。

「時間のあるときには、青山墓地の池田さんのお墓参りに行ってくれよ」

官僚でも、局長以上は、天下りなど先を見ている。遮二無二働こうという気は薄い。理屈、不満が横たわる。そこへいくと、課長クラスは不満を言わずに仕事熱心だ。だから、ワシは常にそちらのほうに目を向けている。

「そんなことでどうするの」と昭は声を荒らげた

田中角栄は、昭和四十年六月三日、佐藤栄作内閣第一次改造で、自民党幹事長に就任した。自民党幹事長に就任が決まった田中は、昭に相談した。

「幹事長になったけど、誰を副幹事長にするかな」

副幹事長は、自分のもっとも信頼する、腹心ともいうべき人間をあてる。幹事長として名をあげるかどうかは、副幹事長の力量によってもかなりちがってくる。

「西村英一か、それとも……」

田中は、何人かの政治家の名を挙げた。すべて、建設委員の理事をしていたころからの仲間である。いっしょに呑み歩いたりもし、気心は知れている。

昭は、とっさに口にした。

「二階堂さんはどうですか」

田中は、おどろいた。

「二階堂かい」

「ええ、そうですよ」

「うーん、二階堂か……」

あまり乗り気ではないらしい。田中から見れば、二階堂はまだまだ自分の名代《みょうだい》を務める副幹事長の器ではなかったのであろう。

昭は、説得にかかった。

「いいじゃないですか。実力はあなたがあるんだから。ハートを使いなさいよ」

「…………」

「二階堂さんは、オヤジのためなら、汚れ役でもなんでもするとまで言っているんだから。そこまであなたに惚れ込んでいる人を、使ってあげるべきだと思いますよ」

「そうか、わかった」

田中は、昭の進言を聞き入れた。副幹事長には、二階堂を据えたのである。

その翌日のことである。田中は、ふたたび昭を呼んだ。

「今度は、おまえは北斗ビルの事務所のほうにいてくれないか。おまえは大蔵省まで来ていてくれたけど、越山会も大きくなっている。これからは、いろんなことが起こってくるだろう。だから、党のことと越山会のことは、切り離したいんだ」

田中は、これまでいつも脇に昭を置いていた。が、赤坂の北斗ビル七階にある個人事務所の職員も朝賀以外に数人増えていた。個人事務所を見るのには、昭が適任と思っていたのである。

「わかりました。で、秘書には、誰をつけるんですか」

「榎本をつけようと思っている。榎本は、前は党職員だったから、事情をよく呑み込んでいる」

榎本敏夫は、このとき、田中が社長をしていた日本電建の総務課長をしていた。

「それで、よろしいんじゃないでしょうか。じゃあ、わたしは事務所に残りますから」

「それから、マスコミ担当として麓邦明をもらおうと思うがどうだろう」

「結構ですよ」

田中のまわりを固める布陣が決まった。

が、その二、三日後、田中が言った。

「今日、早坂が、目白に来たよ。ニューハウスから、こっちにもどしてくれと言っていたよ」

昭はこれまで、早坂茂三から何度も、呼び戻してもらえるように田中に伝えてほしいと言われていた。

そのことは田中に、話はしておいた。しかし早坂は、たまらず直訴したのであろう。

田中は、ノーとは言えない性分である。つい、わかったと言ってしまったにちがいない。マスコミ担当は、麓と早坂のふたりが担当することになった。

昭は、ある日、週刊新潮の記者から電話を受けた。

「田中先生に、取材をお願いしたいんですが」

「いまは、幹事長室の早坂という者が承っておりますので、そちらのほうにご連絡いただけますか」

「じつは、早坂さんのほうにご連絡したら、けんもほろろに断られてしまって」

「…………」

「以前佐藤さんにはきさくに話してもらったのに、いまは駄目なんですか」

昭は、早坂の評判を聞いていないでもなかった。が、一度決まったことである。

「すみません。マスコミ関係は、早坂の担当なんです。それを崩してしまうと、事務所のシステムが崩れてしまいますので。どうぞ、ご理解ください」

昭は、これまで政調会長室でも大蔵大臣室でも、つねに融和をはかってきた。相手の立場になってつとめあげてきた。今回も、早坂の立場を思い、あえて断ったのである。

しかしこれ以後、マスコミからの苦情は、さらに増えてきた。馴染みの番記者が、早坂につまみ出されたという。これでは田中の評判が悪くなるということにもなりかねない。

昭が、田中に話そうとするうちに、田中のほうから昭に相談してきた。

「うちの電話での口の利き方が悪いと言われたよ」

人一倍気配りをする田中である。そういうことは気にするほうだった。が、田中は、早坂には、なにも言わなかった。意外なことだが、田中は、本人を前にしては、注意ひとつロクにできない気の弱さをもっていた。田中は、いつも昭に、「おまえから言っておいてくれ」というばかりであった。

昭は苛立ち、田中に食ってかかった。

「なんで、注意ひとつできないの。あなたが雇用主なのよ。わたしばかりに言わせて」

「うん、わかっている」

外からは、田中は順風満帆に出世街道を突き進んでいるように見えるにちがいない。が、昭には、そうは思えなかった。

〈これまでは、秘書がひとりだったからいいけど、これからはオヤジが出世するたびに人が多くなるはずだわ。そのたびに、事務所が揺れていては、オヤジのためにもならない〉

田中は、ある日、不機嫌な表情で北斗ビルの事務所にもどってきた。昭が執務室に入っていくと、田中は顛末《てんまつ》を事細かに話した。

「ついに、池正と灰皿を持っての取っ組み合いをやらかしてしまってな」

池正とは、福田派の池田正之輔のことである。保守政界における日中貿易の先駆者である。

昭は、あきれたように言った。

「また、やってしまったんですか」

田中は、頭に血をのぼらせていた。それゆえ、どうなろうがかまわないといった表情をしている。

昭は、そのような話を聞かされるたびに、心配になってしまう。

〈これから、どうなってしまうんだろう〉

いまや田中は、佐藤栄作の後を狙う位置にある。にもかかわらず、敵をつくってしまうのは、どうだろうか。

〈言っておくなら、いまのうちだわ〉

昭は、臆することなく諫言《かんげん》した。

「まわりの人は言っているわよ。幹事長は、せっかちで自分たちの言うことにまったく耳を傾けてくれないって」

田中の眼が、鋭く光った。

「おれは、人の三倍もの仕事をこなしているんだ。それに相手が来たときから、どんな用件で来ているのかわかるんだ。わかっていることを、グダグダ聞けるかい！」

「総理を狙おうとする人が、人の意見を聞かないでどうするの」

昭は、ついに声を荒らげた。

「相手だって、感情があるでしょ。あなたが相手の用件がいくらわかっていても、少し聞いてあげれば、そこで不平不満は落ち着くもんなんだから。世間では、〝わかったの角さん〟と言われているのを知っているでしょう」

「……………」

「池田（正之輔）さんとのことだって、もう少し聞く耳をもっていれば、こんなことにはならなかったんじゃないですか」

田中は憮然としていた。扇子を広げると、せわしなく扇いだ。

池田とのことは、池田の囲碁仲間である中日新聞の本田晃二（相談役。電波顧問）があいだに入ってくれることになった。昭は、本田のことを「本ちゃん」と呼ぶほど親しく、長い付き合いだった。

本田は昭に言っていた。

「池正と喧嘩するのは、損だよ。これから伸びていく人が、あんなお年寄りと喧嘩してどうなるの」

昭と本田は、何度も打ち合わせをした。そして「盆栽拝見」という名目で、田中を池田のもとに連れていくことにした。

ふたりの作戦は、大成功であった。

田中もそうであったが、池田もまた、根にもたない。盆栽の話をしているうちに、打ち解けていった。

赤坂、柳橋、新橋でも、料亭の女将で店を大きくするのはどんな奴かわかるか。仲居上がり、女中頭上がりだ。芸者や板場を立てて、見事に大きくする。ダメなのは芸者上がり。

昭も胸を撫で下ろした。

しかし、田中はいつふたたび喧嘩を引き起こすかわからない。

昭は、再三再四、忠告した。

「とにかく、人の話はよく聞いてあげなさいよ」

佐藤政権の泥をかぶる

昭和四十一年の春、昭は、北斗ビル七階の田中個人事務所で陳情の処理におおわらわになっていた。そこに、読売新聞の中野達雄記者が、血相を変えて入ってきた。

「佐藤さん！」

「どうしたんですか。そんなにあわてて」

「田中彰治《たなかしょうじ》が、このビルに入っているのをごぞんじですか」

「田中彰治さんが。まさか……田中ちがいじゃないの」

田中彰治は、新潟四区選出の自民党代議士で決算委員長を務めていた。いまも決算委員会をバックに、汚職を追及していた。が、裏面では、それを利用していた。いわゆる、マッチ・ポンプである。自民党のなかでも、鼻摘まみ者のひとりだった。

記者は、大真面目な顔で答えた。

「本当に、そうなんですよ。ぼくは、この眼で見たんですから」

昭はあわてた。

〈どんな言いがかりをつけられるか、わかったものではないわ〉

ビルのオーナーである金丸悦子に、直接問い合わせに行った。悦子は、佐藤派衆議院議員金丸信の妻である。北斗ビルの八階に、夫婦で住んでいた。

悦子は気まずそうにしながら、一階の焼鳥屋が田中彰治の名義だと認めた。田中彰治は、自分で養鶏場を持っている。その関係で、焼鳥屋を出したのだという。

昭は、すぐさま田中角栄と連絡を取った。電話口に出た田中は、不機嫌だった。

「なんだ？　いま、忙しいんだ」

「すみません、でも、緊急にお耳に入れたいことがあるもんだから」

「なんだ」

「北斗ビルの一階に、田中彰治さんが入っているんですよ」

「なに、田中彰治が⁉」

田中角栄も、さすがに寝耳に水だったらしい。絶句してしまった。

昭は続けた。

「それで、どうすればいいかと思いまして」

「そりゃあ、すぐにでも事務所をかえて出たほうがいい。どこに越すかは、連絡するから、いつでも出られる用意だけはしておけ」

「わかりました」

昭は朝賀をはじめ事務員たちを使い、すぐさま用意をはじめた。

間もなくして、田中から連絡が入った。

「引っ越す先は、砂防会館だよ」

平河町の砂防会館は、それまで自民党本部として使われていた。が、この四月一日から、自民党本部が永田町に移転するため、空くことになっていた。

昭たちは、砂防会館に引っ越した。田中角栄の執務室は、以前、自民党が総裁室として使っていた部屋であった。

それから数カ月もたたない八月五日、つい田中彰治が逮捕された。衆議院決算委員長の地位を利用した詐欺、恐喝の容疑である。東京都港区の虎ノ門公園跡国有地払い下げをめぐり、小佐野賢治国際興業会長をおどして二億四千万円の手形決済日を延期させたことなどをはじめ、深谷工業団地事件、二重担保事件、丸善石油事件など、七件の疑惑であった。

昭は田中に話した。

「早く北斗ビルを出て、よかったね」

が、そんなことを言っていられるのも、束の間であった。田中彰治事件に引き続き、さらに政界は混乱した。荒船清十郎《あらふねせいじゅうろう》運輸大臣が、「自分の選挙区に急行を止めるくらい、どこが悪いんだ」と開き直った発言をしたり、日韓経済閣僚懇談会に民間業者を同行したことが発覚、運輸大臣辞任に追いこまれたのである。さらに、松野頼三《まつのらいぞう》農林大臣の外遊日程の偽造や民間人の同行など、公私混同した大臣の不祥事があきらかになった。

首相の佐藤栄作は、十月二十日の衆議院予算委員会で所信を発表した。

「積年の病弊《びょうへい》を根絶するため、積極的かつ具体的措置をとる」

佐藤栄作首相は、あらためて記者会見にのぞんだ。川島正次郎副総裁、田中幹事長も同席していた。

佐藤首相は言った。

「よもや田中君も、留任しようなどとは思っておられないでしょう」

つまり、田中は、佐藤の首の代わりに、みずからの首を切るはめになった。

田中は会見を終えると、砂防会館の事務所にもどってきた。昭は、その記者会見の模様をすべてテレビで見ていた。

「なんで、あなただけが、首を切られなければならないの」

「いいんだ。佐藤政権の泥は、全部、おれがかぶるんだ！」

田中は、苛立たしげに言い放った。が、すぐに口調を荒らげてしまったことに、気づいたらしい。あきらめた表情に戻り、ポツリと洩らした。

「しばらく、勉強することにするよ」

十二月一日、田中は、正式に幹事長を更迭された。後任には、大蔵大臣であった福田赳夫が就任した。

昭和四十二年も、二月に入っていた。この冬は、全国的に気温が低かった。東京では、二月十日から三日間も雪が降り続いた。十一、十二日の両日には、なんと最高気温が零度以下という記録をつくった。

自民党は、あたかもその冬に象徴されるように寒い時期をすごしていた。一月二十九日におこなわれた第三十一回衆議院選挙、いわゆる〝黒い霧選挙〟では、解散時よりも一議席少ない二百七十七議席を獲得していた。が、定数が十九議席増えたこと、欠員が十九あったことを考えると、惨敗と言っても過言ではない結果であった。

田中派の新人候補である高鳥修《たかとりおさむ》、石井一《いしいはじめ》のふたりも落選した。田中は、そのふたりを、越山会の職員として事務所に入れた。

田中は、つねに言っていた。

「おれには代議士になる秘書はいらないよ。必要なのは、実印をまかせることができる秘書だよ」

高鳥、石井は、あくまでも代議士になる修業として秘書になったのである。彼らは、実務はほとんどしなかった。のちに、鳩山邦夫《はとやまくにお》、中村喜四郎《なかむらきしろう》、上田茂行《うえだしげゆき》も秘書として入ってきた。中村喜四郎、上田茂行は午前中は目白、午後は昭のもとで手伝いをしていた。

中村喜四郎は、参議院議員である母親のトミに連れられて、砂防会館をおとずれた。

昭は田中から「おまえに預ける」と言われていた。昭はさっそく中村に言った。

「伸ちゃん、明日から長髪を切ってきなさい」

当時、中村は、「喜四郎」の名を襲名する前で「伸」と名乗っていた。

田中は、すべてを昭にまかせていた。まわりの秘書たちも心得ていた。田中の執務室直通のインターホンが鳴る。その受話器を取ると、誰もが、なにも言わず昭に渡す。

「おい、煙草」

「おい、水」

昭は、来客の相手や陳情や会計といった雑務をこなしているにもかかわらず、田中の身のまわりの世話までしなければならなかった。

前年十二月に自民党幹事長を更迭された田中は、党、政府の主要なポストからひさびさに外れていた。田中は、砂防会館の田中事務所で、昭に言った。

「暇ができたらゴルフをはじめようと思っているんだ」

「いいか、死に金はつくるな」

昭和四十三年十一月三十日、田中角栄は、ふたたび自民党幹事長に就任した。昭は、田中が二度目の幹事長に就任してから間もなく、田中に言った。

「総裁の任期は二年です。それを変えたほうがいいんじゃないですか」

「どういうことだい」

「総裁になったら、一年は思うぞんぶん政治に打ち込めるでしょう。でも、もう一年は、どうしても次の総裁選を睨んで行動しなければならない。若手議員たちにも、気を遣わなければならなくなる。若手の横暴を許してしまうことになる。せめて、三年に延ばせば、どう」

「そうだな……。やるとすれば、いまだな」

ワシは飯も仕事も早い。
一生の間、理想を追っても結論を見出せないような生き方は嫌いだ。

もし自分が総裁になったときに一期三年と決めれば、延命策と批難を浴びかねない。が、佐藤政権下でおこなえば、大義名分も立つ。昭はそう思い、提言したのである。

田中は、昭の提言を受け入れた。佐藤政権下の昭和四十五年二月にひらかれた党大会で可決、総裁任期三年は決定されることになる。

昭は、田中に会いたいという人がいれば、どんな人でも会わせた。とくに、政敵と思われる人ならば、よけいに丁重にあつかった。

〈いまの時期は、敵をつくってはいけないわ〉

昭の判断だった。が、田中は、毎朝六時から陳情を受けている。疲れ切っているときもあった。そんなときには、露骨に表情にあらわした。

「なんで、おれのところにばかり人が来るんだよ、まったく」

が、昭は慰めはしなかった。ぴしゃりと言った。

「不機嫌な顔で会うなら、会いなさんな。人に会って意見を聞くのが政治家でしょ。嫌なら、政治家なんて辞めてしまいなさい！」

機嫌を損ねることは、百も承知だった。本人の長所や良い評判は誰でも言う。が、苦言を呈せる人は、そうはいない。昭は、田中が次の総理総裁の椅子を狙うため、と自分に言い聞かせながら、田中の尻を叩き続けた。そんなときには、田中はいつでもおもしろくなさそうに憮然としていた。

〈わたしが言わなければ、誰も言う人がいない〉

昭は、あえてそのような役を買って出ていた。

田中が二度目の幹事長に就任してから、一年が経った。昭和四十四年十二月、第三十二回の衆議院総選挙が公示された。

それから間もない夜、代議士のひとりから、赤坂の昭の家に電話がかかってきた。昭は、そのころ、市ケ谷の自分のマンションと、赤坂との土地を等価交換し、そこに移り住んでいた。

代議士は、あわてていた。

「資金不足で、当落が危ないんです。今日の十一時の夜行列車に、使いの者を乗せます。どうか援助してください」

時計は、夜の十時になろうとしていた。早寝早起きの田中は、すでに床に入っているにちがいない。起こしては悪い。

田中が次の総理総裁の椅子を狙いはじめたころから、資金援助を求めてくる政治家たちがひときわ多くなった。今回の選挙では、さらに多かった。昭の自宅に電話が来ることも多々あった。

しかし、田中事務所も、世間で思われているほど裕福ではない。昭は、少しでも切り詰めるために、いらなくなった陳情書の裏を使ってメモ用紙にしたり、食事も、事務所で煮炊きしていたほどである。

田中もそれを十分に承知していた。電気代節約のために、昭とともに空き室の電気を消してまわったことさえある。が、昭も、田中と同じく、頼まれると断ることができない。

昭は、資金援助を求めてきた代議士に言った。

「わかりました。お渡ししますので、事務所までご足労ください」

いくら田中が寝ている時間とはいえ、金を渡さなければ、田中の沽券《こけん》にもかかわる。

〈勝手に金を渡して、田中が怒るようであれば、わたしが一年分の給与をもらわなければいいのだから〉

肚は、据わっていた。

田中がだいたいどれほどの金を渡すか、いつも見てきた。田中は、いつも公平にしようとしていた。が、個々の代議士によって状況がかなりちがう。ときには、田中が昭に訊いてきたこともある。

「この代議士は、いくら渡せばいいかな」

昭は、田中に訊かれたときだけ、きちんと自分の意見を言うことにしていた。

昭は翌朝早く、砂防会館の事務所に出かけた。

金庫から金を出すと、その代議士の使いの人に手渡した。そしてこう言った。

「このお金は、お返しいただかなくても結構ですよ。どうぞ、がんばって当選してきてください」

政治家たちは、いくら貸してくださいと頼んでくる者でも、金を返す者はほとんどいない。貸してくださいということは、くださいという意味だった。額も、のちに金権政治と言われるほどの高額ではない。

それゆえに、相手に負担に思わせないために、初めから言っておいたのである。

朝、田中は、砂防会館の事務所に入ってくるや、昭に訊いた。

「今朝、あいつが来たろう」

「ええ、ちゃんと渡しておきましたよ」

「そうか、わかった」

それ以上、いくら渡したか問いただしもしなかった。田中は、昭に全幅《ぜんぷく》の信頼を寄せてまかせていた。

以後、田中と連絡が取れないときなど、昭は独断で資金を渡したりもすることになった。このことが原因となり、昭は、のちに〝越山会の女王〟と呼ばれることになる。

しかし、田中は、ひとつだけ昭に口を酸っぱくして言い聞かせていたことがある。

「金はもらうときより、渡すときのほうに気をつけろよ。相手に負担のかかるような渡し方をしちゃ、死に金になる。だから、金をくれてやるというような態度で渡してはいけないよ」

田中は、幼いころから、父の借金のために苦労させられた。親戚たちにも、下げたくもない頭を何度も下げた。その悔しさや辛さは、忘れていなかった。そのため、昭には、執拗と思えるほど念入りに釘を刺したのである。

田中事務所は、選挙の準備のためにおおわらわとなっていた。田中が幹事長になって初めての選挙である。田中の名をあげるためにも、この選挙は負けられない。

候補者から電話が入ってくる。

「田中先生に、どうか応援に来ていただけるようお願いします」

田中は、全国を遊説してまわっている。その候補の応援に駆けつけようにも、なかなかまわることができない。

朝賀は、そんなある日、田中に命じられた。

「朝賀君、福島二区の八田貞義《はったさだよし》のところに応援に行ってくれ」

八田のいる福島二区には、田中がひそかに応援している渡部恒三《わたなべこうぞう》がいた。渡部は、八田の秘書から福島県議会議員を経て、この選挙に立候補していた。八田としては、渡部の立候補で、選挙母体が揺すぶられる形となった。それゆえに、田中に応援を頼んできたのである。

しかし、あまりに影響力をおよぼすと、渡部が落選の憂き目を見る可能性がある。田中が演説をしたこともない自分に白羽の矢を立てたのは、そのためにちがいないと、朝賀は思った。

「おまえは、八田のところを手伝ってこい」

「しかし、演説は、どういうふうにすればいいのですか」

「まあ、いま教えてやるから、心配するな」

田中は、話す内容から、どんなときにどう話すかというところまで細かく教えてくれた。

朝賀は、まったく自信がなかった。が、地元に行くと、すでに名刺が三千枚揃えられていた。

〈こうなったら、やるしかない！〉

朝賀は八田の秘書とともに、街頭演説にまわった。渡部側から、「あの秘書は、偽秘書だ」という噂が流されたり、演説しているところに小石を投げつける者すらいた。

一週間後、朝賀は、東京の事務所にもどった。が、腰を落ち着けている暇はなかった。朝賀は田中に命じられるまま、北海道から山陰の山奥まで、候補者を追って陣中見舞いや応援のために飛びまわった。

昭和四十四年組、田中派初年兵

昭和四十四年十二月二十七日におこなわれた総選挙で、自民党は二百八十八議席を獲得し、圧勝した。田中は、名幹事長としての名をほしいままにする。

この総選挙では、小沢一郎、羽田孜《はたつとむ》、梶山静六《かじやませいろく》、奥田敬和《おくだけいわ》、渡部恒三といった、のちに竹下派七奉行と呼ばれることになる議員たちが、初当選を果たした。ひとつの派閥のなかで同期当選組は、たいてい四、五人しかいない。が、四十四年初当選組に限っては、田中派には十四人もいた。田中幹事長のもとで当選した彼らは「田中派の初年兵」を自任していた。田中を「オヤジ」、昭を「ママ」と呼んで、しばしば田中事務所に出入りした。

昭も、小沢を「イッちゃん」、羽田を「ツトムちゃん」と呼んでかわいがった。小沢や羽田らも、昭のことを「ママ」と呼んで慕った。

娘の敦子が事務所に来たときや、電話をしてきたときなど、昭のことを「ママ」と呼んだ。そのために、まわりの者たちも、昭のことを「ママ」と呼ぶようになっていたのである。

昭は、いま振り返って思う。

〈彼らは、みな田中の背中を見て育ってきた。はじめから竹下（登）さんに師事していたら、いまのように頭角をあらわしていたのかどうか〉

四十四年組のなかでも、とくに小沢は、毎日のように事務所にやってきた。東北出身者特有の口のなかにこもった発音の仕方で、「おばんです」と声をかけて入ってくる。田中がいれば、すぐに田中の執務室に入り、ふたりで楽しそうに将棋を指したり、激論を戦わす。側にはいつも昭がいた。

自分だけが金持ちになっても、隣近所が貧乏では、結局やっていけない。裕福になってもらうことだ。そのためには金を持っている奴が金を出して、まわりを助けてあげなくてはならない。みんながよくなれば、自分もまた、よくなる。

小沢は、あるとき主張した。

「野党が審議に応じないなら、解散すればいい。銀行には前倒し金というのがある。借金したって、解散すればいい」

そんな過激な発言まで飛び出した。小沢は当時から過激だったのである。さすがの田中も、舌を巻いた。

「おまえさんは、すごいことを言うね。ワシよりも大政治家になるよ」

田中は目を細め、豪快に笑った。

田中事務所は、オヤジと直に話せるような雰囲気をもっていた。まるで道端にあるかのように、みんなズカズカと入ってこられた。

ただし、まるっきりノーチェックというわけではない。佐藤昭が、訪問客をセレクトしていた。

いま、そのような政治家の事務所はない。アポイントを取らなくても、「遊びにきたよ。オヤジいる？」と気軽に入っていける事務所はないのではないか。いまの政治家は、みんな偉くなりすぎてしまった、と昭は思う。アポイントを取らなければ、気軽に会えなくなった。これは、自分で自分の視野を狭めているようなものだ。田中事務所のように、誰でも気軽に入ってこられるような雰囲気も大事ではないか。

田中がゴルフをしに行くとなると、小沢は昭に頼んできた。

「いっしょに連れていってよ」

小沢は、少しでも田中と長くいて、なにかを吸収しようとじつに貪欲《どんよく》であった。どんな役職についているときでも、午後四時くらいになると砂防会館の事務所に姿をあらわした。

奥の執務室に入っていく。帰るときには、昭に、「オヤジさんに叱られちゃったよ」と言いながら出ていく。

田中番の記者も、「イッちゃん」「イッちゃん」と愛称で呼び、よく集まった。

昭は思った。

〈いつかかならず、この人たちが頭角をあらわして、政治を担う日がくる〉

「おまえがいなければ、今日のおれはなかった」

昭和四十五年八月二十日、田中は、長野県軽井沢町にある「南軽井沢ゴルフ場」に向かっていた。その表情は、いつになく厳しかった。軽井沢では田中と、大蔵大臣の福田赳夫とのマッチプレーがおこなわれることになっていた。ふたりの決戦は、ニュース映画で「巌流島の闘い」と題して流されるほど、世間でも騒がれていた。

福田赳夫は、次期総裁を狙う田中にとって最大のライバルである。大勢は、この十月におこなわれる総裁選で、福田が佐藤栄作首相の後を継ぐと見ていた。

福田も、このマッチプレーに乗り気だった。福田が、田中とのマッチプレーをわざわざ申し込んできたのは、このゴルフを通じて、ふたりのうちどちらが佐藤栄作の後継者になるか、話をつけたかったようだった。うまくいけば、十月には、福田政権が誕生する。その目算が働いていた。が、田中は、福田の肚の内などお見通しだった。

この三日前に、川島正次郎副総裁は、福田を支持している元衆議院議長の石井光次郎と会談した。川島は、その席で捲し立てた。

い。

「いまのところ、党内の大勢がまとまるような後継者は、あらわれていない」

「佐藤首相は、国連から帰ってきてから、意思表示をすればよい」

まさに、福田後継の流れに水を差すような発言である。さらに、佐藤栄作の心もくすぐったにちがいな

田中は、昭に言っていた。

「佐藤さんは、おそらく四選への意欲は満々だ。いや、少なくとも、水を向ければ乗ってくるよ」

「南軽井沢ゴルフ場」に近づくにつれ、田中は、さらに闘志を燃えあがらせた。

〈たとえゴルフとはいえ、負けはせんぞ。総裁選の前哨戦《ぜんしょうせん》のつもりでやる!〉

福田対田中のゴルフマッチプレーがはじまったのは、午前十時半のことであった。田中のほうは、鈴木《すずき》

善幸《ぜんこう》総務会長、福田のほうには、倉石忠雄《くらいしただお》農林大臣が見届人としていっしょにまわることになった。

福田は、田中と顔を合わせるなり言った。

「たかがゴルフじゃないか。のんびりやろうや」

が、田中は、闘志を剝き出しにしていた。

「たかがゴルフとはいえ、やるからには負けられませんな」

田中はこの日、じつに調子がよかった。ホールマッチで、三ホールだけいい勝負をしたが、それ以外は、すべて田中の独壇場であった。福田は、まったく精彩がなかった。

ちなみにストロークのスコアは、田中51―46、福田61―56と、田中の圧勝であった。福田は、あまりの惨敗に、後継問題の話し合いどころではなくなってしまった。

田中は、ゴルフでの圧勝に、いっそう自信を深めていった。

「佐藤さんを、絶対に四選させてやる。そして、おれはいよいよ、足場固めだ」

田中が昭に言っていたとおり、佐藤栄作は、しだいに政権継続への意欲を見せはじめた。十月の国連総会に出発するころには、佐藤四選を疑う者はいなくなった。

佐藤四選がささやかれている昭和四十五年秋のある日の昼前、田中から、砂防会館にいる昭に電話がかかってきた。

「これから砂防に帰る。鴨南《かもなん》そばをとっておいてくれ！」

鴨南そばは、田中の好物であった。以前、たまたまとったら、これはうまいと舌鼓を打った。以来、砂防会館で昼食をとるときには、鴨南そばだった。昭は、不思議に思った。

〈なんで、わざわざもどってくるのだろう〉

午後も、まだ自民党本部での仕事が残っているのではないか。

田中は、いつものように明るい表情でもどってきた。事務員たちに、右手をあげて挨拶した。が、執務室に入るとき、昭を手招きした。昭は、さらに不審に思った。

執務室での田中の表情はけわしかった。事務所に入ってきたときとは、対照的であった。昭は、問いかけた。

「どうかしたんですか」

「うん……じつは、昨日、早坂と麓がわざわざおれのところにやってきたんだよ」

麓邦明も早坂茂三も、田中の秘書である。そのふたりが、わざわざ田中を訪ねていくとは……。

昭はだいたい察していた。

「わたしを、切れというんでしょう」

じつは、その少し前、昭は、田中に呼ばれた。

「麓と早坂たちに、部屋を替わるように言ってくれ。エレベーターの前の部屋のドアを開け放しにしていたら、情報がそのまま筒抜けじゃないか」

田中は、昭和四十五年十月の中旬、佐藤四選のために必死に動いていた。執務室では、佐藤の票読みをしていた。昭も、さまざまな実務について、佐藤の秘書大津正と夜遅くまで話し合って総裁選の極秘の作業をすすめていた。

さらに、田中は、事あるごとに昭を呼んだ。そのたびに、昭は、奥の部屋から走っていかなければならない。田中の執務室の隣に昭がいたほうが、なにかと便利である。

しかし、問題はそれだけではなかった。田中を支持する代議士や、地方の代議員が、田中の執務室によく出入りしていた。

なかには、外部に知られてはまずい〝隠れ田中派〟もいる。彼らは、田中の執務室に入るのに、執務室の隣の麓らの部屋の前をどうしても通らなければならない。麓らは、平気でドアを開け放っていた。しかもそこは、マスコミ担当であるため、鵜《う》の目《め》鷹《たか》の目《め》で情報をとろうとしている新聞記者たちが、毎日たむろしていた。

田中は、それを危険だと判断したにちがいない。

しかし、例によって、田中は自分で直接、麓や早坂に言えない。昭がふたりに伝えた。

「オヤジが、ふたりの部屋を替えろって言っているわよ」

ふたりの部屋は、もっとも奥に移れということなのだ。

それから数日たった。昭が、田中の部屋に行こうと大部屋の前を通ると、早坂と麓が、なにやらひそひそと立ち話している。昭の顔を見ると、話を止めた。

女の昭が事務所を仕切っているのに、不満を抱いていた早坂である。部屋の移動は、昭が田中に進言したものと誤解した。早坂は、麓と組んで、ついに田中に談判におよんだのである。

田中は、運ばれてきた鴨南そばに手をつけずに言った。

「しかし、おれは言ってやった。佐藤がいなければ、今日のおれはなかった。佐藤のことで、おまえたちにとやかく言われる筋合いはない、とね」

昭は、早坂らになかばあきれた。

〈早ちゃんは、後から事務所に入ってきて、陣笠時代の苦労もなにも知らないで、事務所に入るときも、わたしが推薦したのに……。フモちゃんとは、家族ぐるみの付き合いじゃない。赤坂の家に、妻子をともなって、たびたび遊びに来る間柄なのに。ふたりとも、こんな仕打ちをするなんて〉

冠婚なんてお祝いは、いつでもできる。死んだほうは待ったなしだ。今日死んだら、明日は葬式。どんなことがあっても、自分と関わりのあった人に対しては冥福を祈る。そんなことがわからんで、お前たち政治家の事務所が務まるか！

田中は、昭を切ることはしなかった。ただし、昭の部屋はこのままで、田中の執務室の隣に移すことはできなかった。

田中に拒否されたからには、諫言した者は田中のもとには残れない。

麓は、去った。

ただし、早坂は残った。

麓は、事前に、大平正芳のもとで秘書ができるように頼んでいたようであった。が、大平は、「兄貴のところを飛び出た人間を、うちで雇うわけにはいかない」と断ったという。麓は、宮沢喜一主宰の平河会の事務局長となった。

十月二十九日、佐藤栄作は、三百五十三票の圧倒的な票数を獲得し四選を果たした。

田中は、ときとして、ふと消息不明になるときがあった。そんなときに限って、田中と緊急に話をしたいという連絡が入ってくる。昭は、懸命になって田中の行方を探してまわった。が、どこに連絡をとっても見つからない。

〈きっと、あそこにちがいないわ〉

田中が、指圧や小唄の練習のためと称して出かけている赤坂の料亭である。行方のわからなくなったときは、たいていそこにいた。

電話口に出てきた田中は、怒鳴った。

「いま、指圧しているところなんだ！　もうちょっと、待て」

そんなことが、たびたび続いた。

昭は、田中が、神楽坂の元芸者であった辻和子の面倒を見ていることは知っていた。電話で、田中がいないかどうかと辻和子と話したこともある。

〈もし、さらにほかの芸者の面倒まで見ているのなら、許さないわ。なんでわたしだけがこんなに苦労しなければならないの〉

昭は、田中にじかに問いただしてみた。

田中は、むきになった。

「誤解（五階）も八階も、あるかい！」

「いろいろな人が、オヤジには、女がいるって言ってますよ」

「そんな女がいるんだったら、もうとっくに名乗り出ているはずじゃないか。おまえは、おれの言うことよりも、ほかのやつが言うことを信じるのか」

田中は、さらにむきになった。

「じゃあ、本当に女がいるのかどうか、見に来てみろよ」

その夜、田中は、昭と新潟日報の記者を連れて行きつけの赤坂の料亭に出かけた。

なじみの芸者がやってきた。小唄を歌ったり、田中がユーモアたっぷりの話をしたりして遊んだ。田中がみんなに訊いた。

「ちょっと、甘いものでもとろうか。ぜんざいがいいか、それとも汁粉がいいか」

その若い芸者は、黄色い声をあげた。

「先生が、食べたい！」

体当たりするかのように、田中の首っ玉に飛びついた。

田中は昭の顔をちらちらと見ながら、困ったように声をあげた。

「食べるのはおれじゃないんだ。ぜんざいか、汁粉だよ!」

が、芸者は笑って、なかなか離そうとはしない。

昭は、芸者が自分に挑戦してきているのは知っていた。が、まったく歯牙にもかけなかった。

〈なんて、いやらしい〉

昭は、田中らとともにその料亭を出ると、皮肉たっぷりに訊いた。

「あれが、赤坂の遊びなのね」

田中は、昭の冷たい視線をさえぎるように右手を大きく振った。

「おいおい、おまえだってわかっているだろう。あの芸者は、おまえに挑戦しているんだよ」

「へぇー、そうなの」

「それにな、あれは、おれの彼女じゃない。ある大学の学長の彼女なんだ」

田中は必死に弁解した。

昭はおかしくなった。

〈まったく、男って単純で困ったものだわ〉

第五章

総理大臣・田中角栄の誕生

田中内閣をつくろうじゃないか！

昭和四十六年の元旦、目白の田中邸で、正月恒例の年始パーティーが華やかにひらかれていた。

パーティーに、佐藤派の長老木村武雄《きむらたけお》が出席していた。木村は、元陸軍中将で世界最終戦争論をとなえた石原莞爾《いしはらかんじ》を支持し、みずからも元帥《げんすい》と呼ばれていた。

木村は、つねづね、「佐藤栄作に意見ができるのは、おれだけだよ」と佐藤の御意見番を自任していた。

その木村は、以前から言っていた。

「日本は、官僚にまかせておったらだめだ。したがって、これからは、福田じゃだめだね。真の政党政治実現のためには、田中のような元気のいいのじゃないとだめだ。官僚がなぜ悪いか。自分の保身ばかり考えているだろう。根っからの政党人でない者に、本当の政治ができるわけがないよ」

この日、木村は大仕掛けな爆弾発言を考えていた。宴もたけなわになった。木村は酒がまわり、真っ赤な顔をしていた。頭は短く、五分刈りに近かったので、まるで頭のてっぺんから湯気が立っているようであった。

木村は、突然、執務室のテーブルの真ん中あたりで、大声で言った。

「おい、田中内閣をつくろうじゃないか！」

それから、ウィスキーの水割りの入ったグラスを持ち、両手を上げてホールいっぱいにひびくまで叫んだ。

「田中内閣、万歳！　万歳！」

奇声に近い声だった。

木村は、田中の顔を真剣に見据えていた。

〈角さん、おれの言う意味を、わかってくれるかい〉

そうしながら、パーティーに集まった議員たちの反応をはかってもいた。が、誰も、木村を止めに入ろうとはしない。

〈みんなの気持ちも、田中内閣成立にあるんだな〉

「本当に総理大臣になっていいのかしら」

昭和四十六年十二月三十一日、田中は、盟友の大平正芳と昼食をとりながら、三時間ほど今後の政局について話し合った。

「佐藤さん、いつ辞めるつもりなのかな」

田中は、心の底から、大平を盟友と思っていた。以前、昭は、親しくしている読売新聞の記者に言われた。

「ママ、オヤジに注意したほうがいいよ。オヤジは、大平のことを盟友って思っているかもしれない。だ

世の中は白と黒ばかりでは無い。敵と味方ばかりでもない。真ん中にグレーゾーンがあり、これが一番広い。そこを取り込めなくてどうする。天下というものはこのグレーゾーンを味方につけなければ、決して取れない。真理は常に中間にありだ。

けど、大平は、オヤジが思っているほどお人好しじゃないよ」

昭は、読売新聞の記者が言ったことを、そのまま田中に伝えた。

田中は、はっきりと言った。

「いいよ。裏切られるようなことがあったら、それはおれに人を見る目がなかったということだ。おれは、あくまでも大平を盟友と思っているよ」

田中は、昭和四十六年七月五日、自民党幹事長を辞任し、第三次佐藤改造内閣で通産大臣に就任した。当時アメリカとの繊維交渉の結着をつけなければならない大きな課題があった。大平、宮沢というふたりの前任者が片付けられずに残したものである。二階堂、久野、西村英一らが昭のところに言ってきた。田中に言いたいことは全部、昭を通じて話していた。

「なにもいま、泥をかぶることはないではないか」

田中が自民党本部の幹事長室を後にするとき、幹事長室で雑務をこなしてくれた自民党職員たちが見送った。田中は、もう一度、幹事長室のなかをぐるりと見渡した。

「みな、ご苦労だったね。ありがとう。でも、二度と、幹事長室にはもどってこないよ」

決意に満ちあふれた言葉だった。つまり、次に自民党本部にもどってくるときには、総理総裁としてもどってくるとほのめかしていたのである。

職員たちも、田中に期待を込めていた。激励の意味もこめて花束を贈った。これまでにはなかったことである。以後、党役員が辞任するときには、花束を渡すことが慣例となっていく。

田中は、ある日、昭に言った。

「佐藤さんは、やはり福田君に後を継がせるつもりだよ」

「そうでしょうね」

官僚出身である佐藤は、野人《やじん》である田中に対して、一抹《いちまつ》の不安を感じていた。ゆえに、実兄である岸信介の流れを引く官僚出身の福田赳夫を後継総裁にしたかった。が、佐藤派内には、田中を慕う者たちがいる。

「ぜひ、オヤジさんにやってもらえるよう伝えてくださいよ」

昭に訴える者もいた。昭は、そのことを田中に伝えた。

「好むと好まざるとにかかわらず、立たなければならないときがある。総理という職責は、なりたいと思ってもなれない。なりたくないと思っていても、やらなければならないときがあるんだよ」

昭は、田中に念を押した。

「大丈夫ですか」

「おれが、いままで負ける勝負をしたことがあるかい」

「では、佐藤政権における田中角栄の役目は、誰がするんですか」

田中は、しばらく黙り込んだ。

昭はもう一度訊ねた。

「どうなんですか」

田中は、やっと口を開いた。

「いないんだよな」

「いないって……それじゃあ、困るじゃないですか」

「うん、おれが自分でやる以外、ないんだよ」

昭は、田中の顔をじっと見た。その表情には、悲愴感すら漂っている。

〈本当に、総理大臣になっても、やっていけるのかしら〉

心の片隅で沈澱していた不安が、さらに揺すぶられ、胸一杯にひろがった。

田中が、ぽつりと洩らした。

「しかし、佐藤総理がどう出るかな。おれは、政権をゆずり受けようなんて思ってもいない……ただ、邪魔さえされなければいいがな」

昭は、通産大臣秘書官の小長啓一《こながけいいち》〔元・アラビア石油社長〕に頼み込んだ。

「来年は、田中の大事な総裁選があると思いますんで、役所の調整のほうをどうかお願いします」

昭は、田中が大蔵大臣を務めたときとおなじように、陳情と雑務はすべて請け負っていた。そのほかのことは、小長がすべて仕切っていた。まったく不安なことはなかった。

小長は言った。

「わかりました。レクチャーのほうは、砂防でやりますから」

田中は国会答弁を終えると、小長とともに砂防会館の田中事務所にもどってきた。執務室に入ると、田中は、事務次官たちのレクチャーに耳を傾ける。

そのあいだにも、田中のもとにやってくる政治家たちがいる。昭は、田中のレクチャーを一時中断させても、その人たちに積極的に会わせた。田中も昭も、総裁選に向けて最後のラストスパートをかけた。

田中は、昭和四十七年一月五日、砂防会館の田中事務所に顔を出した。この日の午後三時には、佐藤栄作首相、福田赳夫外務大臣らとともに羽田空港からカリフォルニア州サンクレメンテに出発することになっていた。

田中は、昭に声をかけた。

「筆と、色紙を持ってきてくれ」

昭が執務室に書道具一式を持っていくと、田中はさっそく筆をとった。強い雨が、先ほどからしきりに窓を叩いている。田中は書き終え、昭に渡した。

『歳如流水去不返人似草木争春栄』

いまは亡き吉田茂が、昭和三十九年に、池田勇人と佐藤栄作が首相の座を争ったときに書いた漢詩である。吉田は、愛弟子の骨肉の争いを悲しんで見ていたにちがいない。

昭は、察した。

〈オヤジは、ここが勝負のときと踏んでいるのだわ〉

田中は、このとき、はっきりと総裁選出馬の決心をしていた。福田と自分、どちらが先に立つかで争うことの空しさを知っていたにちがいない。それゆえ、吉田が嘆きを込めて書いた漢詩を、この勝負のときに書いたのであろう。

昭は、気が気でなかった。

〈オヤジのような野人は、やはり野におけるレンゲ草というように、脇役に徹して生きたほうがいいのかもしれない〉

田中は、午後三時、雨の降りしきるなか、サンクレメンテに向かって旅立った。

決起集会で小沢は叫んだ

佐藤栄作をはじめとした一行は、一月十日に帰国した。田中は外遊の疲れもまったく見せず、晴れ晴れとした表情で昭に言った。

「佐藤さんは、なにも言わなかったよ。それにな、ニクソン大統領が、『ミスター田中はこちらへ』と、おれを自分の隣に手招きでな、呼んでくれたんだ」

昭の眼には田中の表情は、「サンクレメンテの福田との決戦は、おれの勝ちだった……」と自信に満ちているように映った。

昭は、五月に入って間もなく、日程の確認のため田中の執務室に入った。

田中は、昭に声を低めて言った。

「佐藤さんが、淡島《あわしま》に引っ越しをはじめたそうだよ」

淡島とは、世田谷区淡島にある佐藤の私邸のことである。この時期に、首相公邸から出る準備をはじめたということは、一時、政権への未練を見せていた佐藤栄作の心が、辞任に傾いたことを意味していた。

「これは、竹下がこっそりと教えてくれたんだ」

官房長官であった竹下登は、首相官邸の敷地内で首相官邸と隣り合わせに建っている官房長官公邸に住んでいた。官房長官という立場上、田中支持を打ち出せないため、田中に情報をこっそりと教えていたのである。

田中は、昭に力強く言った。

「これまで以上に、忙しくなる。よろしく頼むぞ」

五月九日の夜、柳橋の料亭「いな垣」の大広間で、田中派結成の旗揚げがおこなわれた。午後三時ごろにぱらついていた雨は、すっかりやんでいた。

この会合の呼びかけ人は、佐藤派の長老木村武雄であった。会費は二千円で、縦にならべられた細長いテーブルの上に、黒塗りの弁当がならべられているだけの質素な宴席であった。

しかし、参加者は、木村の予想をはるかに上まわる八十一名であった。木村は、ひとりひとりの顔をながめながら、いっそうの闘志を沸き立たせていた。

「これで、福田との勝負はあったな……」

衆議院では、佐藤派から、二階堂進、亀岡高夫《かめおかたかお》、足立篤郎《あだちとくろう》、仮谷忠男《かりやただお》、小渕恵三《おぶちけいぞう》、橋本龍太郎《はしもとりゅうたろう》、大村《おおむら》襄治《じょうじ》、箕輪登《みのわのぼる》、山下元利《やましたがんり》、小沢一郎、羽田孜、梶山静六、高鳥修、奥田敬和、石井一、佐藤恵《さとうけい》、中山利《なかやまとし》生《お》、佐藤守良、林義郎、斉藤滋与史《さいとうしげよし》、野中英二、綿貫民輔《わたぬきたみすけ》、山田久就《やまだひさなり》……ら三十八名。それに、無派閥の渡部恒三、小沢辰男が参加し、四十名であった。さらに、予想外だったのは、参議院から、衆議院を上ま

幹事長は小刀やカミソリじゃ駄目だ。やっぱり、鉈《なた》でなくちゃいかん。

わる四十一名が、参加したことであった。メンバーは、郡祐一《こおりゆういち》、平島敏夫、田口長次郎、長谷川仁、前田《まえだ》佳都男《かずお》、大森久司……らであった。

木村は、確信をもった。

〈これで重宗王国に築かれた、参議院は福田という伝説は、完全に吹き飛んでしまった〉

参議院は、佐藤栄作と同郷の重宗雄三《しげむねゆうぞう》が制していた。参議院自民党は、昭和三十年代後半から重宗雄三が牛耳っていた。重宗は三期九年間にわたって参議院議長のポストについていた。池田内閣、佐藤内閣では参議院議員の入閣推薦枠を一手に握り、参議院に「重宗王国」を築いた。

重宗は、ポスト佐藤には、田中のライバルである福田を支持した。田中は、総裁の座を射止めるために、なんとしても参議院議員の支持が必要であった。そこで河野謙三《こうのけんぞう》の属していた参議院緑風会に働きかけた。田中派が結成されたとき、緑風会はこぞって参加した。その数は、じつに四十一人にものぼった。河野一郎の弟である河野謙三が参議院議長に就任したことで、福田支持と思われていた参議院が切り崩されたのである。

ただし、出席者の参議院の長谷川仁は、福田赳夫色の強い議員で、その周囲から疑いの声があがった。

「あんたは、福田派のスパイじゃないか！」

このような席には、かならず敵陣営からの偵察隊がしのびこむものである。しかし、八十一人というのは、佐藤派百二十三人中約三分の二の勢力に当たる。宴席は、熱気に包まれた。

木村が、上機嫌で挨拶した。

「この日の会合は、歴史的に意義あるものにしたい。佐藤政権を八年間支えてきたのは、われわれが一致団結してきたからで、佐藤首相が辞めるまで、最善の努力をしたい。しかし、いずれ首相も辞め、国民に信を問う機会もあると思うが、次の総選挙に勝つためには、国民的人気のある人が自民党総裁になるべきだ。その意味で、田中角栄氏は国民の信を託すに十分な人物で、今後、田中氏と行動をともにしたい」

木村は、一年生議員の小沢一郎に、乾杯の音頭《おんど》をとるよう指名した。小沢は、いきなり指名を受け、立ち上がると、昂ぶる気持ちで声を張り上げた。

「田中内閣の樹立をめざして、がんばろう！　乾杯！」

小沢は、この日の会合を決起大会にしよう、と決めていた。その決意が、田中内閣の樹立をめざして、という言葉になったのである。

その威勢のいい声をきっかけに、出席者の気持ちも、吹っきれた。堰《せき》を切ったように出席者がつぎつぎに立ち上がり、田中擁立の熱弁をふるいはじめた。無派閥ながら、田中角栄を担ぐ情熱にかけては人後に落ちない渡部恒三も立ち上がり、たぎる胸の思いを披露した。

「今日まで党近代化を主張し、無派閥の一匹狼としてやってきたが、これからは、田中内閣の実現によって、庶民大衆の政治をつくりあげるという目的のもとに、先輩諸氏と行動をともにしたい」

渡部は、興奮していた。

〈まさに老人と青年の会、参議院のオールドパワーと衆議院のヤングパワーの集まりだ。後代に新しい時代をつくろうとする自民党のヤングが、田中内閣の実現という目的で一致している〉

二十七議員がつぎつぎと立ち上がり、田中角栄支持の決意表明をした。

言い出しっぺの小沢一郎は、興奮していた。

〈うまく火が点いたぞ。よかった。よかった……〉

彼らの挨拶が終わったのち、木村がふたたび口をひらいた。

「ここに集まった同志は、田中氏と行動をともにする決意であることを確認したい」

木村はそう締めくくり、出席者の了承を得た。

田中は、現職の通産大臣である。全国を行脚し、自分の主張や政策をアピールする時間も余裕もない。その田中に代わって全国を行脚したのが、木村であった。

「吉田茂首相以来、池田勇人、佐藤栄作と長いあいだ、官僚出身者による政治がつづいた。国民も、飽きがきている。ここは党人政治家である田中を首相にするべきだ」

木村は、党人政治家の必要性を訴えて歩いた。木村の鞄持ちとして同行したのが、一年生議員の羽田孜であった。

世間には、ポスト佐藤にはまず福田赳夫を据え、田中はその後でもいいのではないか、という意見もあった。

昭も、一抹の不安がないではなかった。田中は通産大臣に就任する直前まで幹事長を務めていた。党内ナンバー2の幹事長として、たとえば重宗雄三や椎名悦三郎《しいなえつさぶろう》ら実力者、あるいは財界の重鎮である日本興業銀行の中山素平《なかやまそへい》と会うのと、通産大臣として会うのとでは、やはり重みがちがう。

田中自身は、総裁選出馬に向けて準備していたのであろう。が、昭から見れば、まだまだ準備不足のように思えてならなかった。

昭は、田中に訊いた。

「もう少し、準備してからのほうがいいんじゃないですか」

田中は、絞り出すような声で答えた。

「総理の座は自分がやろうと思っても、やれるものではない。また、やりたくなくても、やらないといけないときがあるんだよ。おれは、もう降りられない」

「おまえと二人三脚でここまで来た」

いよいよ総裁選への動きが激しくなってきた。数多くの田中角栄支持者が、昭を訪ねてきた。田中は、通産大臣である。通産省での職務もある。支持者たちには、つねに言っていた。

「いろいろの相談は、佐藤（昭）とやってくれ」

他派との接触の報告やら、打ち合わせで、昭は息つく暇もなかった。

田中は、そのころから、昭に言っていた。

「おれは、総理になったら、一期三年で人の二期分を働くよ。いつまでも、おまえたちに苦労はかけない。総理になっても、みんなのようには、公邸には住まない。おまえを、さびしがらせはしない。毎日、砂防（会館）に帰るよ。それから、総理になったら、まず日中国交回復と資源外交をやらなけりゃ。勤勉だけの国民性で、世界の一等国に伍していかなければならない。ソ連にも行くし、ヨーロッパにも、どこにでも行く。これからは、大名行列の外遊でなく、総理大臣といえども、ＳＰと秘書官だけで、簡単に鞄ひとつで外国と交渉に行けるようにしなければならない」

田中が歩いた後には、昭がやらなければならない仕事がいつも山積していた。田中は、一度も昭を誉めてはくれなかった。おれが選んで仕事をやらせているんだから、やれて当たり前、という考えなのだ。幼いときから、わがままなうえ人一倍自尊心の強い昭は、ひとたびまかされた仕事は完璧にこなさなくては……と愚痴のひとつもこぼさず、歯を食いしばって働いてきた。

昭は、いつも織田信長の妻お濃《のう》の方の心境でいた。お濃は、「蝮《まむし》の道三《どうさん》」と恐れられた戦国の梟雄《きょうゆう》斎藤道三の娘で、人一倍負けん気が強い。

お濃の方は、いつも自分に言い聞かせていた。

「ついていける能力のない者は、たんなる扶養者でしかない。絶えず、信長のためになることを先に考え、ととのえておかなければ」

昭もまた、田中の期待に応えるために、田中の必要とするものは、かならず前もって準備しておいた。それが報いられ、いよいよ田中が総理大臣になる日が近づいてきたのだ。

六月二日の夜、大平派、田中派は、都内で会合した。「佐藤後」の総裁選挙に向けて両派は緊密な連絡をとりながら、佐藤総理による田中と福田のいわゆる「角福調整」を拒否し、党則にもとづく公明な選挙をすることを申し合わせた。その会合には、田中角栄と大平正芳も出席してそれぞれ挨拶した。

この会合は、そもそも大平派が主催したものである。大平派からは、佐々木秀世《ささきひでよ》、斎藤邦吉《さいとうくにきち》ら十六人、田中派から二階堂進、金丸信ら十七人が出席した。

両派は前年以来、十回近く中堅、若手代議士が会合してきたが、総裁候補自身と幹部らを交え、一堂にこれほど集まったのは初めてのことであった。

この会合に出席した田中は、強調した。

「大平と田中は、これまでもいっしょだったが、これからもいっしょだ。死ぬまで一本である」

大平も、これを受けて言った。

「田中なくして大平なし、大平なくして田中なし、という関係だ」

田中は、この大平派のほかにも、三木派の三《み》木《き》武《たけ》夫《お》とも手を組んでいた。三派協力体制を組んでいた。

さらに、中曾根派の中曾根康弘とも手を組めるようにひそかに動いていた。

田中は、昭和四十七年六月十一日、『日本列島改造論』を発表した。

田中は、昭和四十二年に自民党都市政策調査会会長に就任したときに「都市政策大綱」をまとめていたのである。新潟県に生まれ育った田中には、首都と地方との格差の問題は切っても切れない問題だった。一時、閑職に追いやられたその時期こそ、田中にとって、自分の長年の課題を深く考える機会となっていたのである。

『日本列島改造論』は、売れに売れた。八十万部を突破した。総裁選に先立って出版したこの本は、田中にとって幸先のよいものであった。

佐藤栄作は、六月十七日には、自民党両院議員総会で引退を表明した。いよいよ、田中角栄と福田赳夫

大臣なんて、なろうと思えば誰でもなれる。だが、総理総裁は、なろうと思ってなれるものではない。天の運というものがある。

の一騎打ちの火蓋が切られたのである。

その二日後の夜、昭は、田中からの電話を受けた。

「いま帰ったよ」

田中は、いつもと変わりない明るい口調で昭に声をかけた。田中は、毎日、朝の六時と、夜に目白邸に帰ったときには、昭にかならず電話をよこしていた。

昭は訊ねた。

「今日は、どうだったんですか」

「佐藤さんは、あくまでも福田君に手を貸すつもりらしい」

じつは、この日の昼間、田中は佐藤栄作に呼ばれて、自民党本部の総裁室に出向いた。福田赳夫もいっしょであった。

田中は、佐藤栄作から言われたことについて語った。

「一位協力方式にしようと言ってきた」

今回の総裁選では、三人以上の候補者が出る可能性がある。そのような場合、選挙で、一位の候補者が過半数を取れなかったとき、一位と二位の候補者で決選投票をおこなう。

佐藤の言う一位協力方式とは、予備選での一位と二位は、田中と福田で決まっている。そのときに、二位になった者は、決選投票を辞退する。つまり、一位になった者が、総裁の座につくということである。もし決選投票に持ちこまれれば、三派協力体制を敷いている田中に有利になることは目に見えている。なにがなんでも福田に後を継がせたい、佐藤栄作の執念の籠った提案であった。

昭は、ふたたび訊ねた。

「あなたは、なんと答えたの」

「結構ですよ、と答えたよ」

昭は、大勢がすでに田中に流れているのをひしひしと感じていた。

この日の午後、田中が総裁室を去った後、中曾根康弘が、佐藤栄作のもとを訪れた。そこで、中曾根は、田中支持をはっきりと佐藤に伝えたのである。

福田にとっては、中曾根は、最後の頼みの綱だった。福田は、長いあいだ、中曾根派の城代家老の野田《のだ》武夫《たけお》を通じ、中曾根派の協力を得るために工作をしてきた。中曾根自身は別として、筆頭の野田武夫をはじめ、稲葉修《いなばおさむ》、桜内義雄《さくらうちよしお》、山中貞則の首脳陣は、全員自分を支持してくれると信じていた。支持してくれない幹部は、大石武一ただひとりだと信じ込んでいた。

しかし、六月七日に、もっとも太いパイプだった野田が急死した。そのころから、動きに変化が生じていたのである。

昭は心をはずませた。

〈これで、オヤジの念願がかなうことになるのね〉

田中は、総裁選挙を明日に控えた七月四日、昭に言った。

「とうとう、ここまで来た。おまえと二人三脚で……」

昭は、感無量であった。

「一位、田中角栄君」、でも票が少なすぎる

昭は、砂防会館の事務所で、テレビを食い入るように見つめていた。まわりには、朝賀昭をはじめ、事務所の者たちが集まっていた。昭和四十七年七月五日、午前十時四十五分を過ぎていた。空は、どんよりと厚い雲に覆われている。

テレビは日比谷公会堂での自民党臨時党大会の総裁選投票の模様を映し出していた。議員たちひとりひとりが、五十音順に、壇上の細長い長方形のテーブルに用意された投票箱に投票用紙を入れていく。

壇上の様子を映すいっぽうで、立候補者である田中角栄、福田赳夫、大平正芳、三木武夫の四名の表情が映し出される。田中は、前列二列目に座っていた。まわりを、田中派の若手グループがぐるりと取り囲んでいる。

十一時二十分、いよいよ開票がはじまった。

田中の表情が、大きく映し出された。田中は、いつもの気さくな振るまいを消していた。紅潮した顔を天井に向け、静かに目を閉じていたかと思うと、突然目をあけ、ちらりとけわしい目を開票台に向けた。精悍《せいかん》な顔には、汗がじっとりとにじんでいる。トレードマークでもある扇子は、右手にしっかりと握っているものの、いつものようにバタバタとは動かさない。

十一時四十五分、田中派の選挙委員の足立篤郎が、指一本高々と立てた。田中角栄一位のサインである。日比谷公会堂に、田中支援者の拍手が響き渡った。

昭のまわりにいた事務所の者たちも、歓声をあげた。が、昭はみなを制した。

「ちょっと待って。まだ得票数がわかってないわ」

選挙委員長の秋田大助が、投票の結果を報告した。

「一位、田中角栄君！」

事務所のなかは、手がつけられないほどに狂喜乱舞してしまっている。昭は、テレビから漏れ聞こえる秋田の声に耳をそばだてた。秋田は、得票数を読み上げた。

「百五十六票！」

昭は、唖然とした。

〈朝のホテル・オータニ「扶養の間」での出陣式には、百九十八人も来ていたはずなのに。少なすぎるわ〉

秋田選管委員長の声が、つづいて響き渡った。

「福田赳夫君、百五十票」

昭の眼から、涙があふれ出してきた。

〈福田さんと六票差なんて。これじゃあ、三人が田中を裏切れば、一位と二位が逆転してしまっていた。この先の内閣の運営が思いやられる〉

大きな涙の滴《しずく》が、頰を伝う。側で見ていたひとりが、てっきり昭がうれし涙を流しているのだと勘ちがいして声をかけた。

「ママ、よかったわね。これまで苦労した甲斐があったわね」

「…………」

大平正芳百一票、三木武夫六十九票であった。昭は、ハンカチで涙を拭った。あえて自分の心境を伝えはしなかった。

が、一位になったとはいえども、田中は過半数を得るに至っていない。決選投票がおこなわれることになった。

決選投票がおこなわれた。田中は、田中、大平、三木、そして中曾根の各派の票を集めている。二百八十二票を得て、福田を圧倒した。ついに、念願の総裁の座についたのである。

テレビに映る田中は、すっくと立ち上がり、高々と右手を挙げている。そして右手を高々と挙げた姿勢で、ぐるりと一回転した。うながされて顔をあげ、二階席にもサインを送った。

田中の顔面は真っ赤に紅潮していた。汗で、てかてかと輝いている。テレビのライトが、顔面に当たる。カメラのフラッシュがたかれる。会場を拍手と歓声が包んでいた。

一世一代の晴れ姿であった。

田中は、五十四歳と二カ月の若さにして自民党総裁に就任したのである。

田中は、新総裁として、演壇に立った。

声を張り上げ、挨拶した。

「わたしは、ただいま、みなさんのご推挙により、自民党総裁に選任されたことの重大さを痛感しております。内外の時局は重大であります。いまただちに解決すべき問題が山積しています。この解決には、幾多の困難が予想されます。しかし、自民党には、責任があります。わたしは、その責任を果たします。民主政治は、政策のひとつひとつがいかに立派でも、国民の支持がなければ、政策効果は上げられません。わたしは、党員のみなさんとともに、国民の支持を求めて前進するつもりであります」

事務所も、割れんばかりの大騒ぎだった。しかし昭だけは、素直によろこぶ気にはなれなかった。田中の力強い演説が、むしろかわいそうにすら思えた。

田中は、数時間後、砂防会館の事務所にもどってきた。昭は訊ねた。

「ずいぶん、票が少なかったんですね」

田中も、選挙の結果がどういうことを意味しているのか、わかっていた。苦々しい表情で言った。

「大平のほうに、票を流しすぎたよ」

田中は、盟友の大平がいくら八歳も田中よりも年上とはいえ、先に総理総裁の座をゆずるつもりはなかった。が、大平を、田中の次に総理総裁の座につけるためには、今回の総裁選で、やはり立候補していた三木武夫よりも票を集めておく必要があった。

田中は、そのために、自分の票を大平にまわしていたのである。

〈オヤジの情が、自分の首を苦しめることになってしまったのだわ〉

昭はそう思った。しかし田中は、総理総裁の道を歩みはじめてしまったのである。もう一歩も後もどりはできない。昭は、さらに思った。

天下を取ろうじゃないか。
一生一度の大博打だが、負けて、もともとだ。首までとられない。

〈頂上に登りつめた後、次は降りることを考えなくてはいけない。田中を、いつ、どの時期で辞めさせるか。今後は、それが鍵となるにちがいない〉

第六章

「早く潰そうとしている奴ばかりだ」

「一期三年ですべて仕上げる」

田中が首班指名を受けたその日、砂防会館にもどってきたのは、夕方のことであった。田中は、さすがに興奮していた。昭に言った。

「政治の流れを、変えるよ」

表情はいつも以上に紅潮している。意欲が、はち切れんばかりに漲《みなぎ》っていた。

政治の流れを変える――。それは田中が、選挙に初めて出馬した昭和二十一年からの謳《うた》い文句であった。

田中が相談を持ちかけた。

「ところで、政務の秘書官は、誰にしたらいいだろう」

昭の頭に、すぐにひとりの男が浮かんだ。

「小長さんに、通産省を一時休んでもらってお願いしたら」

通産大臣秘書官の小長啓一は、これまで、政治家としての田中、通産大臣としての田中とのバランスをうまくとってくれた。昭は、小長のことを誰よりも信頼していた。

田中は、大きくうなずいた。

「小長君ならば、心強い。小長君にお願いしよう」

小長は、通産省から出向という形で総理大臣秘書官に就任する。それまで、総理大臣秘書官といえば、大蔵省、外務省、警察庁からと決まっていた。通産省からは、初めてのことであった。

田中と昭が打ち合わせをしているところに、秘書の朝賀昭が入ってきた。

「竹下先生が、お見えです」

「竹下君が。なかなか早いな。通してくれ」

竹下登はきびきびと入ってくると、右手を差し出した。

「オヤジさん、このたびは、本当におめでとうございます」

田中は、竹下の手をしっかりと握った。

「ありがとう。竹下君も、立場上、いろいろと大変だったろうな」

竹下は、これまで田中を支持していながらも、佐藤内閣の官房長官という立場上、官邸から一歩も出なかった。田中派の結成式にもくわわっていない。総裁選に向けて多数派工作に汗を流していた梶山静六ら田中派の若手が首相官邸の官房長官室に怒鳴りこみ、吊るし上げたほどである。竹下の秘書青木《あおき》伊平《いへい》は、梶山らをなだめるのに苦労をしていた。

竹下は、田中の真正面に座った。昭は、田中の左に座っていた。

竹下は、はしっこい笑みを浮かべた。

「人事のことなんですが……」

「うん」

選挙に僥倖などはあり得ない。流した汗と、振り絞った知恵の結果だけが出る。商売と同じことだ。山の果てを望んでも援軍来たらず。自分でやるしかない。その覚悟なしに、政治などという大それた仕事に黄色いクチバシを入れないでくれ。世の中が混乱する。

「官房長官は、二階堂（進）さんでいいですわな。わたしが先任だから、わたしからいろいろレクチャーします。それから、幹事長は、橋本《はしもと》（登美三郎《とみさぶろう》）さん。橋本さんはアバウトですから、わたしが筆頭副幹事長で補佐します」

昭は、唖然とした。

〈いままで、田中を総裁にするために表立ったことをしなかった人が、どうしてこんな大事なことに口を出してくるのかしら〉

昭は、しかし黙っていた。

田中も、総理大臣に就任した緊張のためか、うなずいて聞いているだけであった。竹下の人事に反論することはおろか、訊き返すこともしなかった。

「じゃ、頼むよ」

竹下は席を立った。

「それでは、この方向で進めます」

田中は、竹下が決めた人事をそのまま呑んだのである。昭はあきれた。

〈なんてお人好しなのかしら。佐藤栄作さんだったら、一日、二日は熟考したでしょうに〉

ただし、田中は、田中派の閣僚人事については自分で決めた。大蔵大臣は植木庚子郎《うえきこうしろう》、建設大臣は木村武雄と、自分を懸命に推してくれた議員に義理立てしした。

田中は、昭に言っていた。

「力の足りないところは、ワシが補う。自分を推してくれた人に対しては、義理を果たしたい」

翌日には、第一次田中内閣が発足した。ハマコーこと浜田幸一《はまだこういち》が砂防会館をたずねてきて、昭に田中組閣の布陣を見ながら言った。

「ママには悪いけど、この内閣は、そう長くはないよ」

浜田は無派閥ではあったが、〝隠れ田中派〟のひとりだった。浜田は苦虫を噛み潰したように言った。

「だってさ、一日も早く潰そうと思っているのが、みんな閣僚じゃないか」

「…………」

「ママも、十分に覚悟しておいたほうがいいかもしれないですよ」

田中も、おそらく、そのことはわかっていたにちがいない。いつも、気炎をあげていた。

「一期三年で、すべてを仕上げるよ」

田中の脳裏にあったのは、日中国交回復、この年に出版した『日本列島改造論』の実行といった政策だった。

「終わったら、すぐにでも辞めるさ」

下に気を遣う総理

田中は、政治的なことを考えるいっぽうで、自分が総理大臣に就任したことで昭をはじめとした身のまわりの人たちにおよぼす影響をも考えていた。もし佐藤栄作のように、八年もの長期にわたって政権を維持したならば、自分のまわりの人たちに、多大な迷惑をかけることを十分に知っていたのである。

さらに、総理大臣になる前に、昭と約束したことも守っていた。

「総理大臣になっても、ちゃんと砂防には帰ってくるよ」

田中が砂防会館事務所へ帰ってくるときは、それは物々しかった。まず午後三時半ごろになると、田中を警護するSPの先発隊が、砂防会館に入ってくる。その数、およそ六名。田中の身のまわりを警護するSPと合わせると、全員で三十三名が田中の警護にあたっていた。大臣のときの数とは、桁がちがった。

砂防会館は、雑居ビルである。なにが起こるかわからない。先発隊は、建物内やあたりを厳しくチェックし、それぞれが部署に散らばる。なかには、女性用のトイレの前で見張っている警官までいた。

昭はその警官に言った。

「ここは女性トイレですよ。こんなところにまで立たないでよ」

田中は、夕方四時か五時ごろになると、三十数名の護衛に守られて砂防会館に入ってくる。田中に会いたいという新聞記者、議員たちは、毎日午後になると、昭に電話を入れてきた。

「オヤジ、今日は何時ごろ？」

「四時ごろ、もどってきますよ」

田中は、いつでも独特の右手をあげる仕草で、入ってきた。

「ヨッ！」

田中は、ひとりひとりに声をかける。

「おッ、おまえも来ていたのか。どうだね、調子は」

昭は、その集まった人たちを、つぎつぎに会わせるために気を遣った。

総理大臣は、一見、さまざまな情報を広くつかんでいるように見える。が、じつのところ、情報ソースが狭くなってしまっている部分もあった。それを知っているがゆえに、昭はひとりでも多くの人に会わせるようにしていたのである。

田中にとっても、砂防会館の事務所は、自分の城と言ってもいい。もっとも気兼ねをせずにくつろげる場所でもあった。

首相官邸で人に会うと、翌日、新聞の「総理の一日」の欄に載ってしまう。なかには、会ったことがわかってはまずい財界人や政治家がいた。そんな人たちとは、砂防会館の事務所で会うことにしていた。が、そのあまりの人の多さに、田中派の若手議員たちでも、田中に会えないときがある。田中も、気を遣った。田中番の記者たちが、田中の談話を聞きに執務室に入るとき、田中は若手議員たちにも声をかけた。

「おい、おまえたちも、いっしょに入ってこいよ」

ウィスキーのオールド・パーを二、三杯飲みながらみんなと雑談し、つとめて人の意見を聞いていた。

田中は、特定の新聞記者と仲良くなったりはしなかった。特ダネも提供しない。が、特落ちもさせない。誰にでも公平に接していた。話も、みなの前でする。そのなかで、スクープになるような話を、ちらりとほのめかす。それは力のある記者ならばわかるが、駆け出しの記者などでは、とうていわからなかった。

田中は、いくら遅くなっても、六時半には事務所の執務室のソファから腰をあげた。自分のために、何十人というSPが待っている。そのことを気にしてのことである。

田中は、昭に言っていた。

「彼らだって、家庭を持っている。早く帰してやらなきゃならない」

田中派の強味

田中派が結成されたとき、田中を支持していた参議院の緑風会はこぞって参加した。その数は、じつに四十一人にものぼった。参議院田中派は、田中が総裁に就任した日の七月五日にちなんで「五日会」と名付けられた。

そして、衆議院田中派は、田中が皇居で認証された七月七日にちなんで「七日会」と名付けられた。

参議院を制した田中派は、選挙でも圧倒的な強さを見せた。田中派の参議院議員は、建設省、農林水産省、大蔵省などの官僚出身者が多かった。当時は、全国区である。全国の業界関係者が支援してくれた。全国を百二十九の選挙区に分けた衆議院選挙でも、その力を発揮した。

田中は、各省に顔が利いた。歴代の建設省出身の参議院議員は、すべて田中派であった。田中は、能力のある人材を政治家にしようと考え、各省に「彼を出してくれ」と働きかけた。声をかけられたほうも、「田中先生の声がかかるのなら、なにがなんでもやります」と感激した。

田中の時代は、政治家主導だった。

昭は思う。

〈田中は、官僚を使った。が、官僚の言いなりになど、なりっこない。優秀な官僚の知識を利用するが、最終的には自分が上のほうから政治的に判断する。それが、本来の政治のあり方だ〉

田中派が選挙に強いのは、田中自身が足にマメをつくりながら全国を演説して歩いたからだと昭は思う。

参議院通常選挙は、三年に一度夏におこなわれる。田中は、応援演説のため全国を飛びまわる。沖縄から九州地方、中国地方、四国地方としだいに北上していく。応援演説は、自派の議員だけとは限らない。

党のため、政策を遂行するためにはこの人物が必要だと思う者には、個人的な好き嫌いはいわず、すべて面倒を見て歩いた。田中が病に倒れる以前、田中の世話にならなかったという議員はあまりいないのではないか。

言われなき中傷

田中が総理大臣に就任してから数日後、ある一流企業の総務部長から電話が入った。

「わたしのところに、田中派の有力幹部ふたりがいらっしゃったんですが」

総務部長は、言いにくそうに声をひそめた。

「田中先生の後援会、自民党、そして、来られたそのおふたりに、それぞれ政治献金を出してくれるようにと、頼みにいらっしゃったんですが」

昭は、思わず声をあげた。

「なんですって！　田中は、そんなことをお頼みした覚えはありませんよ。田中もわたしも、これまで一度だって、財界の方にお金をお願いしたことなどないじゃないですか」

世の中は真理戦争の渦の中にある。ワシは、若い奴にネチネチとやるのは大嫌いだ。叱るときでも、次の人に会ったときはもう忘れている。ションベンに行ってきたら、忘れている。水に流してしまう、ということだ。

御中元、御歳暮で、政治献金をもらうことはあった。そのときには、すべて領収書を書いて、きちんと処理していた。が、個人のことで政治献金を要求したことはない。

田中は、昭に言ったことがあった。

「ワシは、財界の紐つきになるのは嫌だよ」

財界から政治献金をもらえば、自分の主張が通らなくなることさえある。田中は、金の重要さと金の恐ろしさの両面を貧しい幼少のころからの体験で十分に知っていた。

総務部長は、やっと納得したようである。

「そうですよね。田中先生からも、佐藤さんからも、いままでそういうことは一度もなかったですから。おかしいと思って問い合わせたんですよ」

「本当に、どうもすみません。そのお話は、なかったことにしていただけませんか」

昭は、田中が砂防会館事務所にもどってくると、田中の耳に入れた。

田中は鼻白んだ。

「やつら、金がないからって、困ったもんだ」

「だけど、あのふたりが行ったのは、その企業だけではないはずですよ。あの総務の方は、たまたまわたしと親しかったから電話をくださったけど。ほかの企業の人たちは、ふたりが言うとおりにお金を出しているにちがいないわ」

「そうだな。で、企業のほうから、金が入ってきたりはしているのか」

「いえ、ないですよ」

「ふたりが全部、自分の懐《ふところ》に入れているんだな」

昭は許せなかった。

〈田中の名を騙《かた》って、金集めをするなんて。田中とわたしが、こんなに苦労しているのに……〉

田中派秘書軍団

田中派の若手研究会、木曜七日会が箱根で毎年開かれた。

田中は、現職大臣であろうと、容赦なくみなの前で批判した。

ふつうならば、いくら派閥の長といえども、現職大臣はみなの前では立てる。しかし、田中角栄の前に出れば、派閥のひとりにすぎなかった。

政策がおかしければ、おかしいとはっきりと口にした。門下生たちは、田中角栄のリーダーとしての背中を見て育った。田中のその態度がひとりでに、門下生たちの教育になっていた。彼らがリーダーになったいま、それぞれの立場で田中的な発想で活躍している。

田中軍団の強さは、田中派秘書会の存在を抜きにしては語れない、と昭は思う。

田中派秘書会は、とても団結力が強かった。バス五台くらい連ねて旅行に出かけることもある。ハイキングの組、釣りの組、ゴルフの組と何班かに分けて、レジャーを楽しみながら親睦を深めた。そのような集まりが、ひんぱんにあった。

田中も、田中派秘書会を大事にした。

会合などで田中が奥から出てくると、秘書たちはみな立ち上がって最敬礼する。

昭は、そのまま行き過ぎようとする田中を止めていう。

「ちょっと待ってください。××さんの秘書さんですよ。お世話になっているんですから」

田中は、丁寧に頭を下げる。

「やあー、どうも世話になってます」

秘書たちは、田中が頭を下げると飛び上がって感謝感激する。田中は、人の気持ちを読むことにかけては、天才的だった。

後年、昭は、旧田中派の秘書会に所属していた数人から、「研修会のときに、田中先生に声をかけてもらいました。写真もいっしょに撮ってもらって、がんばってくれ、と励まされた。しかし、ママさんにはひと言も口を利いてもらえなかった」と言われた。

が、昭はそのころねじり鉢巻きで遮二無二働いていた。昭が相手にしていたのは、国会議員や財界人だった。忙しくて秘書にまで目が届かなかった。それに人数も多かった。田中派所属の国会議員秘書は最盛期千人にものぼった。

しかし、田中は、どんなに忙しくても、人に会えば絶対に気をそらすようなことはしなかった。

田中の服装であるが、紺のスーツしか着なかった。それがシンプルで、もっとも上品だという田中の好みもあった。すべて松坂屋でオーダーメイドしたものである。現職総理のころは、松坂屋の仕立て職人がわざわざやってきて、仮縫いをしていた。

ネクタイや靴下は、昭が買い物に出たついでに、いいものが目につけばそのつど買っていた。ドミニック・フランセ、ダンヒルといったメーカーが多かった。田中はブランドものでなくて、三千円のネクタイでいいよと言っていた。

日中国交回復——命も惜しくない

田中が、外務大臣大平正芳を動かし、外務省に日中国交正常化に向けての作業を本格的にはじめさせたのは、昭和四十七年七月二十二日のことであった。

中国側は、国交回復に触れた田中の談話を受けて、周恩来《しゅうおんらい》首相が歓迎の意をあらわしていた。さらに、公明党の竹入義勝《たけいりよしかつ》委員長が、訪中して周恩来が語ったのを必死で書き記した、いわゆる〝竹入メモ〟には、十二項目が書かれていた。

①日中両国は、永遠の友好のために話し合う。
②日本政府は、中日国交三原則を十分理解し、中華人民共和国政府が、中国を代表する唯一合法政府であることを承認する。
③日中両国の戦争状態は、共同声明公表で終了する。
④日華条約は終了させる。
⑤平和五原則を認める。
⑥紛争の平和的解決。
⑦太平洋で覇権を求めない。
⑧中国は賠償請求を放棄する。

⑨友好平和条約を締結する。その前に、通商航海条約、航空協定などを締結する。
⑩台湾は中国の領土であり、中国の内政問題であることを認める。
⑪在日台湾大使館の撤去〔日台外交関係の断絶〕。
⑫台湾解放の際、日本の資本を保障する。

田中は、太平の協力を得て党内のタカ派を説得し、八月二十二日には、自民党総務会が「日中国交正常化」と「田中訪中」を党議決定した。しかし、党内のコンセンサスは、十分でなかった。

九月二十三日、お彼岸の中日、田中は砂防会館の事務所にもどってきた。

田中は、二日後の二十五日に出発することになっていた。その前に、吉田茂、鳩山一郎、池田勇人といった歴代の首相たちの墓に詣で、病床の石橋湛山《いしばしたんざん》を見舞い、報告に行ったのである。

昭をはじめとして事務所の者たちも、祝日にもかかわらず、田中の訪中の準備に総出でかかっていた。

田中は、前日、昭に言った。

「明日は、休日だけど、これだけの大仕事をするんだ。出てきてくれよ。頼むな」

「もちろん、出てまいりますよ」

昭が答えた。執務室に入った田中は、さすがにぐったりとソファに身を沈ませた。昭は、田中の好きな濃い目のお茶を差し出しながら訊いた。

「大丈夫ですか」

「なに、これくらい大したことはないさ」

田中は、お茶を音をたててすすった。

昭は心配になった。

〈オヤジは、あえて元気に振る舞っているにちがいない〉

じつは、田中は、総理大臣に就任してから、ほとんど休む間もなかった。血圧もいつも以上に上がりっぱなしで、二百五十を優に越えるほどまでになっていたのである。

昭は、さすがにたまりかねてこぼした。

「こんな人間性を否定されるような日程での生活は、駄目よね」

「岸さんに言われたことがあったが、総理の苦悩は、総理になった者でしか、こればかりはわからない。おれは、いつも銃口の前に立たされている思いでやっている。命も惜しいとは思わない。だから、おまえも、そんなことは言わないでくれよ」

「…………」

「おれは、深夜、ひそかに目を覚ますことがある。そんなときに思いをはせるのは、国家国民のことばかりだ」

ワシが大切にしているのは、何よりも人との接し方だ。戦術や戦略じゃない。会って話をしていて安心感があるとか、自分のためになるとか、そういうことが人と人とを結びつける。

昭は思った。

〈こんなに懸命にやっているのに、どうしてわかってもらえないのかしら〉

田中は、中国へ出発する前日、昭に言った。

「留守は、しっかり頼んだよ」

親台湾派で、タカ派と言われた議員たちは、連日、中国との国交回復反対をとなえていた。中川一郎《なかがわいちろう》、渡辺美智雄《わたなべみちお》、石原慎太郎らは青嵐会《せいらんかい》を結成していた。

さらに、昭がSPのひとりから聞いたところによると、田中が総裁として渋谷で第一声をあげたとき、刃渡り三十センチのドスを持った男がうろついていたという。まさしく、日中国交回復に反対する者たちが、田中を威嚇《いかく》していたのである。

歴代の首相は、いつも右翼につけ狙われた。池田勇人が福島で狙われたという話もある。あるいは、日中国交回復に向けて動こうとしていた佐藤栄作も、つけ狙われていたともいう。昭は、田中が暴漢に襲われはしないかと気が気でなかった。

九月二十五日、田中は、大平正芳外務大臣、二階堂進官房長官らとともに、いよいよ中国に旅立った。目白邸を出た田中一行は、物々しい警戒ぶりであった。

「田中の車に、体当たりでぶつかっていってやる」

と、ある右翼が言い放ったという話も伝わっていた。当日、モノレール羽田空港駅では、特殊警棒を三十四本も持っていた愛国党員が、検挙された。

日本政府の特別機に乗る田中は、明るく見送りの人々に手を振っていた。

田中は中国に、はな夫人を連れてはいかなかった。池田勇人、佐藤栄作といった首相は、たいてい首脳外交の場に夫人を連れていっていた。が、田中は、頑として連れていこうとしなかった。

「男が戦場に行くのに、女を連れていくことがあるかい」

田中は、政治の場は、命を懸けた戦場であると考えていた。

「吉田（茂）首相は、娘の（麻生《あそう》）和子《かずこ》さんを連れていった。だから、ワシも、ほかの儀礼には、眞紀子《まきこ》を連れていこうと思う」

と、娘の眞紀子を連れていくことはあった。が、その眞紀子さえ、今回は、連れていかなかった。田中は、戦後二十七年、国交を断絶したままだった日中関係の正常化に懸けていたのである。

昭は、緊張した面持ちでテレビを見つめていた。

〈日中国交回復が、成功しますように〉

まさに祈るような気持ちであった。

田中は、大役を見事に果たした。九月二十九日、北京にある人民大会堂で、日中共同声明に署名した。周恩来首相も田中も、興奮で顔を紅潮させた。終戦後二十七年、これまで冷えきっていた中国との国交が、ふたたび回復したのである。

田中は、三十日の午後一時に帰国した。そしてすぐさま、皇居に帰国報告の記帳に出向いた。その後、自民党執行部に報告。臨時閣議、記者会見、自民党議員総会とあわただしい国内スケジュールに突っこんでいった。

田中は、その後、砂防会館に寄った。事務所には、田中派の議員たちが大勢集まっていた。中国の酒マオタイ酒で乾杯し、田中の労をねぎらい、成果を祝った。

田中は、長旅の疲れをものともしていないようだった。むしろ、達成感に浸っているようですらあった。

田中はひさしぶりに晴れ晴れした表情を、昭に見せた。

「出発する直前、外務省首脳のひとりが、『頼むから、今回は行くだけにして、国交回復まではやらずに帰ってきてくれ』と懇願してきた。それほど、反対したり、慎重だったりする人が多かった。交渉中、血糖値も上がり、血の小便が出る思いだったよ。一時は、決裂して帰ろうかと思ったこともあった」

田中は、語気を強めた。

「次は、ロシアだよ」

「総理というのは孤独だよ」

日中国交回復を成し遂げ、田中人気は絶頂に達していた。この期に解散したほうがいいという意見もあった。が、田中は、「年内解散」ムードをかき消すために奔走していた。

田中は昭に言った。

「解散よりもなによりも、為替の問題も片付けなければならない。国内政策の整備を先にやらなければならない」

田中は、一期三年で退陣する肚でいた。解散し、総選挙をやっている間はなかった。焦りの色があきらかに表情に浮かんでいた。

が、十一月十三日、ついに解散に踏み切った。

十二月十日の総選挙は、散々な結果となった。自民党の議席は、解散前に二百八十八議席あったものが、二百七十一に減ってしまった。保守系無所属の十四人が入党したのをふくめて、やっと二百八十五となった。誰もが、自民党敗北と見た。

田中も素直に認めた。

「自民党の総裁として、甘かったかもしれない」

しかし、「政治の流れを変える」という意欲は、まったく失われていなかった。昭に、力強く言った。

「まずは、選挙制度を改革するよ」

「選挙制度ですか」

「小選挙区制度にするんだよ。これまでの中選挙区制度では、どうしても金がかかって仕方がない」

田中は、昭和四十八年四月三日には、政務次官との懇談で、小選挙区制度の導入への決意を示した。五月十二日には、小選挙区区割り案作成のための「区割り委員会」が発足した。が、社会、共産、公明、民社の四党が共闘態勢を敷き、真っ向から反対の狼煙《のろし》をあげた。国会は、審議がストップしてしまった。

党内からも反対論が起きた。中曾根派の渡辺美智雄が、総務会で言い放った。

「小選挙区の前に、物価とか地価とか、もっとやるべきことはあるはずだ」

田中は、五月十六日、小選挙区制導入を断念した。

田中は、昭を単なる秘書としてあつかわなかった。あるとき、昭は、田中事務所の秘書・朝賀昭が中国に行くことを田中に伝えた。

「朝賀君が中国に行くんですけど、いいですね」

「ああ、いいよ」

「それで、佐藤さんもどう、と誘われたんですが、いっしょに行ってもいいですか」

「なに！　お前は駄目だ」

昭はついむきになった。

「なんで、わたしは駄目なんですか」

「おまえは、政治家に金を渡している。おれの名代じゃないか。自分の立場を考えろよ」

田中は、とうとう許可しなかった。

ことほどさように、田中は昭のことを「自分の名代だ」といい、自分の分身のような存在と考えていた。

その後、田中は、九月二十六日から、フランスを皮切りに、ヨーロッパ三カ国と、ソ連を訪問した。いわゆる資源外交である。

昭和四十八年十月六日には、第四次中東戦争が勃発。十月十六日には、ペルシア湾岸のOPEC［石油輸出国機構］加盟六カ国が原油価格を七十パーセント引き上げると宣言。いわゆる第一次オイルショックが起こった。

いまや、日本は、どこから資源を得るかが大きな問題となりつつあった。田中は、世論が騒ぎ出す前に、先取りした形で、ヨーロッパ各国と資源についての話し合いに出かけたのであった。さらに、資源外交は、東南アジア、南北アメリカの各国にもおよぶことになる。

ヨーロッパ諸国をまわった後には、ソ連を訪れ、ブレジネフ書記長と会談した。田中は、強気にブレジネフと渡り合った。そしてついに、これまでソ連が一貫して「解決済み」と言ってゆずらなかった北方領土問題について、「未解決の諸問題」という形で触れさせるにいたった。

昭和四十八年十一月二十三日朝六時、田中から昭の家に電話がかかってきた。田中は、昭にかなしそうな声で言った。

「愛知が、死んでしまったよ。かわいそうなことをした……」

田中は、なにかあると、いつも真っ先に昭に連絡してくる。昭は、あまりに突然のことで、さすがに言葉を失った。

愛知《あいち》揆《き》一《いち》蔵相は、田中にとってもっとも大事なブレーンであった。変動相場制に切り換わったドル・ショックで、アメリカの圧力をいかに回避するかが政治課題であった。

さらに、秋に起きたオイルショックは、国民に不安をもたらした。蔵相の職責は、いままで以上に大きくなってきていた。その矢先の愛知の死である。

昭と田中が砂防会館で打ち合わせをしているとき、持ちまわり閣議で愛知蔵相外遊の署名をしてくれと官邸の事務官がやってきたことがあった。が、昭らは、すでに愛知が熱を出して寝込んでいることを聞き及んでいた。

内閣はできたときにも最も力がある。会社の社長も同じ。力のあるうちに、できるだけ早く、大きな仕事をやるべきだ。熟慮断行もヘチマもあるものか。

田中は愛知の健康を思いやり、十一月二十三日に、フランスのジスカール・デスタン蔵相との会談のためパリに行くのを取り止めるように言っていたのであった。

が、愛知の死の悲しみにひたっている時間は、田中にはなかった。

田中は、しばらくの沈黙の後、昭に訊ねた。

「次の蔵相は、誰にしたらいいだろう」

「もちろん、福田さんしかいないでしょう」

「おれも、そう思っていたよ」

田中は、総裁選を争った最大のライバル福田赳夫に頼み込み、大蔵大臣に据えた。

田中は、荒れ狂うインフレの波にもだえながらも、懸命に努力した。昭和四十九年に入ると、東南アジアを歴訪。資源を確保するために、全力を尽くした。

が、物価高のハイパーインフレ、地価高騰、石油危機の時代の流れには、さすがの「人間ブルドーザー」と呼ばれた田中角栄も太刀打ちできなかった。国内では、公共事業投資を核とするリフレ派の田中への批判が飛び出してきた。さらに、福田派からは「田中短命政権説」がまことしやかに流されはじめた。

昭は田中に言った。

「あなたは、命を懸けて、全力を尽くしているのに……。どうして、みんなで足を引っ張ろうとするのかしら」

田中も、昭の前では、疲れ切った表情を隠さなかった。

「総理というのは、孤独だよ。こればかりは、一回やった者でなければわからない」

雨が降らないのも、水が涸れるのも、田中角栄のせい

田中が名誉を挽回するには、昭和四十九年七月におこなわれる参議院選挙にすべてを懸けるしかすべはなかった。当時、保革伯仲と言われていた。

田中は、閣議終了後、ヘリコプターに乗り込み、各地を演説してまわった。のべ四万五千キロという強行軍の遊説だった。応援に駆けつけるのは、田中派の候補者だけではなかった。福田派であろうと三木派であろうと、駆けつけた。

田中は、昭に言っていた。

「どの派でもいいから、ひとりでも多く、自民党のために当選してほしい」

しかし、それは派閥の領袖たちの不信を買った。

「田中は、他派閥の者にまで手を突っ込んでいる」

他派閥の領袖たちは、みな、田中よりも年長である。田中が、長期政権の体制を敷くことを恐れていた。そうなれば、おのずと自分たちの総理大臣の芽は摘み取られてしまうからだ。彼らはさらに、田中への圧力を増した。

田中の選挙応援は、功を奏した。初めのうちは、自民党劣勢と見られていた情勢も、しだいに盛り返してきた。が、田中は、疲れ切っていた。たまにゴルフに出かけた際には、秘書の朝賀に尻を押され、キャディーに手を引かれなければ、坂をのぼることさえできなかったのである。

それでもなお、全力を注いだ。

田中は、初めて自分から企業に自民党への援助を依頼した。

「企業から金をもらえば、財界の紐つきになる。それだけはごめんだよ」

と昭に言いつづけてきた田中である。その禁を破る。田中は、それほど切羽詰まっていた。

田中は昭に言った。

「ワシは、自分のためにお願いしたことは一度もない。これも、自民党のためなんだから」

集めた金は、田中派の議員よりも、むしろ新人及び他派閥の議員に多く手渡された。それも、昭に言わせると、巷間言われているような莫大な額ではなかった。だが、噂は尾ひれをつけて何倍にも大きく喧伝《けんでん》され〝金権選挙〟とマスコミに批判されていった。

田中は、相変わらず毎朝六時に昭に電話をよこした。話は、いつも選挙についての指示であった。北海道一区から、順番に重点候補を言っていく。

「川口陽一、西田信一……」

昭は、自分に伝わった情報も取り入れ、訊ねる。

「あの方は、どうかしら」

「やつは、這いずりまわったって上がってくる。大丈夫さ」

田中は、昼間も、首相官邸から昭に電話をよこした。

「あの資料はできたか」

「この資料はまだか」

昭に命じられる資料は、たいてい秘密書類である。ほかの人には、書かせることができない。田中が砂防会館にやってくるまでに、なんとしても仕上げなければならなかった。日々、つくり直さなければならない。陳情を聞き、国会議員の相手もしなければならない。

自民党は、しだいに勢いを取り戻してきた。ついには、参議院選挙は勝利を得られると確信するまでになったが、思わぬ落とし穴があった。昭和四十九年七月二日午後三時、中央選挙管理会委員長の堀米正道《ほりごめまさみち》が記者会見で、委員長見解を読み上げたのである。

「企業ぐるみ選挙が、雇用や取引関係を通じて、なんらかの強制をともなえば、思想・信条の自由、投票の自由の原則が阻害される恐れがある。この際、関係者は良識ある行動をとられるよう要請する」

このひと言が、流れをまったく変えてしまった。国民に、「田中＝企業ぐるみ選挙」のイメージを植えつけてしまったのである。

そのうえ、三木武夫副総理と福田赳夫蔵相までが「金権選挙」と言ってはばからなかった。

昭和四十九年七月七日におこなわれた参議院選挙での自民党の当選差は、全国区十九人、地方区四十三人の六十二人であった。過半数にひとり足りなかった。選挙前の百二十四議席から、一議席減らし、参議院での与野党の差は七議席と追い詰められた。

この選挙後、三木副総理、福田蔵相のふたりが辞任した。田中政権は、さらに追い詰められた。

田中は、八月十日、山中湖畔のホテルに引き籠った。このころから、田中への批判が俄然大きくなってきた。

昭は、親しくしている番記者に話した。

「三年で辞めると言っているのだから、そんなに足を引っ張らないで、みんなで協力すればいいのに。田中を潰すことに躍起になっているうちに、日本が潰れてしまうわ」

が、記者の反応は冷たかった。

「佐藤さん、自民党なんて潰れることはないんだから。だから、おれたちも叩くんだよ」

田中は時折、砂防会館の事務所にあらわれると、批判記事に目を通しながら昭に言った。

「カラスが鳴かぬ日があっても、おれの批判が載ってない日はないな。でも、おれの悪口を書いていれば、マスコミが食える。そのマスコミだって、日本国民のひとりなんだからな。まったく日本という国は平和だよ」

朝早く起きる田中は、まずすべての新聞に目を通す。そのなかにある田中の批判記事には、かならず熟読した。さらに、週刊誌、月刊誌にもきちんと目を通していたのである。

が、その批判のあまりの多さを、陽気に口にした。

「雨が降らないのも、水が涸《か》れるのも、田中のせいか」

そして、昭に言った。

「おれは宇宙船の船長と同じなんだ。降りようと思っても、自分の一存で勝手に降りるわけにはいかない。いつまでも待たせはしないから、辛抱してくれ。かならず労には報いる。おまえを世界旅行に連れていくから」

第七章

「淋しき越山会の女王」と呼ばれて

『文藝春秋』誌の衝撃

竹下登が、昭和四十九年十月十日、砂防会館の田中事務所に顔を出した。

竹下は、昭に皮肉まじりに言った。

「なるほど、〝淋しき女王〟だわなぁ」

ニヤニヤしながら、昭の顔をのぞきこんでいる。昭は、竹下がなにを言っているのか、さっぱりわからなかった。

「なにを言っているのよ。気味が悪いわね」

が、竹下は、言葉をにごしたまま事務所から去っていった。その後、田中の秘書朝賀昭が、あわててやってきた。

「ママ、これを見ましたか」

「なによ、これ……」

朝賀が持ってきたのは、月刊『文藝春秋』十一月号であった。

「ここですよ」

めくられたページを見ると、昭は思わず眼を見開いた。『文藝春秋』では、立花隆《たちばなたかし》の「田中角栄研究——その金脈と人脈」とともに、児玉隆也が、「淋しき越山会の女王」というタイトルで、昭の出生から権力ぶりまで詳細に書き立てていたのである。

以前にも、女性週刊誌が、「田中をめぐる五人の女」というタイトルで、昭のことを書くという情報が入った。そのときには児玉隆也と話し合い、掲載は中止された。

〈一度手打ちをしたにもかかわらず、こんなことをするとは〉

昭は憤慨した。田中派の若い連中は、苦りきった表情で言った。

「これは、福田赳夫の陰謀にちがいない」

昭は、あらためて自分の置かれた立場を思い知った。

〈世間では、わたしのことを、こんなふうに見ているのだわ〉

田中角栄がいなければ、昭は、平凡な女にすぎない。しかし、田中の権力の絶大さゆえに、自分をこのように見るのか。

昭は、これまで、常に融和だけを考えて周囲と対応してきたつもりである。威張ったり、横柄な口の利き方をすれば、たちまち噂話として永田町内を駆け巡る。

〈それは、田中のためにはならない〉

自分を戒め、朝賀昭をはじめ事務所の者たちをも戒めてきた。閣僚の人事の自薦他薦、陳情に来た相手にいつも腰を低くした。相手の要求は、すべて相手の言うままに田中に伝えていた。

「○○さんの後援会の人が来て、大臣就任の陳情をしてきました。判断は、ご自分ですよ」

言って良い事、悪い事。言って良い時、悪い時。言って良い人、悪い人。

もちろん、自分だけの判断で動いたことも、何度かはあった。しかしそれも田中と連絡をとっている暇がないほど、急を要する場合であったり、田中自身が忙しくてつかまらないときだけである。そのときには、自分の判断で、資金を援助したり、陳情を直接担当大臣に取り次いだ。その判断は、田中の判断と寸分たがわなかった。田中が、その判断について、昭を叱ったことは一度もなかった。

昭和二十七年から二十二年間、田中のもとで、田中はどう考え、どう動くのかのみを見てきた昭である。ふだんの田中の話から、どう判断するかは手にとるようにわかっていた。

しかし、冷静に考えてみると、外部から見て、〝女王〟と呼ばれかねない一面もあった。

田中に会えない人たちは、こぞって昭に話をもってくる。百パーセント、田中に伝わるからである。

そうした昭の立場からか、政治家たちは、外国に行ったとか、選挙区に帰ったという度に、昭に土産を買ってきてくれた。田中には買ってこなくとも、昭だけには忘れなかった。さらに、昭が一本電話をするだけで、わざわざ国会をぬけ出してやってくる議員もいた。昭としては、権力を振りまわしていたつもりは一切なかったが、相手は、心の底で思っていたにちがいない。

〈ママと親しくすることが、オヤジと直接つながることなんだ〉

国会議員にとって、昭は、なんでも気楽に相談できたし、昭も誰彼の分け隔てなく、田中の名代として、みなの面倒を見てきた。田中にもっとも近いところにいるというだけで、〝越山会の女王〟と呼ばれ、それが独り歩きしてしまっている。

昭は、さすがに戸惑った。

〈自分は、いつの間にか、〝女王〟に押し上げられてしまったのね〉

事実、田中はすべて昭にまかせ、全幅の信頼を置いていた。

昭は、田中が総理大臣に就任してから、自分の煙草を吸う量が多くなっているのに気づいていた。

朝賀が昭を呼ぶ。

「ママ、お客さんですよ」

昭は朝賀に叫ぶ。

「朝賀君、煙草、煙草、煙草をちょうだい！」

煙草を吸いながら、相手がどんな人で、どんなことを陳情に来たのか、どんな話をすればいいのかを懸命に考え込む。どんな訪問者の前でも、いかにも社交家のように振る舞う。誰もが、てきぱきと物事を処理する昭を食事に招待しようとするが、昭は本当は酒は一滴も飲めない。日頃の応対ぶりに、他人は、昭を男まさりの女傑と見ていた。ほとんどの人が、その表面の昭しか見ていない。

しかし、ひとたび家にもどれば、幼いときから内気で、引っ込み思案の昭のままである。政治の世界とはまったく無縁な、ふつうの女性にもどっていた。レース編みや刺繡《ししゅう》をしたり、敦子の要求のままに徹夜でミシンを踏んだり、敦子にセーターを編んだりする母親であった。仕事を持っているゆえ、敦子に不平を言われないよう徹底的に母親の役目を果たしていた。

昭は「淋しき越山会の女王」が出てからというもの、家に帰っても鬱々として眠れない日が続いた。

ひとり娘の敦子は、そんな昭をなぐさめた。

「ママ、わたしのことは心配しないで。大丈夫だから」

昭だけでなく、慶応義塾中等部へ通う敦子もまた、マスコミから追いかけられていた。その敦子の、母を思うけなげさが、かえって昭の胸を痛めた。

ある日、昭は、田中の周辺について載っている批判記事を田中に見せた。昭は苛立ち、つい田中にも声をあげた。

「公人のあなたはいざ知らず、どうして、わたしまでがマスコミから叩かれなければならないの！　あなたは公人だからいいけど、そばにいる者はいい迷惑よ」

田中も苦しんでいた。昭も、それはわかっている。が、言わずにはいられないほどに怒りに震えていたのである。辞めて楽になりたいとすら思っていた。

田中は、唸《うな》った。

「これは、内部からのものだよ」

「なんですって……」

「おそらく、内部の誰かが、自分の記事を書かれる代わりに、この情報を売ったにちがいない」

田中は、あくまでも昭に頼み込んだ。

「どこから出た記事かは別としても、もう少し我慢してくれよ。おまえがいなかったら、事務所が動いていかないんだよ。もうしばらくの辛抱だ……総理の職を終えたら、かならず、おまえを約束どおり世界旅行に連れていくから」

そんなおり、田中派の参議院議員だった細川護熙《ほそかわもりひろ》が、昭のもとにやってきた。

「河野謙三《こうのけんぞう》先生からのご伝言を伝えに、やってまいりました」

河野は、農林大臣をつとめた河野一郎の実弟で、参議院議長をつとめ、保革伯仲の参議院の円滑な運営に努力していた。

田中が、いわゆる「三角大福中」のトップで首相の座についたのは、河野のおかげでもあった。つまり、それまでは、福田赳夫を推していた佐藤栄作と同郷の重宗雄三が、九年にもわたり、参議院を牛耳っていた。が、ポスト佐藤の前哨戦がはじまったころに、田中とウマが合う河野が参議院議長に就任した。そのため、それまで福田支持と思えた参議院が崩され、田中支持へとまわった。河野は、田中にとって恩人とも言えた。

細川は、続けた。

「河野さんは、これ以上、田中さんが総理をつとめても傷つくだけだ。これ以上傷つくのは、見るに忍びない。若いのだから、一回退《ひ》いて、復帰をめざしてほしいとのことでした」

「そうね……」

田中も、疲労困憊《こんぱい》しきっていた。以前は、梶山静六ら若手が「オヤジさん、ゴルフもいいけど、体を少し休ませてくださいよ」と心配すると、田中はせせら笑っていた。

「おれの足は、鋼鉄の足だ。おまえらのなまくら足とはちがう」

総理を辞任してから数年後、田中は、昭に洩らした。

「あのとき総理を続けていたら、おれは死んでいたよ。体がもたなかった……」

田中角栄退陣す

田中は、昭和四十九年十月二十八日、ニュージーランド、オーストラリア、ビルマの歴訪に旅立った。

その前に、田中は昭に言った。

「外遊から帰ったら、すぐに解散する。選挙の準備をしておいてくれ」

田中は、あくまでも任期の来年七月までは首相の座を降りないつもりであったにちがいない。が、身心ともに弱りきっていた。日本航空の特別機には、寝台をしつらえてもらっていたほどだった。

昭は、田中の言うとおりに従った。

「わかりました。きちんと選挙の準備はしておきますから」

ここまでくれば、なんとか切り抜けてあくまでも田中がやりたいようにやらせてあげたい。そのことだけが頭にあった。

昭は、外遊からもどった田中に言った。

「言われたとおり、選挙の準備をしておきました」

しかし、田中は、外遊中にじっと考えていたのであろう。

「ワシが身を退かなければ、どうしてもおさまらないと思う」

「そう。あなたの考えるとおりに、おやりになったら」

田中は、悔しげに扇子を握り締めた。

「ワシは、法に触れることは、なにもしていない。きちんと経済は経済でやってきた。いずれ、それはきちんと説明しなければならない。それが、総理としての答弁ならいい。しかし、人民裁判みたいなのは嫌だ。ああいう屈辱には、とても耐えられない」

当時、中国では、毛沢東主席の主導下でおこなわれていた文化大革命で、毎日のように党首脳が首にプラカードをぶら下げ、紅衛兵《こうえいへい》と呼ばれる若者たちに糾弾されていた。いわゆる人民裁判である。

昭和四十九年十一月二十六日、田中は、ついに総理大臣辞職を表明した。ほぼ二年前、田中は総理大臣の座についたが、その船出は、まわりが騒ぐほど意気揚々としたものではなかった。昭がそのとき思った「退陣の日」が、ついにやってきたのである。

いつか、この日が来る。昭には、その覚悟はいつもできていた。

〈だけど、国民に歓迎される形で就任したときとは裏腹に、こんなに早く、しかも国民から批難されて退陣するとは……〉

昭は、母親のミサが死んだときのように、頭のなかが真っ白になっていた。が、体だけは動いていた。事務的な手続きを、まるで機械のようにこなしていた。

田中は正式に辞職すると、目白邸に引き籠った。次期総裁については、昭に電話で指示してきた。

「次期総裁は、公選で決めるほうがいい」

次期総裁については、椎名悦三郎にすべてがゆだねられていた。椎名は、次期総裁を選ぶために、自民党の若手から長老にいたるまで、すべての意見に耳を傾けていた。

駕籠《かご》に乗る人、担ぐ人、そのまた草鞋《わらじ》を作る人。

昭は言った。

「各期ごとの幹事を呼んで、徹底させましょう」

その間、昭は、国税庁に呼ばれていた。田中の金脈について、国税庁が動き出していたのである。

国税庁の係官は、昭が関わっていた室町産業やパール産業について調べていた。

室町産業は、昭が初代社長だった。市ケ谷のマンションをつくるときに会社として設立した。が、その後、田中の本当の意味での刎頸《ふんけい》の友である入内島《いりうちじま》金一に手渡した。以後は、まったく昭とは関わりがない。

パール産業は、麓邦明、朝賀昭、古藤昇司、麓の義弟とともに設立した。資本金一千万円ほどの会社である。話を持ち出したのは、麓の義弟であった。外国から木材を輸入するという名目でつくった。さらに、朝賀らを会社の役員とすることで、田中からの給料では足りないぶんを昭が出して埋め合わせしていた。

昭は、どんな事業をしているのかは、さっぱり知らなかった。麓も、すでに田中事務所を去っている。どうなっているのかさえ、知らない。が、知った新聞記者の話では、そのまま麓兄弟が事業を続けているという。

昭すら事業内容をくわしく知らない会社を、田中が知るわけがなかった。立花隆の「田中角栄研究」を読んだ田中は、昭に訊いた。

「おまえ、そんな会社を持っていたのか」

もちろん、田中は一円たりとも出資しているわけがない。昭は、国税庁で、実体がほとんどない会社のことを事細かに訊かれた。

昭は、頭に血がのぼっていた。

〈どうして、まったく関係のないことばかり訊いてくるのかしら〉

目白に引き籠る田中から、国税庁に呼ばれている昭に対して、慰めもないままに政治の仕事だけ、つぎつぎに言いつけられる。

昭は、さすがに田中に涙声で怒鳴った。

「ほかに関係者も多くいるのに、なんでわたしだけがこんな辛い思いをしなければならないの！」

そんなおり、細川護熙は言った。

「今度、スキーに行くのですが、お嬢さんもいっしょにお連れしましょうか」

お嬢さんとは、昭のひとり娘の敦子のことである。田中が総辞職した直後、昭は、マスコミの集中砲火を浴びながらも、激務につぐ激務をこなしていた。細川は、昭に、パリの風景を描いたリトグラフを家に飾ってくれ、と送ってきてもくれた。細川は、さまざまに気を遣ってくれた。

十一月二十六日、幕引き官房長官となった竹下登が、田中角栄に代わり、辞任表明文を読み上げた。

「わが国の前途に思いをめぐらすとき、わたしは一夜、沛然《はいぜん》として大地を打つ豪雨に、心耳を澄ます思いでおります」

昭和四十九年十二月九日、田中内閣は総辞職し、三木内閣が発足した。

人は裏切っても、馬は裏切らない

田中がようやく事務所に姿をあらわすようになったのは、次期総裁に三木武夫が選ばれた後のことである。

一連の騒ぎも一段落し、これまでとちがって田中は生き生きとしていた。顔にも艶《つや》がもどっていた。

昭は、田中が総理大臣を辞めてからしばらくたったころ、田中に言った。

「その髭は、もう剃りなさい」

昭はもともと、権力の象徴と思われる髭が好きではなかった。しかも、若いころに田中がたくわえていた髭は真っ黒で艶があった。が、歳をとるにつれて白髪も多くなってくる。そうなってくると、年齢より老けて見えてしまう。

田中は、素直に髭を剃った。

昭は言った。

「ほら見なさい。剃ったほうが、よっぽど若くなったじゃない」

田中は、午前十一時過ぎには砂防会館の事務所に顔を出した。それまでの多忙の日々にくらべ、陳情者が来るまでは、これといった仕事もない。新聞や雑誌、買いこんできた本を読みはじめる。が、物足りなくなると、執務室からのそりと顔を出し、秘書の朝賀の近くまでやってくる。

朝賀は、田中が、なぜ自分のところにやってくるのか知っていた。

〈オヤジさん、やってきたな〉

が、知らぬふりを決めこみ、仕事に打ち込んでいるふうを装った。

田中が、声をかける。

「ユーは、いま暇かい」

「はあ、なにか……」

「ちょっと、やらないか」

田中は、右手の人差指と中指を交差させ、差し出すような素振りを見せた。将棋をしようという合図である。

朝賀は、ニヤニヤとした。

「いいですよ」

「すいませんねぇ、お忙しいところ」

田中は、根っからの将棋好きであった。趣味といえば、ゴルフと将棋くらいなものであった。以前、競走馬を何頭か馬主として持っていたことがあったが、政調会長に就任したころ、昭に忠告されて全部整理していた。馬喰《ばくろう》の父を持つ田中の馬好きは有名だった。

田中は言っていた。

「イギリスでは王室でも競馬をやるよ。それに人は裏切っても、馬は裏切らない」

将棋は、有段者の誰かを師と仰いで教わるというものではない。いわゆる、下手の横好きであった。小沢一郎も、しばしば田中の将棋の相手をしていた。

田中の将棋は、とにかく早い。どんどん次の手、次の手と打っていく。十五分もあれば、ひと勝負がついた。

田中が将棋好きだったのは、すぐに勝負がつくところにあった。生来のせっかちゆえに、囲碁や麻雀といった気の長い遊びには耐えられなかった。

負けても勝っても、「もう一回！」と、すぐに駒を並べはじめる。はじめると、三時間は延々と続けた。

平均十五分間かかったとしても、十二番は続けるのだ。負け続けた際には、田中は最後の最後に、万歳しながら言う。

「今日は、負けたーッ！」

朝賀は、田中が止めると言うまで付き合った。が、その間、ずっと座り続けである。終わってしばらくは、足が痺《しび》れて立つことができなかった。

田中は、田中派の若手を執務室に呼び込んで、さまざまな話をして聞かせた。とくに強調していたことがあった。

「立法府の議員は、議員立法をするのが仕事なんだ。おまえらも、週末に選挙区に帰ってばかりいないで議員立法の勉強をしろ。できることなら、力を貸す。なんでも相談してこい」

しかし、田中のその気持ちも若手議員たちには届かないことが多かった。執務室から出てきた若手議員がこぼした。

「また、オヤジの独演会につかまってしまったよ」

「ちょっと待ちなさい」

昭は呼び止めた。

「あんたたち、オヤジの独演会と簡単に言うけど、体験談を教わるのだからそれだけで耳学問になっていいじゃないの」

昭は、田中の気持ちがよくわかっていた。田中や昭に会いにやってきた政治家の後援会の幹部たちにも話した。

「代議士が将来有望で、育て上げようとするなら、選挙区に毎週帰らなければ応援しないなどとは言わない。地元は自分たちが守るから、先生は東京で頑張ってくださいと言うくらいでないと、代議士は育ちませんよ」

田中は、財界人を前に、にわかに演説を頼まれたことがあった。そのとき、財界人たちは田中に言った。

「総理、われわれが座ってお聞きしているのですから、総理もおかけになって話してください」

田中が総理を退いても、財界人たちは、田中のことを「総理」と呼び続けていた。

田中は、きっぱりと断った。

「それはできない。ワシは、演説が職業なんだ。お客さまを前にして、座って演説するわけにはいかない」

田中は、上着だけは脱がせてもらって、立ち上がって拳を振り上げ熱弁をふるった。

「もう一期、待ちなさい」

昭子は、そんな田中の姿を想い出しながら、思う。

政治とは自分たちがメシを食えない、子供を大学にやれない状態から抜け出すことを先決に考えねばならん。理想よりも現実だ。政治とは何か。生活である。

〈オヤジは、プロの政治家に徹していた。でも、いまはアマチュアの政治家があまりにも多すぎる〉

昭も、田中とおなじように気さくに話をするため、各政治家の後援会の人たちに人気があった。が、田中の選挙区である新潟県の人たちは、すべて目白の田中邸で挨拶を済ませてしまう。目白邸のことは、山田泰司が請け負っていた。越山会の幹部が、たまに事務所にやってきても、「佐藤さん、久しぶりだね」といった挨拶をかわす程度である。昭のまわりの人は、冗談まじりに言っていた。

「目白邸の山田さんは新潟三区、ママは全国区ですね」

議員たちは、昭のもとにもやってきた。初当選の議員は、まずどの委員会に所属するかを決めなければならない。

昭は言った。

「一年生、二年生というのは、たいてい地方行政委員会とか社会労働委員会にしか入れないのよ。でも、自分で委員会を選べるようになったら、大蔵委員会に入りなさい。大蔵委員会は、すべての政策が関わるところだから」

アドバイスしたうえで、その議員たちの希望を聞き、政務次官や委員を希望する場合は、直接副幹事長に話をつけた。誰々が、このような希望をもっているから、頭に入れておいてくれ、と伝えた。それだけで、たいてい希望どおりになった。

希望の政務次官に入れた場合には、政治家の妻が、わざわざ昭に挨拶にやってきた。

「本当に、このたびは、ありがとうございました」

希望がかなわないと判断できるときには、昭はなだめた。

「もう一期、待ちなさい。この方が済んだら、かならずなれるわ」

その順番には、歳の順と暗黙の了解があった。小沢一郎は、おなじ昭和四十四年初当選組でももっとも若かった。それゆえに、昭はいつも小沢をなだめていた。

「竹下は雑巾がけからやり直せ」

田中事務所には、ドアをノックもせずに入ってこられる、そんな開放的な雰囲気があった。金丸信をはじめとする麻雀好きの政治家は、夕方をすぎると、ふらりとやってくる。そして田中の執務室のほうを気にしながら、昭の耳元でささやいた。

「ママ、麻雀やろうよ」

金丸は、田中が、麻雀を亡国的な遊びと毛嫌いしているのを知っている。

田中の麻雀嫌いは、まさに筋金入りだった。昭が何度誘いをかけても、麻雀にだけは手を出そうとはしなかった。それればかりか、昭が麻雀をやっているのを見つけたとき、烈火のごとく怒り、麻雀をしているテーブルをひっくり返したこともあった。

昭らは、事務所の脇にある昭の個室で麻雀をしていた。田中が帰ってしまった後ならば、少々音をたててもかまわない。が、田中が執務室にいるときには、麻雀牌を混ぜるのも音をたてないようにする。金丸は、麻雀牌をかきまわしながら、やりづらそうな顔で昭に言った。

「ママ、早く、オヤジ帰せよ」

田中は、政治家が頼みごとに来たときには、いつも言っていた。

「わかった。じゃあ、佐藤のところに行ってくれ」

すべて昭にまわしてくる。なかには、田中に伝えれば、昭に伝わったものと勘違いする政治家すらいた。後になって、田中から、あれはどうなったかと訊かれておどろくこともしばしばあった。

昭は、田中から命じられることは、文句ひとつ言わずにこなした。議員から頼まれたパーティー券も売りさばいた。一回のパーティーで、千枚や二千枚という数を売るのである。ひとつの企業に百枚を単位として売った。が、昭はパーティー券だけは、どうしても納得がいかなかった。

田中にはよく言っていた。

「パーティー券って、お金をもらうのとおなじことなのよ。相手の会社には、なんにもならないんだから。それに、あなたは、どこかで会って、やあやあと言えばすむけど、わたしは頭を下げてお金をくださいと言っているのとおなじだから、嫌なの」

「仕方ないじゃないか、これは。頼まれてしまうんだから」

「頼まれるのはいいですけど、佐藤のところに行け、と言うのだけはやめてください」

しかし、昭がいたからこそ、田中はどんなに忙しくとも、陳情を受けることができた。

のちに、他派のある代議士が言った。

「田中先生は、あれだけ忙しいのになんでも言ってこいよと言われる。同じ二十四時間しかないのにと思っていたら、わたしが陳情に行ったとき、目の前でママに電話された。結局、ふたりで処理してたんですね。なるほど、これならふたりぶん働けると思った」

昭和五十一年一月、竹下登が、三木内閣の建設大臣に就任した。建設大臣で田中派の仮谷忠男が風邪をこじらせて急逝《きゅうせい》した後を受けてのことである。が、田中は、竹下が建設大臣に就任するとは、まったく聞かされていなかった。竹下は、同じ早稲田の後輩である海部俊樹《かいふとしき》を通じて、直接頼みこんだのだ。海部は三木派で、三木武夫の秘蔵っ子と言われていた。

田中は、わざわざ目白邸まで謝りに来た竹下を怒鳴りつけた。

「雑巾がけからやり直せ！」

この話は、すぐさま永田町を駆けめぐった。

竹下から相談を受けた昭は、竹下に策をさずけた。

「夕方、田中が事務所に帰ってくる前に、毎日、竹下さんは事務所にいらっしゃい。田中は、『竹下、来ているのか、一杯呑もうか』と声をかけるでしょ。それを見た田中番の記者は、おそらく田中と竹下の仲がよくないということが、単なる噂だと思うでしょ。そうすれば、自然に噂も消えますよ」

昭は、田中と竹下の仲が、これ以上引き裂かれてはならないと思っていた。これを機に、田中派解消説を密かにとなえる者も出てきていたからである。

田中は、派閥の領袖を誰かに受け継がせるつもりがなかったわけではない。しかしそのことに関しては、「帯に短し、襷《たすき》に長しだな」とこぼしていた。

以前、昭に言ったことがある。

「小坂徳三郎に、『派閥をやるから面倒を見ないか』と言ったら、とんでもないとあわてていたよ。『新風研』でこりごりしたと。せっかく人がやろうと言っているのにな」

小坂は、派閥横断的な政治集団として「新風政治研究会」をつくっていた。田中は、幹部たちに田中派を引き継がせるのは、時期尚早と見ているようだった。

昭は思った。

〈まずは、竹下さんを引き止めることが必要だわ〉

昭は、竹下が事務所に来たとき、たしなめた。

「あなたは一本釣りなんて乗らないで、もっと勉強して、田中からそっくり派閥をもらってしまいなさいよ。そして、佐藤内閣時の田中みたいに、田中に尽くしてよ」

竹下は、間抜けた口調ではぐらかした。

「おれには、それほどの力はないわなぁ」

竹下は、あくまでも自分が政権を取るとは、表明しなかった。のらりくらりと、はぐらかす。

「我慢の子だ、我慢の子だ……」

竹下のその言葉の裏には、とてつもない権力への執念が渦巻いていた。竹下は余程のことがないかぎり、自分の肚を打ち明けることはなかった。

が、宴会などでは、

♪十年たったら竹下さん
　トコズンドコズンドコ……

というざれ歌を歌って座を沸かせていた。

昭は思った。

〈田中とは、まったく対照的だわ〉


ロッキード事件発覚、角栄逮捕！


田中はあるとき、秘書の朝賀に訊いた。

「朝賀君、きみは、トライスターって知っているかい」

朝賀は訊き返した。

「トライスターですか？　飛行機のことじゃないですか」

「そうか、飛行機のことか」

このトライスター問題が、田中の逮捕にまでいたるとは、朝賀は考えにも及ばなかった。

昭和五十一年二月四日、アメリカのロッキード社の大型旅客機L‐1011トライスター日本売り込みにからむ大汚職事件、いわゆる「ロッキード事件」が発覚した。米上院外交委員会多国籍企業小委員会で、ロッキード社の会計検査にあたった会計士W・フィンドレーが、爆弾発言をおこなったのである。

東大を出た頭のいい奴はみな、あるべき姿を求めようとするから、現実の人間を軽視してしまう。それが大衆軽視につながる。

「ロッキード社が、トライスターの日本売り込みのために三十億円以上を支出し、うち二十一億円が、右翼の大立者・児玉誉士夫《こだまよしお》に、一億円がロッキード社日本代理店の丸紅に工作資金として渡った」

昭にとっても、それはまるで他人事《ひとごと》だった。朝賀らと話した。

「これは、大きな事件になるわよ。でも、どんな政治家が出てくるのかしら」

「この前、オヤジさんは、トライスターってなんだって言ってましたから、なにも知らないんでしょ。まあ、オヤジさんの名前は、出てはこないでしょ」

「でも、代議士はもちろんだけど、その秘書は辛いでしょうね」

さらに、六日には、ロッキード社のA・C・コーチャン副会長が、児玉から国際興業の小佐野賢治、さらに丸紅専務の大久保利春《おおくぼとしはる》を通じて、複数の日本政府関係者にも渡っていると発言した。

日本でも、三木武夫首相が、それを受けて事実解明を決意した。

東京地検、国税庁、警視庁は、合同捜査を本格的に開始した。四月には、ロッキード関係記録が、アメリカから持ち帰られた。そしてそのなかに、田中の名前が入っているということが明るみに出たのである。

昭は、にわかには信じられなかった。田中に、直接糾《ただ》した。

「あなた、受け取ったんですか」

「そんなもの、受け取っているわけないじゃないか」

「もらっているのなら、言ってください。わたしが政治資金で背負いますから」

「なにを言っているか！　おれは受け取ってないよ。それに、もし受け取っているのなら、自分で責任は取るよ」

しかし、七月二十七日午前八時五十分、田中はついに逮捕された。昭和四十八年八月九日ごろから四十九年二月二十六日ごろまでのあいだの四回にわたり、丸紅前会長の檜山広《ひやまひろし》から、総理大臣秘書官の榎本敏夫と共謀し、ロッキード社のためにする見返りとして、計五億円を受け取った疑いである。榎本も、時をおなじくして逮捕された。

田中派の橋本龍太郎は、田中逮捕を知ると、「好きなんです。ぼくは、角さんが好きなんだから、しようがない」と人目もはばからず、泣きじゃくった。

田中の逮捕から三日後、緊急にひらかれた自民党の有志議員の会の席上、三木派の近藤鉄雄《こんどうてつお》代議士が、発言した。

「逮捕でよかった、という気持ちを国民はもっている。これからは、三木体制でやっていくべきだよ」

聞いていた橋本の顔が、怒りにゆがんだ。田中派議員にとって、田中逮捕を鬼の首でも取ったかのようによろこんでいる三木武夫と、三木派の議員たちへの鬱積《うっせき》はたまりにたまっていた。しかも、近藤代議士までがそういう発言をしたことで、橋本は、腸《はらわた》が煮えくりかえる思いがした。

「近藤君は、三木派のなかでも、とくに田中先生にかわいがられていたじゃないか。砂防会館の田中事務所にも、よく遊びにきていたじゃないか。それなのに、それをまったく忘れたかのような発言をすることは、ないじゃないか！」

会が終わり、退席するとき、橋本は近藤とすれちがった。橋本は、近藤に飛びかかって殴りつけたかった。が、ぐっと堪《こら》えた。しかし、どうしても許せない気がしてならなかった。

近藤と、目が合った。橋本は、カッと頭に血がのぼり、ついに近藤に飛びかかった。

「きさまぁ！」

そばにいた大平派の塩崎潤《しおざきじゅん》が、止めようと割って入った。橋本は、つい塩崎を突き飛ばしてしまった。

橋本は近藤に掴みかかろうとしたが、四、五人があいだに入り、近藤を殴ることはとうとうできなかった。

橋本はみんなに手を取られ、封じられながら、心のなかで泣いていた。

「オヤジを、オヤジを、馬鹿にしおって……」


あの野郎、許せん！


田中派内でも、新たな動きが出ていた。田中が逮捕されて間もなく、金丸信は、小渕恵三に命じた。

「おれの選んだ若手の田中派議員を、東京ヒルトンホテルの一室に集めろ」

小渕は、金丸に命じられると、三十人ばかり集めた。田中に特にかわいがられていた山下元利もいた。

金丸は、いつもの昼あんどんのような顔とは打って変わったけわしい表情になった。

「田中先生が逮捕され、田中派をまとめる者がいなくなった。このままいくと、派閥は四分五裂する。これからは、竹下を中心にやっていこう！」

金丸は、自分が竹下を背後から支えてやれば、竹下を中心に田中派は十分にやっていける、と判断していた。

橋本は、そのとき立ち上がり、竹下に敢然と迫った。

「あなたは、明智光秀になるというのか！」

あくまでも、田中の意思を尊重しようとした。

「オヤジがいちばん大変なときに、恩を仇《あだ》で返すようなことをしちゃあ、いけないいんじゃないかな。竹下さんのためにもよくない」

翌日、愛野興一郎《あいのこういちろう》と戸井田三郎《といださぶろう》が目白邸にすっ飛んでいった。

「昨日、金丸さんがこんなふうに言われました」

勉強会結成の話が田中に伝わったと聞いたのであろう。昭のもとに、金丸信から電話がかかってきた。

「佐藤さん、オヤジいる」

「まだ、来てないんですよ」

「じゃ、ママから、おれの心境を釈明しておいてほしい」

昭は思った。

〈金丸さんですら、面と向かって田中に言えないんだわ〉

金丸は続けた。

「おれは、田中角栄という法被《はっぴ》を着ているんだ。決してオヤジをさみしがらせるつもりはないし、そんなことを思ったこともない。昨日会った連中のなかには、竹下のことを明智光秀になるのか、とまで言うのがいた。おれの心境を、オヤジに釈明しておいてくれ」

そうかと思えば、田中派のご意見番的存在で、「オジイちゃん」と呼ばれている西村英一からも電話がかかってきた。

「金丸は、木曜クラブにいるから、総務会長ができるんじゃないか。嫌なら木曜クラブを出ていけ、と、佐藤さん、ちゃんとオヤジに言っておきなよ」

それらを、すべてそのまま田中に伝えるわけにはいかない。これは過激すぎるな、と判断した場合は、あまり田中の神経を苛立たせない程度に言葉を変える。そのまた逆もしかりだ。

田中は、金丸の「勉強会結成」発言に烈火のごとく怒った。「あの野郎、許せん！」とまで言っていた。が、そのまま金丸に伝えるわけにはいかない。

昭は、金丸に答えた。

「そんなこと、オヤジが思うわけはありませんよ。ちゃんと理解していますから」

そのあたりは、田中と昭は、阿吽《あうん》の呼吸であった。

田中は、よく昭ら秘書に言っていた。

「ワシがよくなれば、おまえたちもよくなるんだ。とにかく、ついて来いよ。辛抱してくれ。ワシが山に登るときは、おまえたちも必然的に山に登っていく。だけど、悪くなったときは、たとえ右翼に怒鳴られても、いっしょにじっと布団を被ってくれ」

昭への尋問

昭は、マスコミからの攻撃に遭い家から出ることができなかった。昭もてっきり逮捕されると睨んだ朝日新聞の記者が、朝六時から夜九時まで昭の家の前に社旗をつけた車を停めていた。

昭はロッキード事件に関する報道は、すべて見た。

数日経ったある日、秘書の榎本敏夫が自供したという新聞記事が出た。

榎本は、丸紅から受け取った金を、数回にわたり、目白邸に届けた。田中の妻はなは、それを「はいはい」と言って受け取ったという。

榎本が自供したという記事には、榎本の言葉が、こう書かれていた。

「オヤジがしゃべったから、仕方がなくしゃべった」

昭は、頬が紅潮してくるのが自分でもわかった。

〈榎本さんは、誘導尋問にひっかかったのだわ〉

昭は、事件が発生した直後に、検察庁から尋問を受けた。田中事務所では、政治資金を一手に引き受け、田中にもっとも近い人間だったからである。

昭は、調査官に言った。

「資金面は一切わたしが受け持ってましたから。ほかの誰を呼んでも、わかりませんよ」

検事は、田中の政治献金についても訊いてきた。

「田中角栄さんが、ロッキード社から献金を受けたということや、会社の金を政治に使ったということは、ご存知でしたか」

「いいえ、知りません。わたしは田中を信じていますから」

己のみを正しいとして、他を容れざるは、民主政治家にあらず

「じゃあ、ロッキードの件も、会社の金を使ったってことも知らなかったんですね。佐藤さんは、知らなかったんでしょ」

昭は、ひっかかりを感じた。

〈これでは、会社の金を使った事実があったが、わたしがそれを知らなかったというようにとられかねない〉

調書にサインをする段になって、昭は訴えた。

「先ほどの、会社の金を使っていたということを知らなかったところは、消していただけますか」

検事の顔が、一瞬、ゆがんだ。検事は、昭の睨んだとおり、そのひと言で田中を追い詰めるつもりであったらしい。

「でも、世間ではそう言われているんですよ。だけど、それを知らなかったんでしょ」

「いえ、世間がなんと言おうと、そのような事実は信じておりません。だから、誤解のないように消していただきたいのです。そうでなければ、調書にサインはいたしません」

昭は、きっぱりと言い切った。

検事はついに折れ、その部分は赤ペンで消し、調書から削除された。昭にも、たくみな誘導尋問で、証拠となる証言を引き出そうとしていた。榎本は、それにまんまとひっかかったのだ。

昭は、田中を信じていた。

〈オヤジは、わたしに受け取っていないと言い切った。献金をもらっているわけはない〉

百年戦争になってもかまわない

昭は、さすがに憔悴していた。食事も喉を通らず、蒼白い顔をしていた。見るに見かねた橋本龍太郎が、昭に忠告した。

「病院に入ったほうがいいよ。なんだったら、病院を探そうか」

田中は、八月十六日、受託収賄《しゅうわい》・外為法違反で起訴された。が、翌十七日、二億円の保釈金を払い保釈された。

昭は、親しい記者から聞かされた。

「田中のオヤジは、アメリカの罠《わな》に、まんまと嵌《は》められたんだよ」

「そうね」

「オヤジさんは、総理のときに資源外交をしたでしょ。フランスから濃縮ウランを調達したり、西ドイツとの石油スワッピング構想などを打ち上げた。それは、エネルギー政策の面で言えば、アメリカの核の傘《さん》下《か》から抜け出すことだったんだよ。それが、アメリカの逆鱗《げきりん》に触れたってことらしい」

田中は、総理になる前、外交は不得手であると言われた。が、中国との国交回復を皮切りに、世界中をまわりにまわり、外交面での成果をあげていた。

〈それが、いまになってしっぺ返しとして返ってくるなんて〉

昭は、八方手を尽くして、ロッキード事件の情報を手に入れた。すると、不可思議なことがつぎつぎと出てくる。昭は、誰がなんと言おうと確信した。

〈オヤジは、絶対に受け取ってはいないわ〉

弁護士たちは、田中に何度も忠告していた。

「授受を認めて、職務権限で争ったほうが、勝てますよ」

が、田中は、頑強に首を縦には振らなかった。

「日本の総理大臣が、飛行機を買ってやるから便宜をはかれ、というようなことがあってはいけないんだ。それは、ワシだけのことじゃない。日本国の総理大臣の尊厳を保つためにも、戦わなければならないんだ」

田中は、昭にも言っていた。

「絶対にこの汚名を濯《すす》いでやる。百年戦争になってもかまわない」

田中は、それまでに何千枚もの色紙を頼まれていた。色紙は山のように積まれている。その色紙を見て、言った。

「よーし、これからは積み残された仕事をひとつずつ片付けていくよ」

ところが、裁判に関連する弁護士との打ち合わせなどで気が乗らないときが多い。そんなとき、昭は、なだめすかしたり、いい言葉があるとノートに書きつけて田中に見せた。田中は、気に入ると、何枚でも色紙を書いた。その田中が、このころから色紙に「不動心」としばしば書くようになった。

昭は、察していた。

〈なんとしても、汚名を晴らす。その気持ちを色紙にこめているにちがいない〉

〝女王〟の涙

ロッキード事件が起きてからというもの、右翼団体が、田中事務所のあるビルの前に宣伝カーをつけるようになった。右翼は、マイクでがなりたてた。

「田中角栄は、すぐさま辞職せよ！」

さらに、宗教団体は大きな太鼓を打ち叩き、抗議を繰り返した。

昭は、田中の秘書である朝賀に言った。

「窓を閉めなさい。とにかく、オヤジをイライラさせないようにして」

田中事務所は、昭和五十二年に、平河町二丁目の砂防会館から、同じ平河町二丁目のイトーピア平河町ビルに移った。右翼は、そのビルの前にも宣伝カーをつけ、マイクでがなり立てた。

田中は、攻めには強い。が、一転して、守りに入ったときには脆《もろ》い一面をもっていた。右翼や宗教団体の激しい抗議運動には、神経がより過敏になった。締め切った窓からも、抗議の怒声は漏れ聞こえてくる。

ついに堪えきれなくなった朝賀は、ビルの外に飛び出していった。宣伝カーの上で叫んでいる右翼に向かって叫んだ。

「どうか、お願いですから、止めていただけませんか。まわりにも迷惑ですから、お願いします！」

コンクリートの道路に、手をついて頭を下げた。

抗議の声が、ぴたりと止んだ。朝賀は、道路にこすりつけんばかりに頭を下げ、ふたたび叫んだ。

「お願いしますッ！」

マイクを持っていた右翼が、言った。

「わかったよ。今日だけは、おまえに免じて帰ることにするよ」

宣伝カーは、勇ましい軍歌を流しながら、去っていった。

右翼団体、宗教団体がやってくるいっぽう、これまで田中のもとに足しげく通っていた者たちの足は遠くなった。これまでは、政治家や新聞記者たちが、田中が来るのをいつかいつかと待ちかまえていた。が、いまや一日に数えるほどしか来ない。昭が田中のもとで勤めはじめて二十四年、これほどの不遇を味わわされたのは、初めてのことであった。腸が煮えくりかえらんばかりであった。

〈自分たちが関わりあいになりたくないばかりに……。なんて恩知らずな！〉

昭は職員に命じた。

「来訪者名簿を、つけなさい」

これまで田中の腰巾着のようにしてきたくせに、田中が窮地に追い込まれると、まったく足を運ばなくなった者すらいる。そんな者たちを、絶対に忘れることはできない。

昭は、思っていた。

〈オヤジが復権するまで、しのいでいかなければならない〉

昭は、昭和五十三年九月、田中派の田村元《たむらはじめ》に訴えた。

「鄧小平《とうしょうへい》さんの来日の際の日程には、田中はまったく関わっていません。どうしてですか？　あれほどまでに日中国交回復に努めた人が、なんでこのようなことになるんですか」

中国副首相兼副主席である鄧小平は、この年十月二十二日に来日することになっていた。

田中派の幹部は、自分たちのスケジュールばかりを考え、田中のことを口にする者もいなかった。

昭は捲し立てた。

「田中は、六年前に、日中国交回復をやり遂げたんですよ。にもかかわらず、会見もない。あれほどまで尽力したのに、どうしてなんですか」

昭は、田中が表舞台にもどる絶好の機会だと思っていた。それゆえに、あえて、田村に詰め寄ったのである。が、自分の胸のうちをさらけ出すうちに、田中へのあまりの冷遇ぶりに哀しくなった。涙があふれ出し、大きな涙の粒が頬を伝った。〝越山会の女王〟の涙である。

田村は、言った。

「このような窮地に落ちた人を助けられるのは、大野伴睦と田中角栄だけだ。その田中が、こういう立場になっているのだから致し方ない」

田村に訴えた翌日、江崎真澄、二階堂進、久野忠治が来て、昭に言った。

「申し訳ない。きちんとオヤジの顔が立つようにしますから」

そして、十月二十四日、鄧小平は、田中邸を訪れた。その模様はテレビで放映された。田中派の国会議員が全員勢揃いで、目白の田中邸で、鄧小平一行を拍手で迎えた。

役人は権威はあるが、情熱はない。

田中角栄といえば、たいてい金脈、ロッキードという黒幕の部分ばかりがクローズアップされてきた。が、鄧小平の目白訪問は、総理時代の業績である〝日中国交回復〟を前面に押し出していた。鄧小平副首相は中国の諺《ことわざ》にある「水を飲むとき井戸を掘った人の苦労を忘れない」ということを口にした。

田中にとっては、久しぶりの表舞台だった。鄧小平は、田中に、

「田中総理が北京に来られたとき、わたしは、北京郊外で昼寝をしていました」

と冗談を言ったと、昭は後で聞かされた。

鄧小平は、当時、文化大革命で蟄居《ちっきょ》を余儀なくされていたのだった。

第八章

田中軍団に走る亀裂

秘書軍団の底力

昭和五十三年十一月一日、自民党総裁選が告示された。現役総裁である福田赳夫に、大平正芳、中曾根康弘、河本敏夫《こうもととしお》が立候補を表明した。福田、大平、田中派ら反主流で結集した挙党体制確立協議会で三木武夫を総裁の座から下ろす際、保利茂の立ち合いのもと、福田が二年で大平に政権をゆずるという密約があった。

田中はいよいよ盟友大平を担ぐときが来たと判断し、それを表明した。が、田中は頭を悩ませていた。

「このままでは、大平は勝てない。どうにか、いい手はないだろうか」

大平は、東京に票を持っていないことが大きく響いていた。支援する田中派もまた、東京出身の国会議員が少ない。昭は、事務所を訪れた田中派の渡部恒三〔元衆議院副議長〕に相談した。

「大平さんに票を持っていくうまい方法は、ないかしらね」

「そりゃあ、足を棒にして党員たちに頼み込むしかないですよ」

「でも、東京の党員をまわるには、時間がなさすぎるわ」

「それは、そうだ」

渡部は、唇をへの字に曲げた。

「しかし、大平みたいな礼儀知らずを推すなんて、オヤジは、なにを考えているんだ」

田中派の議員たちには、田中が大平を推すことに不満を抱いている者が多かった。渡部もまた、そのひとりだった。

渡部の選挙区福島二区には、大平派の伊東正義《いとうまさよし》がいた。伊東は、渡部にとって、鎬《しのぎ》を削り合うライバルだった。大平は、伊東の応援にやってくる。そんなときには、おなじ自民党の渡部のところにも挨拶にやってくるのが筋である。が、大平には、そのような細かい配慮が欠けていた。

渡部は腹を立てていた。

「オヤジさんなら、そんなことは絶対にしないよ。ちゃんと相手に対して、礼を尽くしてから入るはずだよ。来れば、おれだけの応援だけでなく、選挙区内にはおなじ自民党の候補者もいるんだからとみんなを立てていたよ」

「そうね。埼玉に応援に行ったときも、同じ選挙区から立候補している自民党の公認候補の名前をちゃんと口にする気くばりがあったわね」

「でも、仕方がないよな。オヤジが、大平を推すと公言してしまったんだから」

「そうよ、コーちゃんもいろいろあるだろうけど、大平さんの応援をしてあげてちょうだい。これもオヤジのためなんだから」

「わかっているよ、ママ」

田中派の議員たちは、大義のためならば、個人的な感情を捨て切った。田中の判断にすべてをゆだねて

イデオロギーで割り切る観念的な平和は現実に存在しない。

いた。それほど田中に惚れ込む者の集団が、田中派であった。この一枚岩であることが、田中軍団の強さであった。

昭は、選挙前になると、砂防会館にある田中派の「木曜クラブ」事務局に出向いた。

「田中から指令が出ました。ご苦労ですけども、働いてください」

これで秘書軍団は、なにはさておき、いっせいに動きだす。

ある田中派の代議士秘書には、こんな逸話が残っている。

その代議士は、秘書に命じた。

「おまえ、夕方からの会合に、おれの代理で出てくれ」

が、秘書は、大きく首を振った。

「今日は、どうしても駄目なんです」

「なぜだ」

「今日は、田中先生がパーティーに出るんで、そのボディガードをしなければならないんですよ」

秘書軍団は、田中のＰＳＰ〔プライベート・セキュリティ・ポリス〕を結成していた。田中が出席するパーティーや励ます会などがあると、朝賀が声をかけて、秘書たちを集める。田中が出席するとなれば、まわりにいる人たちがどうしても田中のもとに集まろうとする。田中には、ＳＰがついているものの、警察官ゆえに強引なことはできない。そこで、ＰＳＰが、ＳＰのできない部分をおぎなうのだ。

答えを聞いた代議士は、あきれた。

「おまえは、おれの秘書だか、田中のオヤジの秘書だかわからないな」

しかし、秘書たちは、自分の先生に仕えるのと同様に、田中に仕えることを心底からよろこんでいた。その田中を慕う田中派の秘書たちの気持ちが、田中派の結束力であり、強さでもあった。

田中も、昭や朝賀につねづね言っていた。

「わが派は、それぞれの秘書を入れれば、何千人もの強大な軍団になる」

田中派の秘書のあいだで、あることが話題になっていた。

「オヤジさんが、痰《たん》を吐いたちり紙を、おれに渡したよ」

田中は、よく痰を吐いた。パーティーなどで痰を吐いたちり紙は、近くの秘書に渡す。そのとき、自分のまわりにいつもいる親しい秘書だとわかっていないと、ちり紙を渡すことはしない。痰つきのちり紙を渡されることは、田中がその秘書を身内同様の秘書として認めたというお墨つきでもあった。

渡された秘書のひとりはうれしがり、まわりの秘書に自慢すらしていた。ある秘書などは、大事にポケットにしまいこみ、家まで持ち帰ったという。その妻は、それを見つけると、顔をしかめた。

「なんで、こんなものを持っているの！」

中曾根派切り崩しの大ローラー作戦

大平の総裁担ぎ上げの司令塔になったのは、田中派の後藤田正晴《ごとうだまさはる》であった。後藤田は、警察庁長官として連合赤軍浅間山荘《あさまさんそう》事件、日航ハイジャック事件、土田国保警務部長宅爆破事件などの指揮にあたり、辣《らっ》腕《わん》を振るった。それを田中に見込まれ、昭和四十七年には官房副長官に抜擢され、政権の中枢に参画。官僚への睨み、判断、実行力で定評を得た。昭和五十一年十二月の衆議院選挙では、徳島全県区から出馬して初当選をかざり、田中派入りしていた。

後藤田は、大平派の佐々木義武代議士といっしょに永田町のホテルオークラ二階に対策本部をつくり、陣取った。このホテルオークラが、予備選を総指揮する前線基地となったわけである。

後藤田がまず動いたのは、党員名簿の獲得であった。

当時、自民党員党友は、百五十万人いた。その名前と住所が記してある党員名簿は、非公開であった。党員名簿は、固く金庫に保管されていた。

後藤田は、名簿の有効性を、竹下登から教わった。当時、全国組織委員長だった竹下は、各都道府県の支部の名簿が閲覧できることに気づき、各支部名簿を四十七都道府県分揃えたのである。こうしたノウハウは、竹下だけが知っていた。

後藤田は、その党員名簿を見ながら、田中派秘書軍団に電話をかけまくらせた。直接、自宅に行かせ、大平支持を訴えてまわらせた。

後藤田は、さらに考えた。

「時間に限りがある。一軒一軒党員党友をまわるために、もっとスピーディーな方法はないものか」

そのあげく、元警察庁長官であった後藤田ならではの、じつに効果的な手を考えついた。

後藤田は命令した。

「おい、ヘリコプターを飛ばそう！　東京上空から、東京各所の写真を撮らせるんだ！」

写真を撮り、一軒一軒党員党友の家を把握すれば、最短距離を通って次の家へ、また次の家へと行ける。できるだけ短時間で家をまわることができる。

「早くやらないと、他の派閥の候補たちに戸別訪問をやることが発覚し、先手を打たれる可能性がある」

後藤田は、ヘリコプターで上空から東京各所の写真を撮らせ、名簿にもとづいた大ローラー作戦を展開させた。後藤田の指示により、大平、田中両派の秘書軍団、大平支持の企業関係者合計二百六人が大動員された。彼らに、航空写真の丸印の入ったコピーを渡し、片っ端からまわらせたのである。狙いは主に、東京でいちばん多い中曾根系の党員党友の切り崩しにあった。

戸別訪問は、かならず秘書を二人一組で行かせた。一人だとサボるかもしれないが、二人ならサボれない、という狙いであった。

また、河本系の党員党友は、企業に固まっていた。しかも、幽霊が多い。企業といっても、そんなに大手ではない。そこへも、切り崩しをかけた。それがなければ、河本が総裁になる可能性もないではなかったのである。

東京支部における大ローラー作戦たるや、凄まじかった。党員だけで八万人もいるというのに、十一月十三、十四、十五日の三日間ですべてをまわらせた。いかに航空写真が生きたかがわかる。この作戦により、東京の票を、一気に大平支持に固めていった。

昭も、秘書たちを激励した。越山会の金庫からいくばくかの金を取り出し、田中派の木曜クラブの事務局におもむいた。

「みなさんにひもじい思いはさせない。食事代だけです。みんな、足で票を稼いでくださいと伝えてね」

秘書たちのローラー作戦は、見事に功を奏した。

大平は東京にあった中曾根票を奪い取り、総選挙に勝利した。第九代自民党総裁に就任したのである。

その後、中曾根がコメントした。

「田中さんと大平さんの金の力に、負けました」

昭は憤慨した。

「なにを言っているの！　田中が、なんで人さまの選挙に金を出さなければならないの」

たしかに、大平は、田中派の力がなければ勝てなかったにちがいない。しかし、それをすべて金の力と決めつけるとは、どういうことなのか。昭には、さっぱりわからなかった。が、中曾根をしてそう言わしめるほど、田中派の結束力と実行力は、冴えわたっていた。

なお後藤田は、この戦いでの論功行賞により、大平内閣成立とともに防衛庁長官として入閣を求められるが、これを辞退。のちに昭和五十四年十一月九日の第二次大平内閣で、自治相、国家公安委員長、北海道開発庁長官として、初の入閣を果たす。

田中は、もっとも不利だと思われた大平をみごと総裁の座につけたことで、ふたたび政界で睨みを利かすことになった。まわりからは、〝キング・メーカー〟〝闇将軍〟と呼ばれるようになる。

田中は、そう呼ばれることについて、昭に冗談めかして言った。

「おまえは女王だからいい。おれなんか、闇将軍だからな。誰も、帝王とは呼ばないよ」

佐藤昭は、昭和五十四年に「昭子」と名前をあらためた。「淋しき越山会の女王」が発表されてからというもの、マスコミは、田中とともに田中金脈のひとりとして、昭を格好の目標にして追いかけ、佐藤昭と呼び捨てにした。

〈世間で言われる田中金脈、そしてそれに自分がつながっているというのは、根も葉もない言いがかりだ

わ！〉

昭があえて名前をあらためたのは、マスコミや世間に対するささやかな抵抗であった。

「大平が死んだ」、田中は嗚咽した

大平正芳は、昭和五十四年九月七日、野党が提出した内閣不信任案を受けた形で、衆議院を解散した。予備選の大逆転で福田から政権をもぎとった大平は、保革伯仲の状態に終止符を打とうとし、安定多数と政権基盤の強化を狙ったのである。

それから数日後、田中派秘書軍団の会が、木曜クラブの大会議室でおこなわれた。

朝賀が、昭子のもとにやってきて頼んだ。

「ママ、五分くらい顔を出してよ。オヤジの名代としてさ」

「だって、二階堂さんや小沢辰男さんたちもいるじゃない」

「とにかく顔を出すだけでいいんだから。頼みます」

昭子は、緊張して大会議室に顔を出すと、並みいる田中派の政治家たちを差し置いて、真っ先に壇上に

日本の今後の進路は一言に要約すれば、「平和」と「福祉」に尽きる。

上げられた。これまで大勢の前で話した経験は少ない。上手に話をする自信はなかった。が、田中の名代としてと言われては、引き下がるわけにはいかなかった。

「僭越ながら、田中の名代としてひと言だけ申し上げます。田中派議員は、大所帯です。田中軍団というのは、あなたがたなんです。あなたがた秘書軍団が集まると、大変な数になります。その軍団に支えられているのが、田中派なんです」

耳をそばだてている秘書たちから、いっせいに拍手が沸き起こった。昭子は、拍手が鳴り止むまで待った。

「田中は、全員にもどってきてほしい。そう申しておりました。みなさん常在戦場で活動されてきました。なにを怖れることがありますか。戦い抜いて、選挙後には、ふたたびみなさんと会えることを期待しています……」

田中でさえ舌を巻くような迫力のこもった演説であった。

昭和五十四年十月七日の総選挙で、自民党が獲得したのは二百四十八議席。公認者だけでは過半数を割るという、歴史的な敗北を喫してしまった。

ただし、このとき各派が減るなかで、田中派だけは逆に衆議院議員五十二人と議席を増やした。参議院議員の三十二人を合わせると、八十四人となった。それまで最大派閥であった福田派を追い抜き、田中派が最大派閥にのしあがった。

これをマスコミは、金に物を言わせて、田中が人数を集めているのだと書き立てた。

昭は、そんな記事を見るたびに、憤慨していた。

「なんで、こんなこと書かれなくてはならないのかしら！　お金ですべてが解決するほど、人間なんて単純じゃないわよ。第一、そんな金などどこにあるの」

いっぽう、大角連合により政権の座から引きずりおろされた福田は、大平に対し退陣要求を突きつけた。福田、中曾根、三木派は結束して大平に引責辞任を要求し、四十日間にわたる抗争が展開された。いわゆる「四十日抗争」である。ついに首相指名がおこなわれ、大平がふたたび総裁の座につくことができた。

竹下は、まだ田中に牛耳られていた。第二次大平内閣の大蔵大臣竹下登が、国会答弁に出ているとき、大蔵官僚たちは田中の事務所に集まっていた。田中と公式実務を話し合っていたのであった。

昭子は田中を冷やかした。

「あなた、竹下さんが大蔵大臣になったけど、自分が大蔵大臣になったつもりでいるんじゃないの」

「どういうことだい」

「あなたが、池田勇人内閣で大蔵大臣のとき、表看板は田中角栄大蔵大臣、実質、池田大蔵大臣と言われたけど、まるでそのときのような」

田中は苦笑いを浮かべた。

「馬鹿野郎、そんなことあるかい」

が、いまや、「世代交代論」が台頭してきていた。次代の田中派を担う者は誰か、そのことがしだいに頭をもたげていた。

田中は、昭和五十五年五月三十一日、突然遊説先から帰ってきた。

「どうしたんですか、突然に」

「ちょうど、日程があいたから帰ってきたんだよ」

初の衆参同日選に向けて、選挙戦の真っ最中であった。田中にしては、めずらしいことである。

昭子は、冗談めかした。

「そんなことじゃ、負けてしまいますよ」

「馬鹿もん、そんなことあるかい。大平のためにも、負けられるかい」

大平はこの日、遊説から帰宅後、狭心症で倒れ、虎の門病院に緊急入院していたのである。

田中は、虎の門病院に急ぎ出かけた。

大平は、六月十二日未明、静かに息を引き取った。

田中は、昭子にすぐに電話をかけてきた。

「大平が、死んだよ……」

そう言うや、田中は嗚咽《おえつ》をはじめた。なにか言おうとするが、言葉にならない。田中は、大平が死ぬことなどまったく頭になかったにちがいない。

昭子は、これほどまでに悲しむ田中を見たことはなかった。田中にとって、大平は、それほど政治家としても、ひとりの男としても、心を許した友人だったのだ。

刑事被告人に応援を頼んだ者は、除名する

昭和五十五年六月のある日、イトーピア平河町ビルの田中角栄事務所に、参議院議員の細川護熙が血相を変えて飛びこんできた。田中事務所は、初の衆参同日選挙を控え、いよいよ田中の応援演説、出馬のた

めにおおわらわになっている矢先のことである。田中は、すでに神奈川地方区から再出馬する秦野章《はたのあきら》の応援演説に出かけることが決まっていた。

細川は、昭子に一枚の紙を手渡した。

「これを見てください」

昭子は不審に思った。大名家である細川家の血筋を汲み、〝お殿様〟とまで呼ばれている細川にしては、めずらしいほどの怒りをあらわにしている。よほど急いできたのか、額にはうっすらと汗すら浮いていた。

昭子は紙を受け取り、じっくりと読んだ。

「刑事被告人となった者に、応援を頼んだ者は、党から除名する」

ロッキード疑惑で起訴された田中のことを指しているのは、あきらかだ。

昭子は、眉間《みけん》にかすかに皺を寄せた。

〈玉置さんね〉

その文書には、玉置和郎《たまおきかずお》と署名がしてあった。玉置は、昭和四十年に参議院議員に、宗教教団「生長の家」を背景に出馬し、初当選。このとき三回生であった。無派閥を通してきたが、田中よりは反田中系である福田赳夫との距離が近かった。

玉置が文書を出した狙いは、あきらかだった。参議院選挙と田中を完全に切り離し、田中の孤立化をはかる。陰で政界をほしいままに操り、〝政界の闇将軍〟とまで呼ばれている田中の権力を、ここで一挙に叩こうという肚なのだ。

細川が、昭子の気持ちを代弁するかのように吐き捨てた。

「こんな文書を書くなんて、けしからんことですよ」

昭子は、細川の言葉ですら物足りない。それほど、怒りが煮えたぎっていた。

「………」

細川が訊いてきた。

「どうすればいいでしょうか」

「しかたないでしょ。まずは、わたしが、玉置さんのところに行ってくるわ」

ロッキード事件問題で、田中はただでさえ火ダルマ状態だった。玉置のように立ち向かってくる相手は、ひとりでも少ないに越したことはない。まずは、玉置に理解を得ることが先決ではないか。

昭子は、永田町のパレ・ロワイヤルにある玉置事務所に日参した。田中には、あくまでも秘密にしていた。田中に言えば、「そんなことをする必要はない!」と怒るに決まっている。

昭子は、玉置に熱っぽく訴えた。

「元総理という立場もある田中が、自分でこちらへ参るのは困難です。先生のほうからイトーピアの事務所にお越しいただけませんか。そして、よく田中と話し合ってもらえませんか。国家のためにも、また、党のためにも。どうか、田中の立場を理解してください」

昭子が何度も通ううちに、玉置も納得してくれたようだった。

昭子は、その後、玉置を田中に引き合わせた。玉置は、「生長の家」を背景に出てきているだけあって、宗教界の言葉で、田中のことをこう評するまでになった。

「田中角栄は、二千年にひとり出るか出ないかという、宗教界で言うところの鬼才だ」

それから、玉置と昭子は、昵懇《じっこん》の間柄となる。

昭子の入院とオヤジの心遣い

昭子はそれまでの無理がたたったためか、昭和五十五年十月、胆嚢《たんのう》摘出のため東京女子医大附属病院に入院した。

昭子は、入院しているまわりの人たちに迷惑がかかるかもしれないと、入院を伏せておいた。そのために、偽名すらつかっていた。が、どこから聞きつけてきたのか、田中派の国会議員だけでなく、地方の県会議長や、県知事らが入院先に花束を持ってやってきた。

梶山静六は、言った。

「検査なんていいから、土曜日に切ってくださいよ」

昭子は、そばにいる消化器外科医である中山恒明に訊ねた。

「でも、土曜日は、お医者がいないから駄目でしょ」

「いや、佐藤さんが土曜日に手術するっていうなら、万全の態勢をとります」

支持率が5%でも1%でも、やるべきことはやる。

「じゃあ、お願いします。早いところ、切ってください」

昭子は、すぐに手術してもらった。

手術後も見舞い客が殺到した。三時に回診がある。が、あまりの客の多さに、担当医が遠慮して出ていくほどであった。昭子も、おちおち休んでいられない。結局一週間で退院してしまった。

田中は、退院から二週間ほどして電話をかけてきた。

昭子は察した。

〈そろそろ出てこいという催促だわ〉

が、田中は、そんなことはひとことも口に出さなかった。

「どうだい、具合は」

「ええ、もうちょっとかかりそうです」

「そうかい、大事にしろよ」

それだけだった。が、一日でも早く出てこいという催促だということは昭子にはわかりきっていた。

昭子は、退院してからちょうど一カ月で、事務所に出た。田中は、その日のうちに病気あがりの昭子に命じた。

「おれの代わりに、富士宮まで行ってきてくれ。斉藤了英の細君の葬式があるんだよ。おれの名代は、おまえじゃないとつとまらないからな」

斉藤了英は大昭和製紙社長であり、田中派の斉藤滋与史の兄にあたる。

「わかりました。で、洋服でいいんですか」

「和服はないのかい」

「ありますけど」

が、和服は、帯を締めなければならない。まだ手術した跡が完全に癒えきっていない昭子には、辛い。

田中は、そのようなことには、まったく気づかないらしい。

「じゃあ、和服で行ってきてくれ」

昭子は、朝賀昭とともに静岡県富士宮まで出かけた。昭子はその間、つい愚痴をこぼした。

「二十センチ近くも腹部を切開した手術なのに、遠くまで出かけさせて。オヤジも、ちょっとは気を遣ってくれたっていいのに」

朝賀が、なだめた。

「オヤジさんだって、ママがいなくてさびしかったんですよ。その証拠に、ママが入院している一週間は、一度も事務所には顔を出さなかったんだから。事務所に来ないで、ゴルフでさびしさをまぎらわしてばかりいたんです」

それからのち、昭子は、そのときにいっしょにゴルフをしていた政治家から教えられた。

「あのときのオヤジさんは、ちょっとちがったよ。ゴルフで一打打つ度に、痛えだろうなって、ぶつぶつ言ってましたよ」

昭子は、にわかには信じられなかった。

「へぇーっ、そうなんですか。先生が、お上手言っているんじゃないですか」

「本当だって。おれが、こんなところで嘘をついたって、仕方がないじゃないですか」

榎本三恵子は野心家だった

昭和五十六年十月二十八日、田中の総理時代の秘書官榎本敏夫の妻三恵子《みえこ》が、検察側の証人としてロッキード裁判の公判に登壇した。三恵子は、首相秘書官当時の日程表を焼却して証拠湮滅《いんめつ》をはかったことなどを証言した。三恵子の証言は、〝ハチの一刺し〟と言われ、世間を騒がせた。

まわりの田中の支持者は、三恵子の証言を許さなかった。

「主人がこう言ったと、女房が言っているんだからね。うちに帰っても、おちおち女房と寝物語もできませんよ」

「あいつだけは、ただじゃおかない！」

昭子は、ため息をついた。

〈あの人もまた、義理知らずだったのね〉

三恵子は、榎本敏夫と昭和四十一年に結婚した。三恵子は十八歳、榎本は四十歳と二十二も年の差があった。

田中は、言っていた。

「榎本の女房は、美人だぞ」

昭子の家にも、家族揃って遊びに来たことが何度かあった。

昭子の眼には、三恵子はかなりの野心家に映った。二十二歳も年下とはいえ、手綱を握り、敏夫をうまく操っているようにも見えた。

三恵子は榎本敏夫を、参議院全国区から出そうとしていたようである。田中の出身地の新潟以外、ほとんど歩きまわっていた。

ある議員と、赤坂の飲み屋で親しげに話していたということも、聞いたことがあった。

しかし三恵子には、榎本敏夫の限界がわかっていたにちがいない。それを補うためにも、できるだけ選挙資金を集めにかかった。

昭子は、ロッキード事件を通じて、さらに諦観を深めていた。

〈三恵子さんもまた、野心家ゆえに、自分の売名行為で証言したにちがいないわ。これでまた容疑は深まってしまったけれど、いつの日にか、田中の容疑は晴らしてみせる〉

田中は、総理大臣になるまで、昭子によく言っていた。

「いつの日か、田舎に帰って、悠々自適の生活を送り、ゴルフをやって暮らそうよ」

が、昭子は信じていなかった。

〈性格的にも肉体的にも、ジッとしていられる人ではない〉

仮に、ロッキード事件が起こらなかったら、その二、三年後には総理の座に復権していたであろう、と昭子は思っていた。

中曾根は昭子の前で両手をついた

昭子は、昭和五十七年十月の中旬、中曾根康弘と懇意なテレビ局の幹部に招かれ、ある料亭に出向いた。

ふたりで雑談をしていると、静かに襖《ふすま》が開いた。

テレビ局の幹部は、顔をほころばせた。

「いらっしゃったか。どうぞ、入ってください」

中曾根康弘であった。中曾根は、長身の体を縮めるような格好で入ってきた。昭子は、テレビ局の幹部の顔を見た。

〈そういうことだったの〉

中曾根は入ったところで、両手をついた。

「どうか、わたしを総理にしていただけるよう、田中先生にお口添えしていただけますように」

田中が実質的に主導した、大平の後継首相の鈴木善幸は、昭和五十七年十月十二日、突然、退陣を表明した。それを受けて、中曾根は、総裁選に出馬を表明していた。

中曾根は、これまでもマメに田中に電話をよこした。特に、新聞記事に田中角栄待望論が出ていようものなら、すぐに面会を申し込んできた。中曾根は、〝闇将軍〟田中の力がどれほどのものかを十分に知っていた。それゆえに、いくら〝風見鶏〟と言われようが、田中のもとにやってくる、中曾根は特有のバランス感覚を持っていた。

昭子は中曾根と会ったことを、翌日、田中に伝えた。

田中は、ぽつりと言った。

「中曾根に、いまひとつ党内の人気があればなぁ」

しかし、すでに中曾根を担ぐことは決めているらしい。その後、すぐ付け加えた。

「ただ、同期生だから、と答えておいてくれ」

田中と中曾根は、おなじ昭和二十二年の選挙で初当選した。田中は、そのことを言っていたのである。中曾根もそろそろ総裁になってもいいころだろうとの情もあった。さらに、中曾根がやらない限り、ニューリーダーと言われる竹下登らに、首相の座が移る。が、いまはまだ世代交代ができないとの判断もあった。

竹下は、もう少し勉強した方がいい

一方、田中派内には、若手グループを中心として、中曾根擁立を拒否する動きが出ていた。小沢一郎は、たびたび昭子のもとにやってきて、熱っぽく語った。

「どうしても、田中派から総裁候補を出さなければ駄目ですよ。いつまでも担いでばかりじゃ、おれたちだっておもしろくない」

昭子も思った。

〈たしかに、田中派の議員にとってみれば、自分たちの協力で総理になったのに、その派閥の議員が総裁派閥として肩で風を切っているのはおもしろくない〉

昭子も、田中に「自派の議員は、おもしろくないですよ」と何回も忠告していた。

周恩来に言ったんだ。中国は便宜的共産主義者だと思うとね。裏安保なんだよ、日中は。

昭子は、あらたまって訊いた。

「じゃあ、誰を担ごうというの。竹下さん？」

小沢は、首を振った。

「竹下さんでは、いまはまとまらない。だから、二階堂さんでいきたいんだ」

昭子は、昭和五十七年十月十五日の朝六時、田中から電話を受け取った。

「昨日の夜、小沢（一郎）がやってきたよ」

「イッちゃんが……」

昭子は、ついに、という気がした。田中は声を曇らせた。

「小沢は、ムラとして、独自の候補を立てましょう、二階堂さんでいきましょうと言ってきたんだよ」

「あなたは、なんと答えたの」

「『おまえら、本気で二階堂をやるか』と訊いたんだ。小沢の決意は固そうだったので、二階堂でいこうと答えたよ」

昭子は、あえて口を差しはさまなかった。

昭子の気持ちは、複雑だった。田中派のなかから総裁の任に適する者はいないと思う田中の気持ちもわかる。小沢らの言うように、いつまでも他派閥の総裁を担ぐのは嫌だという気持ちもわかる。これまで二人三脚で田中派をつくりあげてきた田中と、かわいい息子たちとの対立であった。昭子は、どっちにもつけない。

〈喧嘩別れしなければ、それでいい〉

昭子は率直に訊ねた。

「あなたは、田中派を受け継ぐ者は誰だと読んでいるの。いつも言っているように、一に二階堂（進）、二に江崎（真澄）、三に後藤田（正晴）ですか」

田中は、昭にため息まじりに話した。

「二階堂は、ハートはあるけど、迫力に欠ける。江崎は、海部の話しかしないね」

江崎は、三木武夫・元首相の秘蔵っ子と言われる海部俊樹とおなじ愛知三区選出であった。

「ワシがなんか言うと、いいえ、そんなことありません。でも、海部が……と。一から十まで、海部だ。結局、自分の選挙区のことしか頭にないんだな。江崎には、『いっしょに初出馬した仲間なんだから、もっと考えろよ』と何度もハッパをかけてきた。だけど、彼は、海部俊樹と戦うことしか頭にないんだよ。まあ、江崎に過大な期待をかけても、江崎がかわいそうだな」

「後藤田さんは？」

「後藤田は、もっとも能力がある。まわりの者が十人集まったって、かなわないよ」

後藤田は、「カミソリの後藤田」の異名をもっていた。このとき、わずか三回生であった。後藤田より当選回数の多い田中派のベテラン議員たちにとっては、おもしろかろうはずはない。

「じゃあ、竹下さんは、どうなんです」

「竹下は、下手な動きさえしなければな。十年後を目標にして、もう少し勉強したほうがいい」

田中は、本音のところでは、田中軍団の幹部と言われる人たちをはじめ、誰にも期待はかけていなかった、と昭子は思っていた。ひとりひとりを冷静に見極め、うまく使いこなしていた。

田中は、ふたたびため息をついた。

「だけど、使っているうちに、苛立ってしまうんだよ。どうして、こんなことができないのか。まかせても結局、ワシがやってしまうことになってしまうんだよ」

田中は、一度は二階堂擁立を容認した。

が、十月十五日夜に開かれた田原隆を励ます会で、独自候補を立てようという動きを牽制した。

「世代交代というのは、オヤジに死んでしまえというのと同義語だ」

田中は、翌日の十六日の朝、事務所に入ってくると、昭子に書類の入った紙袋を手渡した。

「これを、預かっておいてくれ」

「なんですか」

「二階堂擁立の署名だよ。昨日、小沢（辰男）が持ってきた」

若手代議士でつくった七日会は、田中の牽制にもかかわらず、小沢一郎の報告を聞き、五十人の署名を揃えていたのである。昭子は、言われるまま、自分の部屋にある金庫にしまい込んだ。

派内は、独自候補を出すかどうかで紛糾していた。が、金丸信のひと言で、解決した。

「オヤジが右向けと言えば、おれは右を向く。左と言えば左を向く。それで嫌な奴は、派閥を出ていくべきだ。最後は、天の声が聞こえてくるんだから、それに従うよりほかにはない」

田中派は、中曾根康弘を担ぐことに決まった。

中曾根内閣は、十一月二十七日、発足した。竹下は、大蔵大臣に就任した。

田中が昭子に言った。

「竹下が来て、両手を合わせていたよ。本当は、どこに飛ばされるかわかりませんでしたと」

竹下は、田中に反する動きに田中がどう動くか、おどおどしていたのであった。

田中は、竹下をしっかりと牛耳った。

なお、後藤田は官房長官に抜擢された。

幻に終わった二階堂擁立の大連立構想

昭和五十八年十一月二十八日、衆議院が解散された。いわゆる、ロッキード判決解散である。

昭子は思った。

〈今度の選挙は、いままで以上に厳しくなるわ〉

地元新潟の本間幸一に言い、これまでよりも強力な態勢で選挙にのぞんだ。例によって、選挙区の田中から毎朝六時になると、電話が入る。

「箕輪登、竹中修一、木村守男……」

北海道から沖縄までの重点候補を言ってくる。

「わかってます。各種団体にそれぞれお頼みしてあります」

選挙戦の終盤、田中は、余裕綽々《しゃくしゃく》といった表情であった。

「おい、今度の選挙、かならず二十万票は越えるよ」

「そんな馬鹿言ってないで、十五万票割らないように頑張りなさいよ」

「いや、出るよ。見ていろよ」

蓋をあけてみるや、昭子はおどろいた。田中の言ったとおり、第三十七回総選挙では二十二万七百六十一票を獲得して、堂々のトップ当選であった。新潟三区での田中の得票率は、四六・六五パーセントにものぼった。

昭子は、さすがに舌を巻いた。田中が、「人間コンピュータ」と言われるほど数字に強いことは知っていた。が、ここまで当たるとは思ってもいなかった。

〈雪の上に筵《むしろ》を敷いて、遊説を待ち侘《わ》びている選挙民の熱意、不寝番に立つ越山会の青年部の人たちの感触が、田中の票読みとぴったり一致したのだ〉

昭和五十九年十月の中旬、昭子のもとに、ある議員から情報が入った。

「二階堂さんを擁立しようという動きが、ひそかに進められてますよ」

中曾根康弘総裁の任期満了にともない、次期総裁について議論されていた。が、大勢は、中曾根再選に流れていた。昭子にも、中曾根派の議員から、何度か二階堂擁立について打診があった。

「オヤジがついているんですから、そんなことないでしょう」

しかし、二階堂の首相への執念は、昭子らが思っていた以上に強かった。じつは、誘いをかけたのは、三木武夫や福田赳夫といった反中曾根の旗をかかげる領袖たちにだけではなかった。公明党、民社党、あげくのはてには、共産党にまで声をかけていたのである。

大連立構想であった。

二階堂は、公明党書記長の矢野《やの》絢也《じゅんや》に言っていた。

「オヤジは承知している」

二階堂は、田中にはもちろんのこと、昭子にもひと言もそのような話はしていなかった。二階堂は、大連立ができあがれば、いかに田中とはいえ容認せざるを得なくなる。説得できる。そう踏んでいたにちがいない。

十月二十六日、イトーピア平河町ビル三階の田中事務所で、田中角栄と鈴木善幸前総理大臣が会っていた。鈴木は田中に言った。

「この際、中曾根再選を阻止し、二階堂さんを擁立してはどうでしょうか。鈴木派、福田派、河本派も賛成していています。もちろん二階堂さん本人も承知で、田中派からも最低二十人の同調者が出ています。公明、民社党にも話がついています」

しかし、田中は、あくまでも拒否した。

田中・鈴木会談で、二階堂擁立が表面化した直後、西村英一木曜クラブ会長から昭子に電話が入った。

「佐藤さん、ショウリに言ってくれよ」

西村は、田中のことをいまだに「総理」と呼んでいた。が、「ソウリ」と発音できず、「ショウリ」と呼んでいた。

代議士になって30年になるが、後半の20年はほとんど家にも帰らず、急行列車に飛び乗ったようなもの。

西村は、口調を荒らげた。

「副総理も、総務会長も、木曜クラブがあってこそ、なれたんだよ。オヤジの言うことを聞けない者は、全員出ていけと、西村が言っていたとショウリに伝えてくれ」

田中派の番頭金丸信は、二階堂潰しに動いた。

金丸は、「なんであのオンボロ神輿《みこし》を担がなければならないんだ」と言い放ったほどの中曽根嫌いで通っていた。が、鈴木の二階堂擁立劇の裏には「二階堂進暫定政権、のちに宮沢喜一政権」という構想が見え隠れしていた。金丸は、あくまでも竹下登政権樹立をめざしていた。鈴木の構想についていくわけにはいかなかったのだ。

二階堂は、翌朝、目白の田中邸に乗り込んだ。江崎真澄田中派会長代行も引き連れていた。

二階堂は田中に詰め寄った。

「二階堂政権など、自分自身考えたことはない。それなのに、田中派が寄ってたかって潰しにかかったのは、どういうことですか」

田中は会見後、記者団にはあっけらかんと伝えた。

「ワシと二階堂は、夫婦みたいなもんだ。夫婦だって、ときには喧嘩もするよ。まあ、今回のことは夫婦喧嘩みたいなもんだよ。たいしたことはない」

しかし、イトーピアの事務所にやってきた田中は、吐き捨てた。

「まったく、二階堂は、なにを考えているのか。まわりからそそのかされて、彼は錯覚したんだよ。大平派の番頭である鈴木善幸が総理になったもんだから、自分もなれるとね」

昭子は、すぐに公明党の矢野絢也に電話を入れた。公明党サイドのことは、竹入義勝の側近である矢野に訊けばわかるだろうという判断であった。

昭子は訊ねた。

「今回のことは、どういうことなんでしょう」

矢野は、逆に聞き返してきた。

「佐藤さん、〝目白〟が承知していなかったって、本当なんですか」

「ええ、田中は、まったく聞かされてませんでしたよ」

「そうか……じつは、〝目白〟が知っていると聞かされていたから、乗ったんですよ」

小沢一郎は、怒りを隠さずに昭子に言った。

「二階堂さんは、オヤジに相談もせず、三木あたりと組んで、いい気持ちになっていたんだろ。オヤジの敵の三木と観桜会をしている。そんなのは、どうしても許せないよ」

小沢は、それまでは、竹下ではまとまらないから二階堂を立てようと言っていたひとりである。その小沢ですら、堪忍袋の緒が切れていた。

「ここは、竹下さんに頼むしかない！」

竹下擁立に向け、拍車がかかった。小沢一郎、羽田孜、梶山静六らの昭和四十四年組を中心にした若手議員が、密かに動きはじめた。それまで、田中派は、他派閥の領袖たちを首相に担ぎ出してきた。それだけでは、我慢できなくなっていたのだ。

「オヤジは、なにを考えているのか」

昭子は、その動きを知らないではなかった。

〈自分たちの派から総裁を出さない。その鬱憤《うっぷん》が、いままさに噴き出そうとしているのだわ〉

昭子は、田中に忠告した。

「若手がひそかに動いています。きっと不満をもっているからですよ。少しは会って話しなさいよ」

田中は、むきになった。

「なにを言っているんだい。いつだって、若い連中が来て、会わなかったことがあるかい。自分たちのほうで来ないで、なにを言っているんだ」

昭子は、田中を何度も説得にかかった。ついに田中も納得した。

「おまえが設定してくれれば、いいよ」

「じゃあ、一週間に一回ずつ、当選回数別に集まって、いっしょにお昼を食べる会をつくりましょうよ」

「よし、わかった」

昭子は、十一月二十七日、矢野絢也公明党書記長に電話を入れた。この電話のやりとりを、矢野絢也はその著書『二重権力・闇の流れ』（文藝春秋）で、次のように詳細に書いている。

《二階堂擁立が幻と消えた日より約一カ月後の十一月二十七日、〝越山会の女王〟佐藤昭子女史から突然、電話があった。その後のことで一度ゆっくり、角栄氏の意向を伝えたい、と言う。彼女と私は旧知だった。

佐藤女史「中曾根さんも鈴木（善幸）さんを軽く見すぎましたね。中曾根首相は『私が就任した時、日本は孤立し、外交は閉塞状況だった』と調子に乗りすぎた。いくら温厚な善幸さんも怒りますよ。目白のおやじさん（角栄氏）は二階堂さんのこと、一年早すぎたと悔しがっている。二階堂さんも早まったものです。おやじさんは二年も中曾根で行くつもりはない。中曾根は再来年の衆参ダブル選挙はやらない。再来年では、任期の残りもないので、後の人のために議席を増やして辞めるような人ではないでしょう。選挙をやるとすれば来年しかない。

竹入（義勝）さんと角栄は連携があります。多分四、五日前に会っている。竹入さんは先月の二階堂擁立で、おやじは最後に、二階堂で了解すると思い込んでおられたようでした。『いくら反対でも、おやじは結局、公明との間柄を大切に思うだろう』とね。たしかにおやじにはそういう感じがあります。竹入さんとの信義は当然大切に考えています。ですが、公明も大事だが、角栄の頭にはもっといろいろある。失礼だが、角栄は政局をもっと大きく見ている」

矢野「二階堂にはどうしても反対だったようですね。だが自民党にも、『角さんも少し度が過ぎるんじゃないか』って声がありますよ。失礼ですが、総理復権の妄想だって言う人もいますが」

佐藤女史（笑って）「おやじの総理ねー。そりゃ、私も夢に見ますよ。ロッキードでおやじも悔しい思いですよ。ですが、そんなことは本気でおやじは考えていません。周辺の人がご機嫌とりに言ったり大げさに吹聴しているんです。そんな見方をされてはおやじが可哀相です」

語尾には思いが滲んでいた。

矢野（すいませんという感じで）「ハイ、失礼でした。わたしは口が悪い。だから、どうも女性は苦手です。あなたと議論は致しません」

佐藤女史「どうか、女性扱いは無用に願います。ですから、なにかやるからには失敗しないためにもダブルチャンネルが必要です。どうも金丸さんたちが『おやじの都合でいつまでたっても総理候補を最大派閥の田中派から出せないのは困ったものだ』と煽ってるらしいんです。金丸さんは『二階堂潰し』のご褒美として、中曾根さんとおやじとの相談の結果、幹事長になれたのにね。本当にそうなんですよ。なのにこんなことを言うなんて、それこそ困ったものです。おやじは、矢野さんは竹入さんと同じかどうか気にしてる。僭越ですが今後ご連絡いたします」

矢野「そんなこと、始めから分りきったことや。だからあの時二階堂さんでいけばよかったのに。確かに、なにかやるなら失敗はできませんから、ダブルチャンネルはごもっともです。情報の交換は大賛成です。私も、もし竹入が動くなら、何処までも一緒ですので」

佐藤女史「一度おやじにゆっくり相談しまして、いずれ改めてご連絡します」》

矢野は、「この佐藤女史の電話から、二階堂擁立第二幕が始まる」と記している。

田中は、田中派内の若手の動きに敏感に反応していた。一度自分で潰した二階堂擁立を復活させようとしていた。そのためには、公明党との連立も辞さない覚悟でいた。

昭子は、その意を受けて、矢野に連絡をとったのである。以後、昭子は、矢野と会ったり、電話で連絡を取り合った。

「これで、竹下の総理の芽もなくなった」

昭子は、昭和六十年一月二十六日、ひとりの議員から電話を受けた。

「竹下さんが、勉強会をつくるっていう話です。ママ、ご存知ですか」

「えッ！　どういうことなの」

昭子は、思わず声をあげた。田中派の集まりである木曜クラブの会合の後に、若い議員たちが密かに集まっているという話は耳にしていた。が、まさか竹下を中心とした勉強会にまで発展しようとは、思いもよらなかった。

数日前に、橋本龍太郎が口にしていた言葉を思い出した。

「将来、ママを泣かせることになるかもしれない。でも、それはオヤジのためなんだよ」

昭子は、聞き返した。

「なによ、それ……」

橋本は、目を細めて笑ったきり、なにも答えなかった。橋本は、このことを匂わせていたにちがいない。

電話してきた議員がささやくには、「創政会」と名付けられるその勉強会は、一両日中にも発足するという。

「ぼくも入るように誘われましたが、断りました」

看板（総理大臣）の尊厳を守ることが自分の最たる責任。ちゃんとしなければ死ねない。

昭子はその電話を切ると、すぐに目白の田中邸に電話を入れ、田中に伝えた。

「竹下さんが、勉強会をひらくってことですよ」

「なにッ、竹下が！」

政界のどんな情報でも集まってくるはずの地獄耳である田中にとっても、寝耳に水だった。また、マスコミ担当秘書だった早坂茂三もなにも知らなかった。

昭子は、先ほど電話をよこした議員から聞いたことを伝え、付け加えた。

「今日、明日中にも、あなたのところに説明にいくという話ですよ」

「しかし、ワシは、明日は大阪じゃないか」

翌二十七日には、元防衛庁長官であった佐藤《さとう》義詮《ぎせん》の葬儀に列席するため、大阪に行く予定だった。

「その葬儀のときにでも、竹下さんは、挨拶してくるかもしれませんよ」

「そうか」

田中も、ようやく落ち着いてきたのだろう。ぼそりと言った。

「これで、竹下の総理の芽もなくなったよ」

昭子は、その後、秘書の早坂に念押しをした。

「明日、オヤジは大阪に行くけれども、竹下さんも行くでしょう。だから、電車のなか、飛行機のなか、竹下さんが寄ってくるかもしれないから、どういう態度に出るか、注意して見ていてね」

二十八日、田中は、平河町のイトーピア平河町ビルの事務所に顔を出すと、昭子に言った。

「竹下が、昨夜、来たよ」

竹下は、昨夜、目白の田中邸を訪れ、田中に打ち明けたという。

「勉強会をつくりたいんですが……」

田中はオールド・バーのウィスキーの水割りを飲みながら、あくまで機嫌よく振る舞った。

「そりゃあ、いいことじゃないか。大いにやれ。ただ、早稲田のＯＢ会のように、自分につながりの濃い者たちばかり集めるな。ウチの連中と選挙区が重なるのがいるから、田中派として組織的な応援ができなくなる。いろんな連中を入れて、幅広くやれよ」

「わかりました。いまのところ、八十人くらい集まるということなんですが」

八十人といえば、このころ百四十一人にもふくらんでいた田中派の木曜クラブの、三分の二近くに当たるではないか。

田中は、つい声を高くした。

「勉強会としては、多すぎはしないか。勉強会なら、三、四十人が適当じゃないか。ただ、変に動くなよ。マスコミがよろこぶだけだ。泡を食うと、ひょっとしたら、なれるものもなれなくなるぞ」

「べつに、焦ったりはしません」

「十年くらい、待てんのか」

「…………」

「いまは、飛び出すんじゃないぞ。チャンスがまわってきたら、教えてやる。鈴木善幸や中曾根を見ろ。自分の力で政権を取ったのではない。あきらめたころにチャンスがまわってきたんだ。そこをよく考えろ。慎重にやれよ」

「わかりました」

田中は、最後に竹下を励ますように言った。

「きみが天下をとれば、県議出身では、太政官制度以来のことだ。まぁ、しっかり勉強することだ」

田中は、現状をまず自分のなかに取り込み、それからさまざまな動きを固めていくタイプだ。しかも、情が濃すぎるために、ノーとは言えない。あっさりと、竹下の申し出を受け入れてしまった。

その後、田中につぎつぎ情報が入った。竹下は、あくまでも勉強会と説明したが、とうてい勉強会とは思えぬ行動であった。田中の考えも、さすがに変わった。

「よし、そちらがその気なら……」

田中は、砂防会館の田中派事務所で二月七日に開かれる創政会の初会合に出席する者に、猛然と締め付けをおこなった。

「オヤジは死ぬまで戦うつもりです」

田中の秘書の早坂茂三は、創政会結成の黒幕金丸信と連絡をとり、田中と引き合わせようと仕向けていた。が、事務所にいる新聞記者たちの前で、連絡を取り合っていたばかりに、創政会結成を強く推し進める小沢一郎、梶山静六といった若手にばれてしまった。

昭子は、悔やんだ。

〈こういうことは、もっと密をもってしなければならない〉

昭子は、なるべくならば、金丸らのクーデターを話し合いで鎮めたいと思っていた。自分が金丸のところに行き、田中と話し合うよう説得する。その肚づもりでいた。が、おそらく田中による切り崩しは、金丸らの耳にも及んでいる。彼らは、政治生命を懸けてのぞんでいる。いまや、態度をさらに硬化させてしまっているにちがいない。

〈いまは、時に身をゆだねるしかない〉

矢野絢也は、このときの昭子の気持ちを前掲書『二重権力・闇の流れ』で、こう書いている。

《一月二十九日夕刻、佐藤女史より電話。

佐藤女史（プリプリして）「勉強会だっていうから『ああ、いいよ』だったんです。あの人たち、大したことはできないと思うんですが、だけどこんなことってあるんでしょうか。あんなにおやじが可愛がっていた人たちが……。ひどすぎます。おやじが可哀相すぎる。早坂さんと話し合いました。おやじは何も言わないで、ただ黙って……（声がくぐもる）、黙ってひとりでオールド・パーを呑んでます……」

矢野「竹入はやる気です。私も必ず」》

二月七日、田中の締め付けを振り切る形で、竹下の旗揚げには衆議院議員二十九名、参議院議員十一名の計四十名が参加した。この数は、田中派議員のおよそ三分の一にあたる。

その日、昭子が矢野にまた電話を入れている。矢野は、『二重権力・闇の流れ』にこう書いている。

《佐藤女史（激した感じで）「集まった顔見ると、創政会の中核になっているのがすべて角栄の子飼いです。

裏切りですよ。情ない。許せない。目白も腹が立つ。しかし田中派が分裂すると喜ぶ人も多いのでおやじも自重している。ですけど、創政会が四十人集まってもおやじが『うん』と言わない限り竹下さんも将来がない。逆に道が遠のいたみたいに思う。二階堂さんとは先日三時間ほど話し合った。田村さんも来た。あの人はホントに好い人ですが、声が大きいので手の内がばれてしまう」

矢野「あまり楽観しない方が良いと思う。幹事長の金丸が付いているから」

佐藤「そうですね。政治倫理で金丸幹事長がいろいろ仕掛けているみたいで。流れが変わってきた感じがします」

と心配そうな声。》

数日後、小沢一郎、羽田孜、梶山静六の三人が、目白の田中邸を訪れた。創政会結成についての説明のためである。さすがに「目白のオヤジ」はいまだに恐い。ひとりでは行けずに、三人で出向いた。

田中は、度量の大きなところを見せた。

「今回のことは、気にしていない。気にするな。また遊びに来い」

が、昭子にはこぼしていた。

「竹下は、直紀にまで入ってくれと言ってきたんだよ。あいつらに、なにができるんだ」

田中直紀《たなかなおき》は、田中の長女眞紀子の女婿《じょせい》で、当時は自民党衆議院議員である。

田中は続けた。

「しかし、ワシもおまえも、性懲りもなく、よく裏切られるよな」

田中にとってショックだったのは、参議院議員から十一人もが、創政会の結成式に参加していたことであった。参議院議員には、竹下の手がとうていおよばないと思っていたにちがいない。

ある代議士が、のちに昭子に言った。

「オヤジさんは、自信過剰だったのかもしれないね」

田中は、ふと思い出したように昭子に訊いた。

「波瀾万丈と、人は言うのだろうな」

「波瀾万丈なんて、あなた考えたことあるの。わたしは、そんなことを考える暇もなかったわよ。波瀾万丈なんて考える余裕のある人は、幸せよ」

「でも、人から見れば、波瀾万丈なんだろうよ」

田中の吐く酒臭い息が、昭子の鼻をついた。思わず、顔をしかめた。

田中は、そのころから酒びたりになっていた。朝からオールド・パーを呑み、酒焼けした顔で、千鳥足で事務所にあらわれた。

〈これは、危ない……〉

賢者は聞き、愚者は語る。

昭子は、田中の健康を心配していた。
二月十九日、昭子は、矢野絢也に電話を入れている。『二重権力・闇の流れ』にこう記している。

《佐藤昭子女史より電話。元気ない。
佐藤女史「若い人、余り人が寄りつかなくなりましたね。だけど、金丸幹事長に百二十人抱えて選挙を何回も戦う力量は余りないんじゃないかな。結局若い人は泣きついて来るとは思うんです。角栄のことだから謝って来たら、『馬鹿』って言われて、『済みません』で済むんだからって言うんですが、今は金丸幹事長の力に惑わされてそちらに引っ張られている。ほんとうに困った人たちです。秋の党人事は金丸幹事長の正念場です。うまくやれると完全に金丸支配が完成する。できれば、それまでに決着したい。もっとも金丸さん、糖尿病が、一期の手前だそうで、一期が一番重いんだが……。だから焦っているんでしょう。電電は財界が日本航空みたいに会長職を財界ポストと考えているようで、だいたい好いんじゃないかなという感じです」
矢野「病との戦争ですか。辛いことで。政治家の業ですな。解散風が吹くまで頑張れって竹入からハッパだ」
佐藤「おやじも大分ご機嫌斜めです。ですから、その時が来れば、総理にも幹事長にもけじめ付けます。派は無茶苦茶です。おやじは最近呑み過ぎ。言っても聞きません。ここまできたら、中曾根さんも金丸さんも恨む」
と笑う。凄味がある。

（二月二十一日）夜、佐藤女史より電話。

佐藤女史「おやじも、竹入さんも、矢野さんのことを心配しています。大事な詰めです。来月では遅いように思います。極秘で二十八日におやじが会いたいと言ってます」

矢野「包囲網はできましたか。方針は変わってませんね」

佐藤女史「全く変わっていません。潰しの包囲網は、男の人がやってます。他派閥のことまでは私には正確につかめてません。ですが、この裏切りには、おやじの腹は、一人になっても、死ぬまで戦うつもりです。たとえ死んでもそうでしょう。それしか道はありません。私にとっても。ですが、関係のないあなたたちにまで迷惑がかかってはという気持ちです」

淡々とした口調。

矢野（たじろいだ感じで）「死んでもこの怨み、ですか。ここまで来ましたから二十八日結構です。お会いしましょう」》

昭子は田中に命じられ、公明党矢野絢也書記長と田中との極秘会談を設定するよう詰めていた。田中は、竹下らに対抗するため、公明党と組んで二階堂進擁立を謀っていたのである。

昭子は、田中、矢野会談の予定されている二月二十八日の前日の二月二十七日、いつものようにイトーピア平河町ビルの事務所に出ていた。

〈おかしいわ。オヤジから電話がないなんて……〉

第九章
オヤジが倒れた

「いちばん辛いときに倒れるなんて」

昭和六十年二月二十七日、時計は、すでに正午を過ぎていた。いつもならこの時間までに田中はやってくる。もし来ないときでも、かならず電話は入る。

「おい、なんかあるかい。今日は、目白にいるから、なにかあったら電話をくれよ」

その電話すらないのだ。五時半を過ぎたころ、目白事務所の秘書古藤昇司から電話が入った。ちょうど、創政会にくわわらなかった若手議員たちが、今後の対策を話し合っているところであった。

古藤はあわてていた。

「オヤジが、倒れた……」

昭子は、昨日まで元気だった田中が倒れるとは、思ってもみなかった。まったく実感がわかない。まわりには若手議員たちがいる。昭子は、すぐに電話を切り換えた。別の部屋で、電話を取り直した。

「で、症状はどうなの」

「どうやら、軽い脳溢血《のういっけつ》らしいです」

「昼間、まったく電話がなかったから、どうしたのかと思ってはいたけど」

「もう、朝から呑みっぱなしでしたよ。創政会のことが、かなり堪《こた》えたんでしょうね」

昭子は秘書に指示した。

「とにかく、すぐ動かしちゃ駄目よ。暗くなってから、マスコミの眼に触れないように寝台車で逓信病院に入院させるようにしなさい」

昭子は身じろぎもせず、刻々と入ってくる報告に耳を傾けていた。

〈これで、矢野書記長との会談もなしね〉

午後九時を過ぎたころ、郵政省事務次官小山森也から電話が入った。

「先生が入院されたそうですね。お見舞いにうかがったほうがいいでしょうか」

「いえ、二、三日前から風邪気味だったので、たいして心配はないと思うし、マスコミが騒ぐといけませんから」

丁寧に断った。が、ふと気づいた。

〈わたしとしたことが、間抜けな返答をしてしまったわ〉

小山は、逓信病院から入った情報を聞いて電話してきたにちがいない。その小山に対して、風邪気味だったから心配ないなどと言うとは。昭子は、自分が思っている以上に、あわてていることを知った。

田中の入院は、翌日に発表された。

「三週間くらいで、仕事にもどれるでしょう」

逓信病院には、中曾根康弘総理大臣をはじめ政治家たちが見舞いに訪れた。

マスコミ陣は、昭子を張っている。おそらく田中の見舞いに行くのをスクープしてやろうという肚にち

大仕事を遂げて死なまし、熱情の若き日は二度と来せまじ。

がいない。が、昭子は、見舞いに行くつもりはまったくなかった。

〈田中がもどってくるまで、辛いことが続くだろうが、懸命にやってみせる〉

昭子は、さっそく矢野に電話を入れた。前掲書『二重権力・闇の流れ』はこう伝えている。

《二月二十八日、佐藤女史より電話。「昨夜倒れた。兎に角入院した。ご存じの事情だから、私は行っていません。ですから詳しくは分からないが、たいしたことはないと願っています。今夜矢野さんと角栄が会うことになっていましたが、そんな事情で駄目になりました。大事な時に、肝心のおやじが病気で。あとは、どうか、ご迷惑にならないように対応してください。お世話になって。おやじも苦労しっぱなしでした。一番辛いときに倒れて。可哀相で。可哀相で」と歔欷《きょき》する。

矢野「本当にお気の毒です。お大事にしてください。大したことではないと思います。今夜お会いできなくなったのも、何かの天意でしょう。だが国会は角栄さん抜きでもやるつもりです。それが野党のスジです。気にしないで下さい。くれぐれも元気になられるのを祈っています」

佐藤女史「(かすれた声で)おやじも精根つきたんでしょう。実は早坂さんは余り楽観していないみたいで」

電話が静かに切れる。けなげなものだ。》

昭和五十八年に参議院から衆議院に変わっていた玉置和郎が、昭子を心配して事務所にやってきた。いまとなってみれば、かつて田中角栄を危険視していたことがあるのが、嘘のようであった。

「オヤジさんが倒れて、ママも大変でしょ」

「ええ、毎日、マスコミに追い立てられて。わたしは、見舞いに行くつもりはまったくないのにね」

ふたりは雑談に興じた。

玉置が、そのうち切り出した。

「創政会のこともふくめて、金丸さんに会ってみませんか」

「…………」

「話せば、さまざまなわだかまりもとけるんじゃないかと思います」

「そうですね。では、仲介の労をよろしくお願いします」

「目白にオヤジを取られてしまった」

田中の入院の長期化で、派内の情勢は変わりつつあった。

二階堂進は、一万人を集めるパーティーをひらくと公言。発起人を、田中の政敵である三木武夫に頼んだ。さらに、三木事務所で開かれた「桜を見る会」にも出席していた。そのことが、創政会だけでなく、田中派内に不信感を募らせていた。

〈そのうち、田中派が分裂してしまう〉

昭子にとって、田中派分裂こそ、最大の危機であった。なにがあっても、それだけは食い止めたかった。

金丸と昭子との会談が実現したのは、四月二十三日のことであった。金丸は、創政会をつくったいきさつを昭子に説明した。

昭子は言った。

「田中が苦労してつくりあげた最大派閥田中派を二分、三分してしまったら、創政会の竹下さんといっても、総理の目はないですよ。二階堂さんも、目がない。最大派閥、そして田中軍団と言われて初めて、その力が発揮できたんですよ。そのためには、どうしても田中派を分裂させてはならないんですよ」

「それは、そうですな」

「いま、二階堂先生の励ます会のことで、派内でスッタモンダが続いています。どうか派の会に切り替えるように説得できないでしょうか」

金丸は、小鼻をふくらませた。

「自分の意見も、ママとまったくいっしょだ。田中派を割って、二階堂も、竹下もあったものではない。このままでは、竹下の目も潰れてしまうだろう。ただ、梶山、小沢が強くて困っているんですよ。このことに関しては、ちょっと時間がかかりますから、もうしばらく待ってください」

昭子は、五月のゴールデン・ウィーク前から、ヨーロッパ旅行に出かけた。さすがに、この二カ月あまりの情勢の変化に疲れ果てていた。その帰りの飛行機のなかで、新聞に目を通した。ひとつの囲み記事が目に飛び込んできた。

「田中角栄、目白邸にもどる」

昭子は安心した。

〈オヤジは、そこまで回復したのね〉

脳裏に、田中がいつものように右手を挙げて「ヨッ！」と事務所に入ってくる姿が浮かんだ。

が、事態は、思ったようにはいかなかった。じつは、田中は、長女眞紀子の手によって、四月二十九日に病院から密かに連れ出されていたのである。病院に詰めていた秘書の早坂茂三ですら、気づかなかった。

早坂は憤慨していた。

「目白にオヤジを取られてしまった。あのままだったら、じきに回復したものを」

眞紀子は、さらに渡辺恒彦東京逓信病院院長、加嶋政昭医師、早坂の三人を絶縁すると発表した。

田中事務所内は、思ってもいなかった眞紀子の行動に、色めき立った。

「どうなるんだ、これから……」

目白の秘書たちは、すでに辞表を提出する心づもりでいるという。昭子や早坂が、これからの田中事務所の運営対策について話し合っていた六月六日のことである。橋本龍太郎が、田中事務所に飛び込んできた。

「ママ、この事務所が閉鎖されると発表されたよ」

「なんですって……。そんなこと、なにも聞かされていないわよ」

昭子にとって、まさに寝耳に水であった。橋本が続けた。

「たったいま、（田中）直紀が発表したんだよ」

橋本の後につづいて、田中派の議員たちが次から次へと集まってきた。

「ママ、いったいどういうことなの」

「わたしにも、わからないの」

越山会会長原長栄が、田中事務所にあらわれた。昭子は、原に詰め寄った。

「いったい、これは、どういうことなんですか」

「眞紀子さんの言われるようにしただけです。あとは、知りません」

昭子は、唇を噛みしめた。

〈これまで三十三年間、田中と苦労をともにしてきたのに、事務所の閉鎖について、なにも聞かされないなんて〉

おまけに、自民党担当の記者クラブである平河クラブに一枚の紙が貼り出された。

「佐藤昭子と早坂茂三は、田中家とは何の関係もありません」

事務所に集まっていた議員のひとりが、悔しそうにこぼした。

「本丸を潰すなんて。オヤジが、こんな人だとは思ってもいなかった。子分たちのことを考えない人だなんて……」

昭子は、きっぱりと否定した。

「そんなことはないわ。オヤジは、人を切ることができない人よ。そんな人が、いきなり事務所を閉鎖するなんてできないわ。おそらく、ほかの人の意向にちがいないわ」

田中は、それほど薄情な男ではない。それが自分に仇《あだ》ともなるほど、情が濃かった。橋本龍太郎が、よく昭子にこぼしたものだ。

「オヤジがいちばん悪いよ。だって、オヤジの悪口を言われたからって、おれたちがカッカときているのに、オヤジはとっととその相手と仲良くなって、執務室の中に入れているんだから。あのくそったれオヤジ！」

つまり、どんなに政敵に悪口を言われても、すぐに許してしまう。敵でさえ、心から憎むことのできない男が、もっとも近くにいる事務所の者たちを裏切ることなど、あり得ない。

昭子は、翌日から、事務所を引き払う準備にかかった。田中の身内から電話が入った。

「事務所が閉められたとオヤジさんに話したら、ひどいショックを受けていました。三時のおやつはおろか、夕食にまで手をつけようとはしなかったんですよ」

「…………」

「でも、なんとかなぐさめて食べさせましたけどね」

「そう、オヤジには、早く元気になるように伝えてちょうだい。オヤジが帰ってくるまで、事務所は、わたしが守りますからとね」

昭子は静かに電話を切った。が、胸の内は、燃えていた。

〈オヤジが帰ってくるまで、がんばり抜いてみせるわ。田中派は、絶対に分裂させないわ！〉

功は焦るな。自分に実力があれば、運は必ず回ってくる。

オヤジからの電話

昭子は、田中は何年かかろうとかならず復帰するものと信じ、待ち続ける肚づもりだった。が、なにより辛いのは、倒れた田中に、会うことができないことである。しかし、プライドがある。自分のほうから、田中に会わせてください、と田中家に申し出ることは決してしなかった。

田中のまわりには、いつも田中家の者がついて田中を監視しているという。が、どうしても田中に手紙を出し、励ましたかった。

田中が眼鏡をかけて読まなくてもすむように、わざわざ大きな字で、こう書いた。

『日頃から、あなたは、死ぬ思いをすればなんだってできるとおっしゃっていましたね。ですから、いまは、痛くても、辛くても、リハビリに専念なさってください。後のことは、いっさいご心配なく』

その手紙を、これから田中家をたずねて田中に会うという人に、密かに持たせた。

田中は、その人から渡された手紙を、別室に入って読んだ。しばらくして出てきた田中の眼は、涙に濡れていたという。

田中も、昭子の声が聞きたかったにちがいない。昭子の自宅に、田中からとしか思えない電話が入った。よほど親しい人にしか教えていない電話番号である。昭子が受話器をとると、「ウッ！」という声が飛びこんできた。あまりのなつかしさに、なにか訴えかけようとしているらしいのだが、声にならない。うめき声にすら聞こえる。そのまま、すぐに切れるといった、不可解な電話であった。

〈オヤジからだ……〉

昭子は、そう直感した。

田中が、現役時代、毎朝六時にかけていた電話番号である。脳梗塞を患っても、体がおぼえていたにちがいない。同じような電話が、さらにもう一度あった。やはり、おなじように切れた。

昭子が新たな事務所探しをしているあいだにも、創政会と二階堂進をはじめとする非創政会の溝は深まるばかりであった。以前、金丸と話した「二階堂進くんを励ます会」は、ついに二階堂個人の開催と決まってしまった。創政会にも、木曜クラブの意志を損なうという、いい口実をつくってしまっていた。

昭子は、焦りの色を濃くしていた。

〈一刻でも早く事務所を開いて、田中派の継承を訴えなければ、本当に田中派は分裂してしまう〉

昭子は自分で事務所を探し求めた。田中派だった新潟二区選出の渡辺《わたなべ》紘三《こうぞう》がやってきたのは、十月二十七日のことであった。

「ママ、いいところに物件がありましたよ」

いつも慎重な渡辺が、やや興奮している。かなり自信があるらしい。昭子は、身を乗り出した。

「どこなの」

「イトーピアの斜め向かいですよ」

昭子は、すぐさま足を運んだ。渡辺の言ったとおり、ちょうど永田町から麹町に向かう道をはさんだメゾン平河ビルの二階であった。

昭子は、奥の一室に入っていった。窓から、右斜め前に田中の事務所のあったイトーピア平河町ビルがある。田中の執務室の窓も見える。

〈まるでオヤジに見守られているようなところね〉

昭子はすぐに決めた。

事務所をひらくことは、あくまでも極秘だった。どんな邪魔が目白から入るかわからなかった。

新しい事務所・政経調査会

昭和六十年十二月十二日に事務所開きがおこなわれた。名称は、政経調査会とした。以前、田中の政治結社に政治経済調査会というのがあった。政経調査会の名はその名からとったのであった。

理事には、「田中角栄の初年兵」をもって任じる昭和四十四年初当選組になってもらった。小沢一郎、羽田孜、梶山静六らである。

〈オヤジの政治の継承を目的としているのだから、創政会も、非創政会も関係ないわ〉

そのなかでも、高鳥修は、田中とおなじ新潟県出身である。あえて会長になってもらった。しかし、田中復帰に期待をかけている奥田敬和、愛野興一郎らは名を連ねるのを断ってきた。当時自民党幹事長であった金丸信をはじめ、多くの政財界人が顔を見せて、華々しく事務所開きが執りおこなわれた。理事にこそなってもらってはいないものの、のちに総理となる小渕恵三、橋本龍太郎らも、事務所には足しげく顔を見せてくれることになる。

ある週刊誌の記者が、朝賀昭に皮肉まじりに言った。

「佐藤さんの事務所が、何年もつか、みんな興味をもっているんですよ」

昭子は、決意を新たにしていた。

〈見ててごらんなさい。ちょっとやそっとで潰れるようなら事務所をひらきはしない。できるところまで

はやるわ。それこそが、オヤジへの恩返しなんだから〉

事務所開きの直後、ある人が目白の自宅でリハビリをつづける田中に面会に行ったとき、田中は新聞を読んでいた。その人が来たので、読んでいた新聞をそばに置いた。まわりの者が、その新聞を片付けた。

田中は、その人と話し終わると、先ほどまで読んでいた新聞がなくなっていることに気づき、新聞を持ってくるよう頼んだ。それも、「毎日新聞を持ってこい」と催促した。ただちに持ってこられた毎日新聞を、田中は、感慨深げに読み続けた。

面会した者が、田中の眼にしている記事をのぞきこんだ。そこでは昭子の事務所開きが、彼女の顔写真入りで報じられていた。

昭子は、その人からその話を聞かされると、胸が熱くなった。

政経調査会は、ある派閥、あるグループに所属したり、偏《かたよ》ったりはしていない。そのために、創政会、田中派以外の政治家たちも気軽に顔を出す。田中が元気なうちは、田中事務所には大手を振って来られなかった政治家もやってくる。まさに政治家のサロン的な存在になった。

〈オヤジが、わたしを信頼してくれたためにできた人脈だわ〉

昭子は、田中への感謝の意味をこめて、議員たちに話す。

「創政会も、非創政会も関係ないですよ。もとをたどれば、みんな田中派なんですから」

田中の時代は終わった、とよく言われる。が、状況が悪くなると、田中の決断力、実行力をもとめて、田中の名前が浮かんでくる。

あるとき、竹下の秘書から、昭子に電話が入ってきた。

「竹下さんが……」

昭子は、あまりにも唐突なことに、驚いてしまった。

「外国人記者とのインタビューを終えたら、十五分後に、竹下がお電話をしたいと申しております」

十五分後に、竹下から電話が入った。竹下は、昭和六十一年七月、自民党幹事長に就任していた。

竹下が、電話口に出てきた。

「この前は、お祝いをもらってありがとう」

「いえ、気持ちばかりですが」

昭子は、先日開かれた「竹下登を励ます会」に、祝儀を包んで朝賀に持たせていた。じつは、昭子が事務所をひらいたとき、竹下も祝儀をくれた。そのときの借りを返すつもりであった。

「若い連中に聞いたんだけども、おれのことを心配してくれて、ありがとう」

竹下は続けた。

「それで、一回、会って話したいんだけどな」

「いいですよ。くわしいことは、後ほどご連絡いただければ……」

「うん、それじゃあね」

昭子は、電話を切った。

〈きっと、イッちゃんあたりから、わたしにも挨拶しておいたほうがいい、とたしなめられたにちがいないわ〉

小沢一郎は、昭子の意見を聞きによく通ってきていた。事務所だけでなく、赤坂の自宅にも来ていた。

そのため、昭子は、目白から創政会寄りと見られる節《ふし》があった。

竹下も、あわよくば昭子を取り込みたいと心底では考えていたにちがいない。しかし昭子には、竹下であろうと二階堂であろうと関係がなかった。

〈竹下さんに、田中派を終わらせたくないという気持ちだけは話しておこう〉

しかし、二階堂進が五月十四日に総裁選出馬宣言したことにより、昭子と竹下との会談は幻に終わった。

昭和六十一年七月、衆参同日選挙がおこなわれた。昭子は砂防会館に出かけて、苦戦と言われている議員たちのために、自分の持てる人脈を使ってフル回転で電話をかけまくった。

結果は、自民党の圧勝だった。追加公認をくわえ、衆議院三百議席、参議院は七十二議席を獲得し、非改選組をふくめると百四十二議席になったのである。

竹下は、昭和六十二年七月、百十三名を率いて、「経世会《けいせいかい》」を発足させた。竹下を担ぐ金丸信を中心として結成された創政会が、いよいよ本格的な派閥活動を開始したのである。

その直前、昭子は、小沢一郎に会った。

「ママにも、オヤジにも、本当に申し訳ないんだけれども、ぼくも竹下さんらとおなじ道を選ぶことにし

天、地、人を恨んではいけない。

たよ」

「そう……」

昭子は、表情ひとつ変えず聞き流した。

すでに昭和六十年二月の創政会結成以来、田中派の分裂は動かしがたいものとなっていた。その状況を、昭子は受け入れようと思っていた。もし田中が健在であったとしても、きっとそうしていたにちがいない。

「でもね、イッちゃん、約束してほしいことがあるの」

「どんなこと」

「田中はいつ復帰するか、それはわからない。でも、田中の灯だけは、絶やさないでほしいの」

そう言い、田中派発祥の地である砂防会館を出ていかないこと、田中がもどってきたときの位置づけをきちんとしておくこと、さらに、総理大臣を出すなら田中派からということにしてほしいという三つの条件を出した。

小沢は、大きくうなずいた。

「そんなの、当たり前じゃないの。おれたちが木曜クラブから分かれるというのを決めたのだって、なにもオヤジを否定したからじゃない。オヤジの政治は、継承するさ」

「木曜クラブは、できるだけ割らないでちょうだい。ひとつの大きな集団でいれば、田中がもどってきたときには、またみんなを指導できるんだから。二十人、三十人とバラバラになっていたら、なんのために苦労していたのか、わからないじゃない」

「わかったよ」

昭和六十二年十月、昭子は、安倍派の領袖・安《あ》倍《べ》晋《しん》太《た》郎《ろう》から食事に誘われた。

安倍は、竹下と次期総裁の座をめぐる争いを展開しはじめていた。赤坂プリンスホテルのレストランで昼食を食べながら、話し合った。

「中曾根総理と福田赳夫は、上州連合と言われながらも、おなじ選挙区のなかで喧嘩をしています。わたしは、その福田のために懸命に苦労をしてきました。そんなわたしに、中曾根は、次期総裁をやらせませんよね」

安倍は、すでに前にも総裁選に立候補していた。なにがなんでも総理の座につきたがっているようであった。そのために、昭子を泣き落としにかかったのである。

「その点、竹下君は、この二、三年で名前が出てきたばかりです。それも、田中先生の派閥をそっくり持っていったから、大派閥になった」

「まったく、そのとおりですね」

「でしょう」

「でも、田中派を切り崩すわけにはいかないんですよ。竹下総理云々、経世会云々ということではないんです。わたしは、あくまでも、田中の灯を消したくないという気持ちでやってきました。経世会の切り崩しに関してだけは、どうぞご勘弁ください」

「…………」

「ただ、二位、三位連合で、渡辺派、宮澤派と手を組んでということになれば、そのなかには〝隠れ田中派〟という方たちがいます。その方たちは、また話が別ですよ」

あくまでも田中派の継承をかかげ、頑として安倍の言うことを拒否した。

安倍と竹下は、どちらが総裁につくか話し合った。が、決着はつかず、中曾根裁定により、竹下登が第十二代自民党総裁となったのである。

〝女王〟としてのプライド

小沢一郎は、平成元年八月十日、海部俊樹内閣成立とともに自民党幹事長に就任した。

昭子は、小沢一郎を、田中角栄とつい重ね合わせて見ることがあった。

小沢が自民党幹事長のころ、昭子は、ゴルフ場で偶然いっしょになったことがある。

小沢は、真っ先に自分で打って歩いていた。うしろに、いっぱいおつきがついている。あたりをきょろきょろと見まわすこともなく、まっすぐに前を見て颯爽と歩いていく。

昭子は、小沢のその姿を見て、あれ、と思った。

〈オヤジが幹事長時代、総理大臣時代にゴルフ場を歩いていた姿を彷彿《ほうふつ》とさせるわ〉

しばらくして、昭子がロビーにいると、小沢が入ってきた。

昭子が「あら!!」と言って笑うと、小沢は、周囲に人がいっぱいいるのに、

「ママー」

そう言って抱きついてきた。

「元気なの。がんばりなさいよ」

昭子は、照れながら、そう言った。

が、初当選のころから小沢のまわりに集まっていた記者たちが、ため息まじりに言いはじめた。

「イッちゃんのところは、情報不足だね。まわりの人は、イッちゃんが恐いから、いいことしか言わないのばかりだからねぇ。イッちゃんの大きな欠点だよ」

自分を批判する者は遠ざけようとする、いわゆる側近政治だというのだ。

昭子は、かつて田中に言ったことがある。

「他派だけでなく野党の人まで、そんなにたくさんの人の面倒を見て、みんな味方につけようったって、それは無理ですよ」

田中は、平然として言った。

「味方にならなくたって、いい。いざというとき敵にまわらなければ、それでいいのさ」

昭子は田中の懐の広さにあらためて感心した。

小沢は、よく人に言っている。

「人間関係は、義理人情。政治関係は、理性」

その信念どおりに動いているのだが、意外に情にとらわれ、割り切ればいいものを割り切れないでいる面もあるのだ。しかし、表面的には、あえて敵をつくるかのように、自分の意に反する者は切り捨ててしまうように見えてしまう。

〈いま、もっとも政治家らしい政治家なのに、惜しいわね〉

昭子は、小沢のことをいつもそう思っていた。

平成四年三月十四日、衆議院議員笹川堯《ささがわたかし》の次男和弘の結婚披露宴が東京プリンスホテルでひらかれた。

昭子は、小渕恵三、橋本龍太郎、津島雄二、斎藤栄三郎、近藤元次、太田誠一らとおなじテーブルで、前の席に座った。

座っていると、他派閥の人が大勢挨拶にやってくる。

「大石正光でございます」

「渡海紀三朗《とかいきさぶろう》でございます」

中曾根康弘は、メインテーブルに座っていた。挨拶の人がたくさん来る昭子のほうを、ちらりちらりと見ていた。

昭子は、向かい側にいた橋本龍太郎に訊いた。

「さっきから、中曾根さんがこちらを見ているけど、挨拶に行ったほうがいいかしら」

「必要ない、必要ないよ」

橋本は、大きく手を振った。が、昭子は、中曾根の視線が気になった。

じつは、昭子が中曾根と顔を合わせるのは、田中が倒れて以来、初めてのことであった。中曾根は、田中が倒れるまでは、たびたび昭子に電話をかけてきた。が、田中が倒れてからは、一度逓信病院に見舞いに行ったきりである。昭子に電話の一本もしてこなかった。

その手の平を返したような態度に、正直、あきれていた。本来なら、その無沙汰を中曾根のほうから詫びに来るべきである。

が、昭子は立ち上がった。

「やっぱり元総理だし。わたしのほうから挨拶に行くわ」

「そう、ママがそこまで言うのなら、エスコートするよ」

橋本も、いっしょに立ち上がった。

昭子は中曾根のそばに行くと、頭を下げた。

「ご無沙汰でございます」

中曾根は、微笑んだ。

「なかなか繁盛なさっているそうで。若い者からうかがってますよ」

「そうですか」

昭子も、できる限りの笑みを浮かべた。が、肚のなかは煮えくりかえっていた。

〈繁盛って、なによ。商売しているつもりはないのに。失礼ね〉

田中政治の灯が消える

平成四年十月十三日、「平成の妖怪」と呼ばれた金丸信自民党経世会会長が、議員辞職を表明した。東京佐川急便から五億円の違法献金を受け取ったことと、暴力団との関係があきらかになった、その責任を

役人は生きたコンピューターだ。政治家は方針を示すものだ。方針の決まらん政治家は役人以下だ。政策を作れん奴は、政治家をやめた方がいい。

とったのである。これには、経世会から、反発の声があがった。

「これは、小沢一郎をはじめ、一部の者たちだけで画策されたものだ」

小沢が、あえて金丸を辞任させたのは、田中のロッキード裁判からの教訓であったにちがいない。田中は、判決を認めていれば、天皇崩御のときには確実に恩赦になっていた。が、田中は言っていた。

「百年戦争になっても、あくまでも闘い抜く！」

それゆえに控訴していた。刑は確定していなかったのである。

小沢は、あえて金丸にその逆をさせたのである。罪を認めれば、いずれ恩赦になる。金丸の政治生命は保たれることになる。が、佐川急便からの違法献金にくわえ、暴力団との関係もあきらかになってしまった。それゆえに、小沢の目論見は完全に外れてしまったのである。経世会は、分裂の危機にまで陥った。

反小沢の急先鋒は、梶山静六であった。

経世会の反小沢グループは、会長代行の小沢一郎に「会長代行辞任」を執拗に突きつけていた。さらに、会長選びがふたたび分裂の火種となりそうな気配が漂っていた。

昭子にとってみれば、みんな田中角栄の薫陶《くんとう》を受けたかわいい子供のようなものだ。

〈こんなことで、経世会が分裂してはいけない。田中政治の灯が消えてしまう〉

胸を痛めた。

金丸が辞任を発表したその日、昭子は羽田孜と会った。

羽田こそ、経世会が分裂するかどうかの鍵を握る男であった。

羽田は、千代田区平河町のメゾン平河にある昭子の政経調査会事務所にやって来たものの、ひっきりなしに電話がかかってくる。

羽田は、昭子に謝った。

「ママ、ごめんね。今日は、ママと会うから駄目だといっているのに、若い連中からジャンジャン電話がかかるんだよ」

昭子は、羽田の言葉をさえぎるようにいった。

「ツトムちゃん、わたしとしては、経世会を割らないでほしいの。田中派だって、右も左もいた。それをまとめてきたのが、田中だったのよ。紆余曲折はあるけど、それを継承したのが、経世会であるなら、たとえ名前はどうであれ、まとまっていてほしいわ」

「ママの言うとおりだよ。いままでの仲のよかった者が分裂することは、ぼくだってのぞまない。でも、最悪の場合、経世会を出るとなったら、残った者たちの政策にも反対するし、おれは言いたいことはなんでも言うよ」

「ミスター政治改革」の異名をとっていた羽田は、選挙制度改革に消極的な梶山静六らに苛立っていた。いつも温厚な羽田がそこまで言うのだ。秘めた決意はかなり固いにちがいない。が、昭子は、あきらめなかった。竹下派七奉行と言われた小沢一郎、梶山静六、橋本龍太郎らと会い、経世会の分裂を食い止め、田中の政治を継承させようと説得を続けていた。

竹下派参議院議員の服部《はっとり》三男雄《みなお》のもとに、小沢側近の中西啓介《なかにしけいすけ》がやってきた。

服部と中西は、昭子を通じての遊び仲間であった。

中西は、服部を誘った。

「参議院の建設も、四・四で割れるからな。どうだ、うちのグループに来いよ」

参議院竹下派「参経会」には、いわゆる建設族が八人もいた。

「田中のできなかったことをやってほしい」

昭子の願いとは裏腹に、平成四年十二月十八日には、小沢一郎、羽田孜らを中心とするメンバーが派中派「改革フォーラム21」を結成した。

昭子は、反小沢グループにとって、羽田孜が小沢側につくとは、読んでいなかったにちがいない、と思った。

羽田は、公言していた。

「おれは、小沢にはガンガン言うし、説教することだってあるよ。喧嘩もしょっちゅうする」

梶山や橋本は、羽田の言葉を鵜呑みにしたにちがいない。

昭子は思った。

〈田中なら、こんな失敗はしないはずだわ〉

田中は、たとえ九九パーセント大丈夫というときでも、一パーセントの懸念がある場合は気を抜かなかった。

今回の場合、梶山や橋本は、三〇パーセントの確信しかないにもかかわらず、羽田は小沢側に走らないと気をゆるめていたのであろう。

さらに、分裂は進んだ。「改革フォーラム21」は、翌年六月十八日、野党の提出した宮沢内閣不信任案に賛成票を投じ、自民党を離党したのである。

そのころ、小沢一郎が、昭子のもとにやってきた。昭子は言った。

「今回のことは、なんにも相談がなかったから、心配していたのよ」

小沢は、まるで昭子の子供のように素直に首を縦に振った。

「誰にも相談してないいんだよ」

ただ、小沢は心配していた。

「ママとの約束を守るには、どうすればいいのだろう」

小沢は、どんなに分裂しようとも、経世会発足のときに昭子と交わした約束を忘れてはいない。昭子は、小沢に約束させていた。

「木曜クラブは、できるだけ割らないでちょうだい。ひとつの集団でいれば、田中がもどってきたときには、またみんなを指導できるんだから」

平成五年七月十八日の衆議院選挙では、日本新党は三十五議席を獲得した。そして「改革フォーラム21」を「新生党」に変え、羽田孜を代表に、みずからは幹事長に就任した小沢一郎が、かつて田中派参議院議員で、のち熊本県知事を経て「日本新党」を立ち上げ新党ブームを起こしていた細川護熙を首班に担いだ。「新生党」「日本新党」「新党さきがけ」「社会党」などの「非自民」を標榜する連立政権ができあがり、細川が首相の座についたのであった。

細川は、首班に指名された翌日の八月七日、記者たちを前に言い切った。

「天命にしたがって、腹をくくってやっていくしかないと思う」

昭子は、衆議院本会議場で挨拶する細川を見ながらも、なお信じられなかった。

〈あのお殿様が、まさか、こんなところにまで来るとはね……〉

それから程なくしたある日、昭子は、細川に会うというある閣僚に頼んだ。

「細川さんに、渡してほしい」

細川への手紙を託した。

その手紙には、書いておいた。

「国家国民のために、より良い政治をやってください。田中が、短い総理時代にまっとうできなかったことを、まっとうしてください……」

昭子は、そんな細川にエールを送りたかった。田中角栄もまた、小選挙区制を推進しようとしたひとりだった。その思い半ばにして、総理大臣辞職に追いやられた。昭子から見れば、細川らの言う政治改革は、田中の構想と大同小異だ。

さらに、一極集中排除、地方分権も、規制緩和も、田中は、すでに「日本列島改造論」でとなえている。田中の薫陶を受けた者ならば、田中のできなかったことをやってほしい。昭子は、そう願っていた。

第十章

果たされなかった約束

「オヤジが、死んじまった……」

昭子が、政経調査会事務所で、田中角栄危篤の報を耳にしたのは、平成五年十二月十六日の正午であった。ある新聞記者からの電話だ。

「田中角栄さんが危篤だということを、お聞きになっていらっしゃいますか」

昭子は、思わず受話器を握りしめた。

田中元首相は、九月下旬、病のために新宿区信濃町にある慶応義塾大学病院に入院した。その後、田中の病状は悪くなるいっぽうだという噂が、まことしやかに流れていた。

入院してから、延命のために足を切断した、という信じられない噂まで流れていた。しかし、田中に会ったという者や、田中の女婿《じょせい》である田中直紀の事務所の話では、まだ元気だということだった。

昭子は、田中の容態を知らせる記事やニュースを見るたびに、田中がかわいそうに思えてならなかった。

〈あの人は、病院のベッドで、苦しみもがいているにちがいない〉

昭子は、記者に問い詰めた。

「どういうことですか。そんなお話は、知りませんよ」

「じつは、医師団もついにあきらめ、心臓マッサージを止めたと……」

「…………」

「すでに、慶応病院には取材陣が張りついているんですよ」

昭子は、そのときから、執務室のテレビのスイッチを入れ、田中の動向がどうなるか、一心にテレビを見つめ続けた。

元田中番の記者たちからも、電話が入った。事務局長の朝賀昭は、田中の情報がとれるところすべてに連絡を取り、情報を収集した。

ハマコーこと浜田幸一から、朝賀あてに電話が入った。

「オヤジが、死んじまった……」

「えっ、本当ですか」

「死」をはっきりと知らせる連絡は、これが初めてであった。

朝賀も、さすがに言葉を詰まらせた。

浜田は、嗚咽《おえつ》を洩らしている。浜田は引退するまでどこの派閥にも属さず、一匹狼で予算委員長の席まで奪い取った男である。田中にも悪態をついて食らいつきながらも、「オヤジ、オヤジ」と慕っていた。その浜田が、嗚咽している。田中を崇拝する気持ちは、元田中派の議員たちにも劣らなかったのである。

浜田は、昭子や朝賀につねづね言っていた。

「おれのような暴れ者を使いこなせるのは、オヤジだけだったよ」

いつもの豪快なハマコーはそこにはなく、力なく電話を切った。間もなく、テレビに、死去を告げるテ

政治には金がかかる。世の中きれいごとを言っているだけでは済まない。

ロップが流れた。

「本日午後二時五分頃、田中角栄元首相が病気のため亡くなりました」

昭子の表情は、強張っていた。

〈ついに、この時がやってきたんだわ……〉

「今太閤」「庶民宰相」「コンピュータ付きブルドーザー」と国民からもてはやされる一面、「闇将軍」として政界に君臨しつづけた田中角栄が、ついにこの世を去ったのである。七十五歳だった。

昭子といっしょにテレビを見ていた朝賀は、落胆のため息を洩らした。朝賀は、かつて田中角栄の秘書であっただけでなく、田中に長男・昭雄の名付け親にもなってもらっていた。

「オヤジが……」

朝賀は、ついに感極まって嗚咽をはじめた。

しかし、昭子は泣かなかった。厳しい表情でテレビを見入り続けている。朝賀は、昭子が気丈なゆえに、胸の内を察すると、よけいに辛かった。

田中が倒れた後、家族は看病してはくれたが、思うように回復しなかった。もともとせっかちな田中は、二倍も三倍もはがゆい思いをしていたにちがいない。それだけでなく、生前には、ロッキード事件の刑事被告人としての扱いを受け続けた。それを晴らす前に、田中は逝ってしまった。胸の潰れる思いをしていたにちがいない。

書き直したコメント

佐藤昭子は、テレビから視線を外すと、朝賀に言った。

「マスコミに対して、コメントを書くわ」

〝田中角栄の金庫番〟、ときには、〝越山会の女王〟と呼ばれた昭子である。新聞記者をはじめとするマスコミ陣が、コメントを求めて押し寄せてくるのは必至だ。そんなときに醜態を晒せば、それこそ、田中の名に傷をつけることにもなりかねない。あらかじめコメントを発表し、マスコミ陣の機先を制することにしたのである。

朝賀は、執務室を出ていった。

朝賀も、涙を流している暇はなかった。これからお悔やみにやってくる国会議員たちへの対応を迫られていた。

昭子はソファから立ち上がると、執務室の自分の机に向かった。

窓の外の斜め向かいに、弱々しい冬の陽に映えるイトーピア平河町ビルが見える。その三階に、田中は、かつて個人事務所をかまえていた。この事務所が、田中の政界における活動の拠点であった。昭子は秘書として、その事務所で、そののち政治評論家として活躍した早坂茂三や、朝賀らと田中を支えて働き続けてきたのだ。

昭子は、政経調査会事務所をひらいて以来、この部屋にいる自分を、田中が、イトーピア平河町ビルの三階の部屋からいつも見守り続けてくれているような気がしてならなかった。が、今日から、その幻の視線を感じることさえ、できないのだ。

昭子は、机のほうに向きなおった。

執務室の壁には、田中の書が二枚かけてある。

壁に向かって左側の書には、

『歳如流水去不返人似草木争春栄　越山　田中角栄』

と書かれている。

田中が昭和四十七年の一月に、総裁立候補を決意したときに書いたものだ。

もういっぽう、右側の書には、

『大地英雄気千秋尚凛然　越山　田中角栄』

とある。

昭子の眼に、書棚にかざってある田中角栄ありし日の四枚の写真が、飛び込んできた。総理大臣時代、総理官邸執務室で撮った写真である。自信に満ち満ちた笑みを浮かべている。

めずらしく甘いことを、田中は、総理大臣時代に言ったことがある。

「おれは宇宙船の船長と同じなんだ。降りようと思っても、自分の一存で勝手に降りるわけにはいかない。いつまでも待たせはしないから、辛抱してくれ。かならず労には報いる。おまえを世界旅行に連れていくから」

その約束すら果たさないまま、田中は逝ってしまった。

〈自分はさっさと逝ってしまって。結局、わたしとの約束も、果たさないで〉

つい、恨み事のひとつも言ってやりたい気にもなる。

が、昭子は気をとりなおし、田中の写真から眼を離した。

ペンを取り、女性らしい柔らかさと、それでいて力強さを感じさせる筆致で、いまの思いを素直に記しはじめた。

〈これで、本当にお別れなのね〉

しかし、どうしても田中が本当に死んだ、と実感できない。なにしろ、元気なときの姿しか見ていない。田中は、田中事務所に入ってくると、昭子の顔を見て、右の人差指で、「ちょっと」と招いた。それから、執務室で仕事の打ち合わせに入った。いまも、ふいに、元気な姿をあらわし、指で招き、「ちょっと」と言いそうでならない。

昭子は、ペンを走らせはじめた。

その瞬間、自分にも思いも寄らなかったことが起こった。ペンを持つ手が震え、大粒の涙が、どっとあふれ、頬を伝って、落ちてくるではないか。

幼いときから、これまで多くの死を目の当たりにしてきた。物心つくまでのあいだに、父親、三人の兄姉の死にも出くわした。そして唯一残った母親もまた、十五のときに亡くしてしまっている。肉親たちの死にすら、他人の前では一回も涙を流したことはなかった。まわりに醜態を晒したくないという自尊心が、その悲しみを胸の奥に押しこめていたにちがいない。

田中が昭和六十年二月二十七日に倒れたときでも、そうだった。むしろ自分ががんばらなければならないと自分に言い聞かせ、この八年九カ月ものあいだ、がんばりつづけた。いまこそ、これまでのように気丈でなければいけない。

にもかかわらず、これほどまでに涙がこぼれ落ちるのは、なぜなのだろうか。

田中の存在が、昭子自身で思っていた以上に、巨《おお》きかったということなのか。

たしかに、田中がいなければ、昭子は、〝越山会の女王〟と言われるほどまでにはならなかったかもしれない。しかし、逆も言えるという自負もあった。田中は、昭子という金銭まですべて安心しきってまかせられる秘書がいなければ、ひとりですべてを抱え込むことになる。三倍も四倍も、労力が必要になる。

朝賀が、言ったものである。

「オヤジは、金の流れにしても、何人かに一部分ずつはわかるようにしていた。が、その流れのすべてが読めるようにまかせていたのは、ママだけだったね。小沢一郎さんも、しみじみ言ってましたよ。『オヤジが本気で心を許してすべてを打ち明けたのは、昭子ママだけだな……』ってね」

ただでさえ、人の三倍は働いていた田中である。すべてをまかせきれる秘書がいなければ、苛立ち、焦燥が募り、感情的におかしなことになってしまう。いくら容量の大きい田中でも、ひとりでは、とうていここまでくるのはむずかしかったにちがいない。

そのような意味で、田中角栄という大宰相と、自分は二人三脚で歩んできた、と昭子は自負している。が、ふたりで走ってきたうちのひとりが、途中で転んでしまったのだ。最期を看取ってやることもできずに……。

そのあまりの無念さが、涙させているのか。それにしても、田中の死は、あれほど権勢をふるった政治家の最期にしては、あまりにもさびしい。

〈さびしすぎる……〉

晩年は、昭子をはじめとしたまわりにいた人たちですら、会えなかった。

また世間では、相変わらず、田中金権政治、派閥政治だと批判している。

〈オヤジの政策が、いま、どれほどまでに現代日本に反映されているか。そしていま、必要とされているのか。どれだけ国民生活に、反映されているのか。それをまともに考えようともせずに〉

昭子は、ハンカチで涙を押さえながら、書きつづった。

原稿を書き終わると、朝賀に見せた。

朝賀は、その文章に、昭子の心の動揺を見てとった。乱れている。さまざまな思いが去来し、収拾がつかなくなっているのであろう。

朝賀は、あえて昭子に言った。

「ママ、もう一度、書き直したほうがいいな」

昭子は、あらためて、田中角栄の死についてのコメントを書きつづった。

『長年にわたり一日も欠かさず病気の回復を祈願して来たにもかかわらず、この度の訃報に接し深く悲しみを感じています。

長い人生には魔というものがあるんだ。

国家国民の為に生涯を捧げた偉大な政治家であり、私自身が人生の半生を通じて仕えて来た方を亡くし、過ぎ去った長い道のりに想いを馳せています。

田中の愛国の精神も各党各会派に受け継がれていくことでしょう。

議員諸氏が国家国民の為に全力を尽くすことを願っていたはずです。

ここに、ご冥福を祈り心から哀悼の意を表します。

安らかにお眠り下さい。

長い間本当にご苦労さまでした。

佐藤昭子』

お母さん、大丈夫？

昭子が、自分で経営している赤坂のマンションの自分の部屋にもどったときには、すでに冬の陽が暮れていた。

彼女の部屋のドアを開けて迎えたのは、娘の敦子だった。訃報を聞きつけ、取るものも取り敢えず飛んできたにちがいない。

敦子は心配そうな顔を、昭子に向けた。

「お母さん、大丈夫？」

「大丈夫よ」

昭子はそう答えると、まわりを見回した。

「どうしたの、オチビちゃんは」

「なにを言っているのよ、こんなときに。知り合いのところに、預けてきたのよ」

「馬鹿だね、そんなことまでしなくたって、わたしは大丈夫よ」

昭子は胸が痛んだ。敦子の幼いころとおなじさびしさを、かわいい孫にも味わわせているのではないか。

そして、敦子の、母を心配する姿に、母子の絆を感じた。

昭子は、人並みはずれてエネルギッシュな田中角栄に文句を言わせない仕事をしていた。そのため、敦子といっしょにいる時間がどうしても少なくなりがちだった。帰宅するや、帰りを待ちわびていた敦子は、昭子が着替えをする間も与えず、嬉々として飛びついてきた。母親がいないことは、それほどさびしくてならなかったのだろう。

田中角栄もまた、そんな敦子を不憫《ふびん》に思っていた。まわりのだれもが、田中の子供にちがいないと思うほど、敦子をかわいがっていた。

昭子は、自宅のマンションの応接間で、娘の敦子と向かい合っていた。

敦子が、ぼそりと言った。

「やっぱり、倒れたときに、お父さんと一回でも会っておけばよかったのよ」

「そうねぇ……」

昭子に後悔がないと言えば、嘘になる。が、いまさら言っても詮ないことだ。

じつは、田中が倒れてしばらくして、敦子が、昭子に食ってかかったことがあった。ジッと我慢しているそんな母親に、苛立ちを感じていたにちがいない。

「会いに行ってくれればいいじゃない。マスコミ沙汰になって、マスコミと喧嘩しようがなにをしようが、かまわないじゃないの。ママが会いたいなら、誰と喧嘩をしようと、わたしが絶対にお父さんに会わせるようにするから」

昭子は、敦子がそれほどまでに自分のことを思ってくれる気持ちが痛いほどうれしかった。が、敦子は、一度言い出したらとまらない。昭子は、必死に敦子をなだめにかかった。

「あたしはね、そんなに世間を騒がせてまで会うつもりはないのよ。あれだけ生きる力がある人ですもの。いつかかならず、復帰してくるわよ。それまで待つから、心配しないでよ。あたしたちが騒ぎ出せば、かえって、お父さんに傷をつけることになるのよ」

敦子は、田中の死んだ夜、母親の昭子についてまわった。まるで彼女が幼稚園時代、片時も母親から離れようとしなかったようにである。敦子のほうがまるで母親であるかのように、昭子の顔をのぞきこんで心配している。

「そばで寝てあげようか」

「いいわよ。大丈夫よ。お母さんは、いままでだって、ひとりでがんばってきたんだから」

昭子にとって、身心ともに疲れ切った一日だった。田中の死が告げられた後、お悔やみの挨拶に来る人、電話をかけてくる人すべてに応対した。それでもなお、後を絶たない。田中角栄の死という衝撃的な出来事に加え、その対応で、神経をすり減らしてしまっていた。

家人に頼み、自宅へのマスコミの電話はすべて断った。が、さすがに国会議員だけは、取り次いでもらった。みな、田中に世話になった人ばかりだ。田中の死に対する思いは、ひとつだと思ったからである。

翌朝、昭子は、新聞に眼を通した。どの新聞も、「田中時代の終焉《しゅうえん》」としきりに報じている。

〈田中政治の灯は、まだ消えてなどいないわ〉

青山斎場での別れ

平成五年十二月十七日におこなわれた目白邸での田中角栄の密葬には、政経調査会事務局長の朝賀昭が手伝いに行った。

朝賀は昭子に言っていた。

「ぼくは、どんなことがあろうと、目白に行くつもりですよ」

朝賀は複雑な心境だった。

〈はたして、眞紀子さんがおれを目白邸に入れてくれるかどうか〉

目白の田中家と元秘書団は、イトーピア平河町ビルにあった田中事務所閉鎖の一件以来、微妙な関係にある。朝賀は、門前払いを食うのを覚悟で出向いた。

朝賀のそれは、杞憂《きゆう》に終わった。田中にかつてつかえた秘書は、昭子、早坂茂三をのぞいては手伝いに来ていたし、目白の田中邸で秘書をしていた山田泰司も、焼香に姿を見せた。

が、朝賀は火葬場にまでは行けなかった。目白邸には、朝賀よりも年長の元秘書や秘書官たちが手伝いにやってきていた。その秘書たちすら行かないというのに、自分だけがのこのこ行くわけにはいかなかった。

朝賀は政経調査会事務所に帰ると、昭子に報告した。

「ご遺体は、いつもオヤジがご飯を食べていたところの一階の奥座敷にありました。遺影は、柩のそばと事務所の二カ所にあり、焼香は両方でしてもらっていました」

「やっぱり、数が多いからかしら」

「ええ、そうだと思うんですけど」

「でも、その振り分けは、どうするの」

「それが、よくわからないんですよ。昔から政治のことがわかっている木曜クラブの秘書が手伝っているわけではないですから」

昭子は、むずかしい顔をした。

「いろいろと事情があるんだろうけど、せめて旧田中派の人ぐらいは、ご遺体と別れさせてあげればよかったのに、ねぇ」

総理まで務め、自民党の総裁だった人の葬儀が、田中家だけではと心を痛めていたが、森喜朗《もりよしろう》から自民党との合同葬に決まったと聞かされ、ホッとしていた。せめてもの慰めであった。

平成五年十二月二十五日、港区にある青山斎場では、田中家と自民党による田中角栄の合同葬が営まれた。

さすがに〝政界の闇将軍〟とまで呼ばれ、一時代を築き上げた田中角栄の葬儀である。その列席者は、与野党を問わない。総理大臣細川護熙、新生党党首羽田孜、自民党総裁河野洋平、梶山静六、小渕恵三、橋本龍太郎、中曾根康弘、竹下登、社会党元委員長で衆議院議長の土井たか子といった顔ぶれが揃っていた。用意された席に座れない議員が百人近くいたほどである。その数は、一般弔問客も入れて、のべ五千人にも達したという。

朝賀は、斎場内で人員整理にあたりながらも、列から目を離さなかった。

焼香を待つ列には、田中の番記者だった男だけでなく、意外とも思えるマスコミ人もいた。かつて、読売新聞で福田赳夫派の政治記者として鳴らし、はっきりと反田中派を標榜していて、日本テレビ専務を歴任した常盤恭一までもが参列していた。田中には、そのように敵味方関係なく人を魅きつける魅力がある。

朝賀の眼に、ひとりの老人の姿が飛び込んできた。足腰がふらつき、いまにも倒れそうなあぶなげな足取りで焼香台に向かっている。元静岡県知事山本敬三郎であった。

田中派の参議院議員であった山本は、昭和四十九年七月に、静岡県知事に出馬した。その選挙のとき、自民党静岡県連からの支持は得られなかった。が、田中は、激務の合間を縫っては、ひとりヘリコプターで駆けつけ、当選させたのであった。

「オヤジさん、オヤジさん……」

山本は、田中よりも五歳も年上にもかかわらず、恥ずかしげもなくそう呼んでいた。

山本は、三期務めた。が、昭和六十一年の知事選では、斉藤滋与史を推す自民党静岡県連と公認をめ

召されるときは、神様が否応もなく引っ張っていく。心配いらない。

ぐって真っ向から対立し、公認争いに敗れた。昭子は、杉山憲夫前県連会長、長谷川孝之県議会議長らと、斉藤滋与史を推していた。以来、山本は政界から退き、いまや病気で寝たきりだという話を朝賀は耳にしていた。

山本は、田中の死を知り、居ても立ってもいられなくなり、病の床から這い出してきたにちがいない。顔をくしゃくしゃにして、田中の死を悲しんでいた。

一般の弔問客も、これほどの列は見たことがないというほどに並んでいる。列は、青山斎場の門を出て、右に折れていた。二百メートルほど離れた青山の議員宿舎の前の信号機をさらに右に折れ、墓地を上がる坂を上りきり、先の信号をさらに右に曲がり、桜並木を青山通りに向かって並んでいる。四、五百メートルはあろうか。

朝賀は、待ち侘びているひとりの初老の男に、声をかけられた。

「いったい、どのくらい待たされるのかな」

「なにぶん、この人の多さです。どうすることもできないんですよ。どうか、もうしばらくお待ちください」

男は、ぼやいた。

「せっかく福岡からやって来たのに、こんなに待たされるとは思わなかったよ」

「福岡から？」

「ああ。朝一番の飛行機でさ」

記憶力のいい朝賀でも、その男の顔にはまったく見覚えがない。たぶん一般の弔問客にちがいない。念のために、訊いてみた。

「ところで、故人とはどのようなご関係でしょうか」

「いや、まったく関係ないよ」

男は、まるで胸を張らんばかりだった。

「おれは、いつも角さんを応援してきた。あの人の豪快さに惚れ込んだんだ。だから、最後のお別れを言いにきたのさ」

朝賀は、わがことのようにうれしかった。思わず胸が熱くなった。

〈オヤジの徳の、賜物だな〉

いくらマスコミに金権政治の親玉と叩かれようが、田中には、こうして慕ってくれている人たちがいるのだ。

〈知る人は、知っていてくれるんだなぁ〉

しかし、列はいっこうに進む気配を見せない。列の末尾に並んでいる人は、おそらく二時間から三時間近く待たされるにちがいない。

青山斎場に設置された焼香台の横では、吉田茂の孫である麻生太郎《あそうたろう》が、声を嗄《か》らして繰り返し叫んでいた。

「ご焼香は、一回のみにてお願い申し上げます」

弔問客は、作法にのっとって三回焼香しようとする。長蛇の列は、まるで国会の牛歩戦術のように、なかなか動かない。

列の後ろにならんでいる男が、ついにしびれを切らして大声を出した。

「もしオヤジだったら、もっと手際よくやるぞぉ！　オヤジが怒っているよ」

朝賀はつい苦笑いした。

〈これはオヤジの葬儀じゃないか〉

たしかに、田中は、人の葬儀のときには、いつも先頭きってみなを指揮していた。僧侶の手配から葬儀全般にいたるまで、すべてを仕切っていた。葬儀委員長になることが多かったが、ならないときも、葬儀委員長とおなじような役割を果たした。

田中は言っていた。

「遺族たちは動転しているから、こっちでやってやらないといけないからな」

朝賀は、田中の葬儀の弔問客の焼香が一段落すると、斎場に足を踏み入れた。

かつて田中派の秘書としてともに働いた多くの秘書たちの姿は、そこには意外と少なかった。田中派の流れを汲んだ経世会が分裂し、半数近くが自民党を離党し新生党に移ったために、議員といっしょに移ってしまったのである。田中家と自民党の合同葬ということで、どうやら新生党に移った秘書たちには、葬儀の応援の依頼はされなかったらしい。しかし、いくら自民党を離れていった者たちとはいえ、いわゆる〝田中派秘書軍団〟でいっしょに汗を流し合った仲間である。身内意識は、いまだに残っている。

朝賀は列の最後に並び、田中への焼香をすることになった。

祭壇を見上げた。中央には、右手の人差指を立て、みなに檄を飛ばす田中の遺影が飾ってある。

〈いまも、祭壇の上から、何をとろとろとしたことをやってるんだ、とウズウズしているにちがいない〉

焼香を済ませ、焼香台の脇に目をやった。田中の長女である田中眞紀子をはじめ、田中の親族が並んでいる。

眞紀子が、小さな声で朝賀に挨拶した。

「ご苦労さまでした」

眞紀子が朝賀に挨拶したのは、初めてのことだった。密葬のときに焼香させてもらったときも、眞紀子はいた。が、そのときには、ひと言の言葉も交わされなかった。

じつをいうと、朝賀は、これまでのさまざまないきさつから、目白邸でおこなわれた密葬の手伝いに行ったときも、手伝わせてもらえないかもしれないと考えていた。それほど、眞紀子と元秘書団たちとは、微妙な関係にある。しかし、朝賀は眞紀子のひと言で、なんともホッとした気分になった。

朝賀の脇に、息子の昭雄がやってきた。昭雄は、新生党党首羽田孜の秘書でありながら、今回の田中家と自民党との合同葬儀の初めから終わりまで、ずっと朝賀昭とともに手伝いをしてきた。

昭雄は、ため息まじりに言った。

「お父さんが、これまで田中角栄という人は偉大だと言っていたけど、それが本当によくわかったよ。派閥や党派を越えて、こんなにも人が集まっているんだもの。こんな人、いま、いないよ。田中先生に名付け親になってもらってよかった。それに、最後に、お父さんといっしょに田中先生にご奉公ができて、本当にうれしいよ」

オヤジへの恩返し

昭子は、田中角栄が亡くなってから平成七年の三回忌まで、毎年十二月十六日の命日に田中門下生を都内の料亭吉兆に呼んで、田中角栄を偲んだ。吉兆の本店の女将は、新潟から嫁いだ人で、田中が生前好んで使った料亭であった。

それから数年間は休んでいたが、高鳥修が提案した。

「ああいう偉い人の思い出は、周忌に関係なく毎年やっていいんだ」

そこで、平成十年から毎年ひらくことにした。

しかし、田中番記者だった人をはじめ、田中に関わった人、誰彼と呼ぶわけにはいかない。何十人もの人を呼べるような料理屋は、不況で潰れてしまった。かといって、ホテルでは味気ない。本当に近しい人たちばかりを呼んで、ひっそりと、やはり吉兆で田中を偲ぶことにした。

昭和四十四年、田中角栄が幹事長として陣頭指揮をとった総選挙で初当選をかざった政治家で当時、民主党幹事長の羽田孜、自由党党主の小沢一郎、自民党の梶山静六、衆議院副議長の渡部恒三、小渕派会長の綿貫民輔、自民党の高鳥修ら田中の初年兵をはじめ、細川護熙を呼んでいた。

代議士になる前、一時期田中の秘書をしていた鳩山邦夫も出席していた。

昭子は邦夫に言った。

「あなたは身内なんだから、いまはお客さまの接待をしなさいね」

鳩山邦夫に水割りをつくらせた。

当時、小渕恵三は現職総理ゆえ警護も厳しいだろうし、ベトナムに行っていたから、あえて声をかけなかった。橋本龍太郎にも声をかけたが、別の会合があるので、出席したいが無理との話であった。第二次橋本改造内閣が終わった後の慰労会があるとのことであった。

ところが、偶然にも、その慰労会の場所が吉兆であった。

おなじ吉兆で、田中角栄を偲ぶ会がおこなわれていると聞きつけた、旧田中派で官房長官を務めた小渕派の村岡兼造《むらおかかねぞう》、国土庁長官を務め、河野グループの亀井久興《かめいひさおき》、官房副長官を務めた小渕派の額賀福志郎《ぬかがふくしろう》、運輸大臣を務めた小渕派の藤井孝男《ふじいたかお》、ホノルル総領事をへて環境庁長官を務めた大木浩《おおきひろし》らがつぎつぎに顔を出し、最後に橋本龍太郎もやってきた。

小沢一郎らが自民党を離党して新進党をつくったころは、息苦しいほどに空気が張り詰めていた。昭子が声をかけるので、誰もが顔を出す。しかし、おなじ部屋にいようとも、自民党の梶山静六と新進党の渡部恒三は、たがいにそっぽを向いて顔を合わせようともしない。小沢一郎は、梶山ら自民党議員と顔を合わせたくないので、梶山らが来る前に花だけ持ってきて挨拶して帰った。

せっかくの田中の門下生が、なぜ離れ離れになってしまっているのだろう。

昭子は、胸が痛くなる思いだった。

どんな話でもポイントは結局一つだ。
そこを見抜けば、物事は三分あれば話がつく。

田中派の重鎮であり、政経調査会会長でもある高鳥修に話したときには、こう言われた。

「利かん坊ばかり残してオヤジさんは死んでしまって、そのうえ、ママさんが甘やかすから、こうなってしまった」

それがこの夜は、かつての田中派の門下生として、和気藹々《わきあいあい》としていた。

昭子は、目を細めながら思った。

〈やはり、血は水よりも濃し、だわ〉

顔を合わせれば、田中派にいたときとまったく変わりない。

「イッちゃん（小沢一郎）」

「ツトムちゃん（羽田孜）」

「カジさん（梶山静六）」

彼らは、一年生議員だった時代に、田中にどんなことで怒られたか、誉められたかといった思い出話をしながら、ありし日の田中を偲んだ。たとえ政策の話をしていても、かならず「オヤジさんなら……」という言葉が出る。

昭子が主催する田中角栄を偲ぶ会は、極秘でおこなわれるのに、かならずマスコミが嗅ぎつけてくる。

この夜も、吉兆の前では、マスコミが張っていた。

昭子は、橋本龍太郎とともに、みなに遅れて料理屋を出ることにした。

橋本と話していると、女将がやってきて、昭子に言った。

「先生、こちらから」

裏口を指す。

昭子は言った。

「なんで？　オヤジの命日をやったのに、裏口から逃げる必要などないわ」

田中角栄を偲ぶ会は平成十一年十二月十六日にもおこなわれた。

平成十年の偲ぶ会の際、梶山静六が大声で号令をかけた。

「来年の十二月十六日は、オヤジの七回忌だ。絶対に欠席は許さんぞ！　みんな、手帳に書き込むこと」

したがって、平成十年に昭子が呼んだ議員は、平成十一年の偲ぶ会に全員来た。橋本龍太郎前首相、細川護熙元首相、羽田孜元首相、梶山静六元官房長官、小沢一郎自由党党首、渡部恒三衆議院副議長、綿貫民輔小渕派会長、自民党の高鳥修、石井一民主党副代表、これに鳩山邦夫元民主党選挙対策委員長が出席した。

田中の好きだったオールド・パーを一杯飲んで、昭子とよもやま話をした。

「ご無沙汰しております」

「いまどうしてらっしゃるの」

小沢一郎は、この会に出席する直前、目白の田中邸を密かにおとずれていた。

小沢が田中邸をおとずれるのは、なんと十五年ぶりであった。金丸信、竹下登と創政会を立ち上げたとき以来である。その後、小沢と田中家は、まったく没交渉であった。

小沢が昭和六十二年十一月六日に発足した竹下内閣の官房副長官のとき、昭子は小沢にすすめた。

「イッちゃん、今年は、マコちゃん（田中眞紀子）が門戸をひらくと言っているんだから、あんたからマコちゃんに連絡を取りなさいよ。現職の総理大臣（竹下登）が行ったら、よもや追い返しはしないからさ」

が、小沢は、およそその話に乗ろうとはしなかった。

「おれなんか電話したら、ガチャンと電話を切られるだけだよ」

にも拘わらず、今回は、自分から田中邸に足を運んだ。小沢は、田中角栄の仏前で、田中眞紀子議員と四十分間も語り合い、その足でこの会に駆けつけたのだった。

昭子は、感慨深かった。

〈イッちゃんも、ずいぶんと成長したのね。苦労もしたけど、大物政治家になってきたわ〉

なお、眞紀子は、のちにテレビ朝日系の「サンデープロジェクト」で、小沢について、注目すべき発表をおこなった。

「（七回忌での）話の中身は申し上げられませんけど……」と前置きして、語った。

「世間で言っている方と、わたしが四十分間お目にかかった印象はぜんぜん違いますね。きわめて礼儀正しくて、聞く耳をよくもってて（中略）これとこれは何だ、と素直に訊きました。きわめて明快にご説明なさいまして、大変なお立場にいることがわかりました」

かつて、小沢と聞くと蛇蝎《だかつ》のごとく嫌っていた彼女とは思えない評価の変えようであった。

さて、偲ぶ会の席上、夜もふけるとともに酒のピッチもあがっていった。

自民党、自由党、民主党とそれぞれの立場は分かれているが、与党も野党もない、みな昔の田中派であった。昭子は、あらためて彼らが和気藹々と語り合う姿を見て、胸を熱くした。

田中が亡くなって六年のあいだに、田中派から、細川護熙、羽田孜、橋本龍太郎、小渕恵三と四人も総理大臣が輩出している。

小沢のように党首もいる。渡部恒三のように衆議院副議長もいる。

田中派には党の要《かなめ》の幹事長経験者はひとりやふたりではない。この夜出席していた梶山静六、綿貫民輔、小沢一郎、橋本龍太郎、それに、（当時の）現職首相は小渕恵三である。

昭子の主催するこの会に集まるのは、みな閣僚経験者だが、一般の閣僚とちがって、最重要ポストを歴任している。

昭子は、橋本龍太郎に訊いた。

「総理と呼ばなけりゃいけないわね」

橋本龍太郎は、目尻に皺を寄せて苦笑いした。

「いいえ、龍ちゃんで結構」

昭子は、「龍ちゃん」と呼んで話をはずませる。

手紙なら「総理閣下」と書くけど、口ではちょっと言いにくい。

昭子は、あらためて自分に言い聞かせた。

〈また来年も、いや、わたしの命ある限り、この偲ぶ会をひらいて田中の供養をしていこう。そのたびに、みんなそれぞれ地位が高くなってゆくだろう。まさに田中の薫陶を受けた人たちが、この国を動かしている。こうしてみんなが集まっている様子は、田中が存命中元気のよかったころとまるっきりおなじ雰囲気だ〉

評論家のなかには、「田中角栄のいちばんの罪は、後継者をつくらなかったことだ」と言う人もいる。

昭子は、反論する。

「田中は、自分の派の後継者こそ明確に指名しなかったが、現在の永田町は、田中の薫陶を受けた政治家たちが中心になって動かしているといっても過言ではない。田中派は、長いあいだ、権力の中枢に座り続けた。田中が総理大臣を辞任した後も、他派の神輿《みこし》を担ぎながらも、政権の中枢に座り続けた。その十数年間は、田中派の議員たちにとって、貴重な勉強の場所だったと思う。

それだけではない。田中派は、最大で百四十一人もの議員を抱える大派閥となった。いくら能力があっても、少数派閥では能力は発揮できない。たとえ派閥から総理大臣を出していなくても、党内最大派閥の強みで党三役や重要閣僚に人材を送り込んだ。いわば、何人もの後継者を同時に育てたようなものだ。

それがのちに、形になってあらわれている。竹下登、細川護熙、羽田孜、橋本龍太郎、小渕恵三ら総理経験者、あるいは自由党の小沢一郎党首、衆議院副議長の渡部恒三、民主党の石井一、小渕派の綿貫民輔、村岡兼造、野中広務《のなかひろむ》、さらに民主党代表でのちに総理となる鳩山由紀夫、鳩山邦夫兄弟らのルーツはすべて田中角栄である。所属している政党こそおのおのちがうが、田中が育てた人材が、その能力を花ひらかせ、発揮している」

田中の門下生が、志をひとつにして国家と国民のために奉仕してくれることが昭子のひとつの願いであった。

終章特別収録

佐藤昭子インタビュー

大下　いまだに田中角栄についての本が次々に出版されている。

佐藤　いまさらながらビックリしたのですが、政敵の日本共産党議長の不破哲三《ふわてつぞう》さんは、「歴代総理では、田中がピカイチ」と書いていました。「一回約束したことは絶対破らなかった」と。政策を折衝したときでも、「いいよ、ここまで折れるよ。妥協するよ」と野党の顔も立ててくれた。「そういう総理は、歴代で田中総理だけだ」と書いていました。公明党委員長であった竹入義勝さんも「オレは、おまえの親友だった」と書いていました。おもしろかったのは、社会党委員長だった石橋政嗣《いしばしまさつぐ》著の『わたしの履歴書』です。石橋さんは、「歴代の総理では、信頼できるのは田中角栄だけだ」と書いている。田中が郵政大臣時代、事務次官と秘書官を連れて、石橋さんのところにやってきた。田中は、「おまえね、これからは若い者が手を携えて日本のためにやらなければいけないのに、なんで郵政省のこの四法案を、邪魔するんだ」と言ってきた。石橋さんは「駄目なものは、駄目だ」と突っぱねた。「どこが駄目なんだ？」と田中が訊くので、「これと、これが駄目だ」と指摘した。田中は、それを見て、事務次官に「おい、じゃ、二本削れ」と命じた。

そして、「これなら、いいな」と石橋さんに念を押した。石橋さんも、自分が言った手前があります。「二本なら、いい」と応じたのです。「これはまさに政治家の見本だった」と書いていました。

手前味噌で言うわけではないのですよ。朝日新聞が、この一〇〇〇年のリーダーをランキングしている。田中角栄は、一位の坂本竜馬、二位の織田信長、三位の徳川家康につづいて四位です。戦後の宰相である吉田茂さんは五位、佐藤栄作さんは、ノーベル賞をもらいながらも二十一位です。つまり、戦後六十年で日本の復興にもっとも貢献したナンバーワンが田中角栄です。田中は、嫌な不幸な事件に巻き込まれてしまった。しかし、田中がもっとも苦境に立っているときに、派閥に、落ちこぼれが一人もいませんでした。選挙を見ても、総理大臣在職中の昭和四十七年十二月の選挙での得票数が十八万票だったのに、昭和五十八年十二月のロッキード有罪判決直後の選挙では、それより増えて二十二万七百七十一票でした。こういう事実を、史実として評価してほしいですね。オヤジの側近だった二階堂（進）さんにしても、小沢（辰男）さんにしても、「またオヤジに叱られたよ」とぶつぶつ文句を言いながらも、けっしてオヤジから離れようとはしなかった。でも、いまの政治家は、側近と公言しながら、自分の意見が通らないとさっさと離れていってしまう。義理がない。

大下　いまの政界に、何が欠けていると思いますか。

佐藤　終戦直後の廃墟の中から政治家になった田中は、常に国民の視線に立ち、緊張感と使命感をもって政治に取り組んだ。外交面では国益を考え、内政面では、国民がいかにしたら幸せになれるかを基準にした法案をつくりました。よくいわれる言葉ですが、政界は一寸先は闇です。リーダーは、そのことを肝に銘じ、緊張感をもってリーダーシップを発揮しなければいけないと思いますよ。わたしたち秘書も、田中が総理になる前でも、退陣した後でも、一日でも緊張感の抜けた日はなかった。緊張、緊張の連続でした。

男は度胸、女は愛きょう、一度や二度、監獄に入らなきゃ、男になれんよ。

田中についていえば、賞賛もあると同時に、批判もある。総理のときは、批判の方が多かった。しかし、どんなときでも対処できるような緊張感を持っていた。

今の時代、みんな携帯電話を持っていますが、田中の総理時代にはなかった。警察電話、いわゆる警電しかなく、情報手段が少なかった。だから、いつでも、どこでも、どんな事件に直面してもいいように、田中本人も心掛けていたし、わたしたちも気を遣っていました。

大下　田中さんは、新聞記者との関係もよかったようですね。

佐藤　田中は、たとえ自分の悪口を書いたマスコミの人たちが訪ねてきても、「よお、よお、入んなさいよ」といって差別しなかった。田中は「彼らは、おれの悪口を言うのが商売だから」といつも口にしていた。胸襟《きようきん》を開いて、人を許すことができた。それは、田中の生まれ持った性格もあるでしょう。包容力がありました。だから、田中を、「もうあいつの顔は二度と見たくない」と嫌う人はいなかった。

大下　田中番の記者だった人たちに何人も会って取材しましたが、田中番の記者だった人は、今でも田中さんを慕っていますね。

佐藤　新聞記者たちは、陰では政治家を呼び捨てにしている人が多いけど、田中番の記者には、田中のことを「オヤジさん」と呼んでいた。いまでも、どこかで顔を合わせれば、「オヤジさん」という言葉がすっと出てくる。そんな政治家は、めずらしいのではないでしょうか。新聞記者が田中を慕ってくれたのは、田中が彼らを身内扱いをしたことに加え、わたしたち秘書も、田中の意に沿うように彼らと付き合っていたからだと思う。田中は、秘書の教育も厳しかった。秘書とも、きちんとコミュニケーションをはかっていた。わたしたち秘書も、田中への批判があれば、すぐに原因を調べ、つぶさに田中に報告した。

誰に対しても、「実るほど頭《こうべ》をたれる稲穂かな」で威張ったおぼえもない。常に低姿勢で、田中のために一生懸命にがんばった。そして、人の意見を真摯に受け止めていた。時には、こちらが低姿勢のゆえに相手に強く出られ、あまりの口惜しさに「水戸黄門の印籠が欲しい」などと愚痴ったこともある。現在の秘書さんは、そういう意識が足りないように思える。仕える政治家とうまくコミュニケーションが取れていないのかもしれない。

大下　田中さんは、官僚もうまく使った。箕輪登元代議士は、「角さんは、警察庁の後藤田正晴にしても、大蔵省の村上孝太郎にしても、あの荒馬たちを見事に使い切った。竹下さんも、官僚はうまく使ったが、角さんのように荒馬までは使いきれなかった」と感心していました。

佐藤　国会で竹下大蔵大臣が答弁に立っているのに、大蔵事務次官をはじめとする多くの役人が、紫の風呂敷に書類を包んで田中の事務所にやってくるんですよ。それも、レクチャーにきたのではなく、「どうしたらいいでしょう」と指示を仰ぎにね。わたしは、「田中は、大蔵大臣じゃないんですよ。大蔵大臣は今、国会で答弁してますよ」と言ってやりましたが（笑）。

大下　田中さんは、なぜあれほどのリーダーシップを発揮できたと思いますか。

佐藤　リーダーに必要な資質は何か、と問われれば、山ほどある。たとえば、政策立案能力も、その一つでしょう。田中は、三十三本もの議員立法を手がけた。この記録は、いまだに破られていない。それも、役人任せではなかった。各省庁から資料を取り寄せ、自分で勉強し、そして議員立法化した。要するに政治家主導の政治だった。政調会長の任期はわずか一年でしたが、それ以前から誰にも負けない政策立案能力を持っていた。ただし、政策能力があるだけではリーダーになれません。人間的な魅力がなければ、誰も側に集まってきませんよ。政治は、一人でできるものではない。

大下　政策を実現するには、環境整備をする根回しも必要です。田中さんは、政策立案能力と根回し能力の両方を兼ね備えていました。現代の政治家には、なかなかそういう方は見当たりませんね。何人かが集まって、ようやく田中角栄と肩を並べることができる。

佐藤　そうかもしれません。わたしが、ある政治家の対応のまずさに呆れはて、「このひとは政治家なのに、なんでこんなこともわからないのかしら」と田中に愚痴をこぼしたら、「バカヤロー、それがわかれば、全員が総理大臣になれるよ」と言ってました。

世の中に完璧な人はいません。すべてを求めるのは無理だ、という諦観を持って、みんなに接していましたからね。みんなも、田中を信頼してついてきてくれた。

大下　田中さんほど、みんなが惚れ込んだリーダーはめずらしいですよね。

佐藤　男が男に惚れる、という感じでしたね。金丸（信）さんも、よく「おれは、オヤジさんに惚れているんだ」と言っていた。あまりいい表現ではありませんが、「オヤジが白といえば、たとえ黒でも白なんだ」とも言っていました。田中は、「わかったの角さん」と言われましたが、なにも唐突に方針を決めるわけではない。熟慮したうえで、いろいろな方針を決めていた。そして直ちに実行に移す。みんなそのことをわかっている。万全の信頼をもって田中に仕えていたから、そういう表現になるのでしょう。田中派は、「オヤジの言うことなら、絶対にまちがいない。みんなでついていこう」という雰囲気でしたね。

大下　振り返って見て、田中派は、田中軍団といわれた。宏池会《こうちかい》は、「公家集団」と呼ばれても、軍団とはいいわれませんでしたね。

佐藤　所属議員が、田中に惚れ込み、一致結束したのはもちろんですが、各議員に仕える秘書さんたちも、田中に心服していたからではないでしょうか。田中派は、田中派の秘書と後援会の青年の研修会をおこなっていた。田中自身が講演し、「あなた方の力が、田中軍団を支えているのだ」と感謝し、いっしょに写真を撮り、「おい、がんばれよ」と声をかけながら肩を叩いていく。みんな感激し、田中のために懸命に働いてくれた。田中派の国会議員は、一人ひとりが勇将だった。勇将のもとに弱卒《じゃくそつ》なし、という。勇将に仕えている何十人もの秘書が、自分の仕える議員のため、田中のために、一丸となって働いてくれた。田中派は、戦う集団だった。

大下　福田赳夫、大平正芳、中曾根康弘、河本敏夫の四人が戦った昭和五十三年の総裁予備選では、田中軍団のすごさがいかんなく発揮された。田中派が支持した大平さんは、大票田である東京が弱かった。が、蓋を開けてみれば、なんと一位になり、総裁の椅子をものにすることができた。

佐藤　東京攻略の総指揮を取った後藤田（正晴）さんのローラー作戦が勝因だといわれていますが、その原動力は、秘書団の力ですよ。中曾根さんは、「田中の金の力で負けた」とおっしゃったが、それは見当ちがい。いくら盟友といえども、人さまの選挙に資金は出せませんよ。わたしは、秘書さんたちに「あなたがたに、ひもじい思いはさせませんよ。これでがんばってください」と食事代を持っていったけど、カレーライス代ほどのわずかな額ですよ。それだけで、みんなが寝食を忘れ、死にもの狂いで動いた。幹部は、夜遅くなり過ぎると、田中事務所のある砂防会館の地下にある部屋に寝泊まりまでしていた。金の力だけでは、あれだけ動きません。そんなことよりも、信頼関係のほうが大きかったのではないでしょうか。

大下　それに、田中派の議員は、絶えず権力の中心に居続けたわけですよね。それだけに、他派の議員とは鍛えられ方がちがうでしょうね。

佐藤　反主流派の議員とは感覚的にちがいますね。政治の中枢で重いポストについていただけに、「日本を守らないといけない」「自民党を守らないといけない」「田中のオヤジを守らないといけない」という意識があった。なにか問題があれば、一丸としてまとまりましたね。それに、田中は慈愛をもっていましたね。二階堂（進）さんも、金丸さんも、田中より年齢が上ですよ。それなのに、田中のことを「オヤジさん」と呼んでいた。それだけの要素が田中自身にあった。

大下　しかし、考えてみると、「オヤジ」といわれるほど歳ではなかった。まだ、若かったですよね。

佐藤　そりゃ、そうですよ。だって、総理になったのは五十四歳と二カ月ですから。やはり、田中の能力は、みなさんよりもちょっと優れてました。それに、怒ったこともすぐ忘れてしまうし、自分の悪口を言われても、すぐに許すし、とっても面倒見がいい。心の広さです。今の政治家に欠けているのは、そういう部分だと思いますよ。

大下　田中学校の生徒たちも取材しましたが、みなさん、口をそろえて、「田中のオヤジは、決断と実行の人だった。あんな人は、そうはいない。今、生きていたら、いろいろな問題を先送りしなかったろうなぁ」といわれますね。

佐藤　そういう声は、わたしもよく聞きますけど、「オヤジさんだったら」とか「オヤジが生きていたら」というのなら、なんで亡くなる前に復権させてくれなかったんだろうかと思いますよ。日本国のために、惜しい政治家を亡くしましたよ。しっかりとした意識改革をもっていない人が総理になると、国民は不幸ですからね。

大下　日本の政治は、いつからおかしくなったんでしょうね。

佐藤　派閥の領袖は、みんな総理を目指して努力していた。しかし、派閥の領袖ではない宇野《うの》（宗佑《そうすけ》）さんや海部（俊樹）さんあたりが総理になってから、おかしくなったと思います。竹下さんでも、イッちゃん（小沢一郎）に言わせれば、「田中派に後継者を決めておく必要があった。後継者は、誰でもよかったんだよ」と言ってますよ。竹下さんも、目配り、気配りで努力はされていましたけどね。

大下　竹下さんは、変わった人ですよ。小沢さんも言っていたが、すごい忍耐力ですよね。

佐藤　たしかに、あの忍耐力はすごい。田中も、苦労はしてきたんですよ。でも、苦労に負けていなかった。苦労を跳ね飛ばした。陽性だったし、「肚にイチモツ」などということはなく、ストレートにすべて言った。

大下　田村元（元衆議院議長）さんは、「田中さんは、嘘を言わなかった。しかし、竹下は嘘のかたまりだった。でも、何か憎めないんだよなぁ」とおっしゃってましたよ。

佐藤　田中は、裏切りもしない、嘘も言わない。名指しで人の悪口なんて絶対に言わない人だった。「一人の悪口を言ったら、十人の敵をつくるんだよ」といっていたし、角福戦争であれだけ戦っていながら、

財布は身内の人間に握らせるに限る。

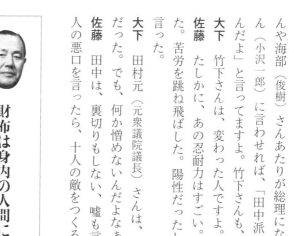

福田さんの悪口を言ったことはない。「福田と九回戦ったが、全部勝った。だけど、ワシのほうから仕掛けた戦いは一回もないよ」と言っていました。福田派の議員も、田中の事務所によく遊びにきていたし。非常に明るい政治家でしたよ。暗かったら、国民もついていきにくいし、経済も落ちてくる。それに、自分が置かれた立場を認識していた。普段から、「常に銃口の前に立たされている気がするよ」と言っていました。

大下 考えてみたら、日中国交正常化交渉で訪中したときも、台湾擁護派のテロに遭い、いつ殺されるかわからなかったわけですよね。相当な覚悟が必要だったでしょう。

佐藤 中国から帰ってきたとき、こう言ってました。「周恩来が、『台湾は中国の一省である』と主張した同行の外務省の役人を法匪《ほうひ》と批判し、交渉は難航した。血圧は、二百以上になるし、血の小便は出るし、いよいよとなったら決裂してもいいと思ったんだ。ワシは、日本国代表なんだから、土下座外交をするつもりはなかったし、テーブルをガンガン叩いてやりあったよ。それで、ようやく話がまとまったんだ」と。

大下 田中さんは、日本の総理としての誇りを持っていた。資源外交も、島国である日本の将来を考えてのことでしたよね。

佐藤 フランスからウランを買いつけたり、インドネシアから石油を買ったり、いろいろしましたよ。平成三年一月に起こった湾岸戦争のとき、仮にサウジアラビアから石油をストップされたら、日本はどうなっていたと思いますか。田中は、そういうことを見越して中東以外の国からもエネルギーを確保しようとした。先見の明があったんですよ。

大下 日本列島改造論も、地価を高騰させたとかいろいろ言われましたが、ある意味では地方分権のはしりですよね。

佐藤　そのとおりです。細川（護熙）さんが総理になったときに手紙を書いて送りましたが、地方分権の確立だとか、規制緩和などというのは、田中が総理のときにすでに言っていたことですよ。ところが、まだなに一つ実現されていない。この間、今の政治家たちは何をやっていたのかという気がする。やはり、強いリーダーシップがないと物事は前に進まない。

大下　田中さんは、他派の議員はおろか、野党議員の面倒も見ていた。

佐藤　ええ。本当はね、いつも台所は苦しかった。田中は、必要のない金は、一銭も無駄遣いを許さなかった。でも、必要な金とあれば、たとえ質屋に行ってもつくらなければならない。そういう主義の人だった。

大下　佐藤さんが田中さんに「自民党の他派議員の面倒を見るのはわかるけど、野党の議員にまで面倒を見て、あの人たちが味方になってくれると思うの」と訊くと、田中さんは「ワシは、彼らが味方になってくれるなど考えたこともない。いざというとき、彼らが敵にまわらなければいいのさ。それが、政治の要諦というものだ」といったということが印象に残っています。田中さんが、所属の議員などに手当てを配るときは、佐藤さんがいくら配るかの判断をしたのですか。

佐藤　総理のときは、「おまえは、ワシの名代だ。全部、任せる」とわたしに任せきりでしたね。盆、暮れの手当てのときは、木曜クラブ（田中派）の会長だった西村（英一）さんと並んで、

「これは、総理からです」

「これは、木曜クラブからだ」

と手渡した。でも、木曜クラブには資金がないんですよ。額が少なければ、西村さんに恥をかかせてしまう。ですから、西村さんの顔を立てて、越山会から木曜クラブに援助したんです。

大下 田中さんは、なぜ、そこまで佐藤さんを信頼していたと思いますか。

佐藤 二十四、五歳のころから、三十三年間、ずっと田中の側にいたんですよ。昭和三十六年に越山会ができますが、それまでの十年間、国会での秘書は、わたし一人だけだったんです。いちいち相談する暇もなかったけど、田中の考えはわかるんです。二人の判断にズレはなかった。わたし自身にどれほど能力があるなどとは思いませんが、とにかく田中と一体になって必死になってがんばってきたんです。ですから、田中もわたしを信頼し、すべてを任せるようになったんでしょう。

大下 「越山会の女王」といわれるだけはありますね。今の政治家には、そこまで秘書に任せるひとは、なかなかいませんよね。小泉（純一郎）さんの秘書の飯島勲《いいじまいさお》さんは光っていますが。

佐藤 わたしは、田中から秘書扱いされていなかったんですよ。秘書仲間と中国に旅行に行こうと思ったら、「なにッ！　佐藤が行くのは許さん。おまえは、政治家に金を渡しているワシの名代じゃないか」と許してくれなかったんですから。一秘書というより、自分の分身のように思っていたんでしょう。そこまで信頼し任せてくれるのだから、わたしも、それに応えなければいけない。秘書として動くよりも、田中角栄の名代として動いた。これをやったら田中のためにプラスになる、これをやったらマイナスになるということを常に考えていました。そこまでわたしに任せたのは、田中の度量の広さでしょうね。

大下 木曜クラブの事務職員だった石破茂《いしばしげる》代議士は、「田中角栄は人間ではない。魔神だ」と言ってましたよ。努力目標にはなるが、ああいう存在になれるとは考えたこともないと。

佐藤　田中派の国会議員は、みんなそういう感覚でしたね。「オヤジは、天才だ。おれたちは足元にもおよばない」と言っていた。田中の事務所に遊びにきて、政治の話から雑談しているうちにも、いろいろ勉強になったと思いますよ。

大下　田中さんは、選挙の神様でした。ある記者が言ってましたが、昭和五十八年の総選挙のとき、田中さんに「十四、五万票です」と世論調査の結果を伝えたそうです。田中さんが、「きみぃ、なにを言っとるか。二十万はいく。お前らはな、調査結果に倍数をかけて手直しするだろう。でも、ワシは、実際に有権者に会い、感触を得たんだ。ワシのほうが正しいから見ておけ」といわれた。蓋を開けてみると二十二万七百六十一票だったので、本当に驚いたと言ってました。

佐藤　わたしも、田中から、四、五日前に電話をもらったんです。「おい、二十二万票はとれるよ」というから、「なに、言っているのよ。十五万票を割らないように気をつけなさいよ」といったんです。まさか、二十二万七百六十一票も取るとは思いませんでしたね。なにしろ、当選した二位から五位までの票数を合計しても、十八万票でしたから。越山会の会員は、十万人ほどいましたから、寝ていても楽々当選はできるんです。雪がしんしんと降るなか、お年寄りの方が演説場所にむしろを敷いて待っていた。見かねたスタッフが、「田中がここに到着するには、まだ一時間もかかりますよ」と帰宅を勧めても、「いや、オラは田中先生の顔を見れないと死ねないからいいんだ」と待ち続けたそうです。そして、開票と同時に五百票で当確のランプが点くと、すかさずわたしに電話をしてきて、「ありがとう」と慰労してくれた。

大下　さて、小泉さんですが、「自民党をぶっ壊す」と叫んで総裁になった。が、自民党を壊すというより、田中派の流れを汲む橋本派を壊した。

佐藤　小泉さんは、昭和四十四年に初出馬して落選し、昭和四十七年、田中のオヤジが総裁のときに初当選しました。いわゆる、ＹＫＫの加藤紘一《かとうこういち》さん、山崎拓《やまさきたく》さんとかもいっしょにね。小泉さんは、落選したとき、福田さんの家で秘書として下足番のようなこともしていて、まさに角福戦争をまともに受けた。だから、田中政治への怨念からスタートしているのではないでしょうか。わたしは、小泉さんも山崎さんも知らないんです。口をきいたこともない。加藤さんは、父君の精三さんが田中が商工委員長の時の委員の一人でしたから、いろいろお付き合いはありましたけど。小泉さんは、田中のことを「選挙マシーン」「金脈政治」だけでとらえていました。それは、あくまでも勘違いです。そうではなくて、田中の考えついた道路特定財源にしても、必要な道路を作るために必要だったのです。しかも、おかしいですよね。小泉さんは、道路特定財源を一般歳入に入れようとしましたが、それなら、その前にやらなければならないことがある。揮発油税と自動車重量税の二つの税は、暫定的に通常より高い税率がかかっている。自動車利用税を下げればいいのです。ところが、そのまま一般歳入に入れると言っている。自動車利用者が納める税金ですから、自動車利用者が納めるガソリン税などのそれらの諸税を下げればいいのです。一般歳入はそれこそ、消費税値上げといった方法で直接徴収すればいいんだと思います。これも、何でもかんでも田中のやったことには反対だ、という発想だけでおこなわれているのです。
　郵政民営化にしても、そうです。将来どういうふうになるのか。しかも、法案自体が衆議院で通過したあとに参議院で否決されたのなら、衆議院に差しもどされるのが常識であり、それが通らぬなら、当然総辞職ですよ。それなのに、衆議院を解散するのですから。議会制民主主義としては、前例のないやり方ですよ。それを、一般国民からの支持率が高いから、それでいいと思っています。マスコミも、提灯持ちしています。そのうえ、国会議員もまったく勉強していないので、小泉さんのやり方を肯定しているのです。その辺に、今日の日本の衰退を感じますね。

大下　小泉さん一匹に壊された、田中派の流れを汲む経世会も、情けないですね。

佐藤　今では、田中派も経世会も平成研もありません。時代が変わったと言われれば、それまでかもしれません。が、政治の根底は変わらないですけどね。オヤジの薫陶を受けたのは、田中派の百四十一人だけではない。他派閥も合わせて何百人もいました。ところが、まわりの面倒を見て引っ張っていくようなリーダーがいません。派閥全体を動かすだけの能力のあるリーダーもいません。威厳を持ち、みんなにきちんと指針を教えられるような能力を持たなかったら、リーダーになってはいけないんです。今は、誰彼もみんな同じだから。昔の政治家は、やられればやり返した。丁々発止《ちょうちょうはっし》をやったもんです。ところが、郵政解散の際に離党したり、除名処分された議員たちまで、復党しようとしています。あれほど露骨に、刺客《しかく》まで立てられていながら。みっともなくて、情けない話ですよ。おかしくないですか。意気地が無さすぎます。

田中が幹事長時代、党の公認を得るための依頼が山ほどわたしのところに来ました。田中もわたしも、

眠ることは死ぬことだ。人間は毎日、死に、生きている。その心境が分かったんだ。わかったから、すべてが怖くなくなった。

「公認候補などと甘えないで、無所属で戦って当選してくれるくらいの覚悟で選挙運動をしてらっしゃい」と檄《げき》を飛ばしたものです。

大下 平成十九年夏の参議院で勝てないからと復党させるのなら、ガリレオ・ガリレイまで持ち出した郵政解散騒ぎは、何だったのでしょうね？

佐藤 本当に。それで、刺客として出た議員もまた、イジメられています。小泉さんが、「使い捨てを覚悟しろ」と言うのですから。よくもまあ、ケロッと言えるものだと驚いています。が、小泉さんらしい表現ですね。

政治が不合理なイジメをしていて、子供たちのイジメをどうして止められるんですか。毎日毎日、日本が崩れていくように思われてなりません。

大下 政治に情が無くなりすぎていますね。

佐藤 そういう情というものが、日本人の文化じゃないでしょうか。いまの政治は、そのような義理と人情がなくなっています。政治家といえども、理念だけではやっていけません。人間である以上、情が必要なんですよ。小泉さんは非情だからいい、という言葉もありますが……。

大下 秘書も、よく変わる事務所が多いですからね。

佐藤 わたしにいわせれば、いまの政治家の事務所は、本当の政治家事務所の形態をなしていません。だいいち、秘書が頻繁にコロコロ変わるのは、おかしいですよ。田中角栄は、倒れて事務所を閉鎖まで、辞めた秘書は一人もいませんよ。一番最後に秘書になった朝賀（昭）が、「どんな会合でも、二十何年勤めても、おれが一番末席だ」とぼやくほどです。後に入ってきたのは、のちに代議士となる鳩山邦夫さんと中村喜四郎さんですから。

朝賀なんかは、一生懸命、オヤジの後をくっついて行って、全部ガードして歩いていました。

大下　経世会の衰退ですが、竹下派の七奉行が割れなければ磐石でしたよ。

佐藤　七奉行も、ポスト宇野を決めるとき、候補の橋本（龍太郎）さんを後ろから袈裟懸けにした。わたしが橋本さんを慰めたとき、「姉さん、オヤジは福田（赳夫）さんにやられた。だけど、おれは、身内にやられたんだよ」と口惜しがってました。あのとき、橋本さんを押していたのは梶山（静六）さんだけでしたからね。せめてオヤジの薫陶を受けた七奉行さえ一致団結して頑張ってくれていたら、いまの日本の政治は、もっと良くなっていたと思います。かつては、秘書軍団までもが一致団結していたのです。

大下　平成十五年九月の総裁選のとき、橋本派の藤井（孝男）さんが出馬したのに額賀（福志郎）さんは協力的ではなかった。笹川（堯）さんは、そのとき、額賀さんに「藤井さんを押さなくてもいいけど、おまえが出るときは、もう誰も応援せんぞ」と怒った。

他派を見ても、今回の総裁選で、山崎派の親分の山崎（拓）さんが総裁選に出たいといったら、みんなそっぽを向いたそうですからね。

佐藤　もうその派閥は終わりですよ。

大下　派閥のリーダーが、総裁選に出る時代ではないですからね。

佐藤　そう。単なる人気投票ですから。それと派閥推薦の入閣というのがまったくなくなったのも、よくない。そうすると、努力しようとしないで僥倖《ぎょうこう》ばかり求めることになる。

大下　汗は自分でかきましょう、手柄は人にあげましょう、という発想がないですから。

佐藤　本当の政治を見てきたわたしたちからすると、今の政界は、本当に嘆かわしい。考えると憂鬱になります。田中派の栄光、いまいずこですね。

大下　安倍晋太郎の後継者である安倍晋三《あべしんぞう》は、父親がつかめなかった夢を、ついに実現しましたね。

佐藤　安倍晋太郎さんが順天堂病院に入院したとき、わたしはお見舞いに行ったんです。そのとき、秘書であった晋三さんは、病室の外で待っていました。その晋三さんが、いまや総理大臣ですからね。

大下　安倍晋三さんは、五十一歳で自民党の総裁となり、五十二歳で総理大臣となった。これまで戦後、最年少の五十四歳で総理大臣になった田中さんの記録も、ついに抜かれましたね。

佐藤　そうですね。記録など破られるためにあるものですから、それはそれでいいんです。オヤジは、国会議員となって十五年目に大蔵大臣となり、二十五年目に総理大臣になったけども、安倍さんは、議員生活十三年で総理大臣ですからね。逆説的にいえば、それだけ日本が軽くなってきたということかもしれません。

大下　小沢一郎さんは、「おれは、田中のオヤジと金丸のオヤジだけは、一生かけても返せない恩義を受けた。だけど、竹下さんには、もう借りは返した」と言ってました。

佐藤　竹下さんを総理の座につけたわけですからね。イッちゃんは、昭和四十四年の総選挙で初当選したとき、二十七歳だった。以来、田中の薫陶を受け、いろいろなことを学んできた。今でも、田中のことを「政治の師匠」と言っている。もちろん、田中のすべてを肯定しているわけではない。否定する面もあると思う。が、田中学校の生徒のなかで、もっとも田中の政治手法を引き継いでいるのはイッちゃんだと思う。だからこそ、がんばってほしいと願っている。

大下　小沢さんは、田中さんと比べ、もっと人を集める包容力があればいい、とよく言われる。小沢さんは、「おれだって人と仲良くしろっていうなら、いくらだってできるよ。でも、今の時代、そういうことで解決できるもんじゃない」と言ってますが。

佐藤　イッちゃんは「政治は理念、人間関係は情だ」と言っているが、政治家も人間ですからね。情は必要なんですよ。情に溺れてはいけないということでしょう。

大下　田中派の系譜は、むしろ小沢一郎さんに残っている。

佐藤　イッちゃんが、オヤジの系統を真っ正面に受けているのです。選挙活動を見ても、風だけを頼みにしているのではなくて、ドブ板選挙を一生懸命やっています。千葉七区の補選では、好きでもないのに、自転車までを漕いで選挙運動をやっているのですから。イッちゃんは田中の選挙を踏襲して、「とにかく足で動け。三万人に会え」と、一生懸命に言っている。オヤジに言われたことを、ずいぶん実行していますす。

大下　それだから、岩手県は、小沢王国と呼ばれるほど小沢さんが強い。

佐藤　やはり、オヤジの政治をじっと見て来たんですよ。イッちゃんは、金権政治には反対です。わたしも、田中政治のすべてを、小沢一郎に肯定しろと言うわけではありません。悪いところは悪いでいい。でも、政治のやり方、選挙のやり方はオヤジそっくりです。イッちゃんがはじめたこの政治改革ですが、自民党がだらしないのなら、二大政党を実現して民主党が政権を取ればいいのです。

大下　でも、情けないことに、民主党の支持率も上がりません。しかし、民主党には、小沢さんのほか、いますぐに総理大臣を務められる人が見当たらない。

佐藤　政治には優しさも必要だけど、同時に威厳も持っていないと駄目です。松下政経塾は、松下幸之助《まつしたこうのすけ》さんが資金を出して作ったのがようやく実ってきて、国会議員のバッチをつけるようになった。しかし、弁舌はたつけれど、昔の選挙のやり方を知りません。風が去ったら、当選できません。

大下　民主党も、小沢さんで勝てなかったら苦しい。

佐藤　そうですね。ですから、この間、イッちゃんが入院したときも、その情報を聞いた途端、憂鬱になってしまいました。それ以後、心配で、何をやっても手につきませんでした。イッちゃんには、「身体だけは、本当に気をつけなさいよ」といつも言っているんです。

大下　いま言ってもしょうがないんだけど、新進党のときに、小沢さんが公明党を手放さなければ良かった。

佐藤　平成九年十二月、イッちゃんは、翌平成十年七月におこなわれる参議院選挙で、旧公明党系の参議院議員が結成した「公明」も新進党に合流するように求めました。ところが、当初は合流を決めていた公明は、比例区は公明、選挙区は新進党でという方針を打ち出したのです。イッちゃんは、それは呑まなかった。それならば、旧公明党系は、参議院は公明、衆議院は新進党としたほうがすっきりするというので、「参議院は選挙区もすべて公明に持っていけ」としてしまったのです。それは、イッちゃんの理論の方が正しいのだけど、うまく妥協していれば、新進党は政権を取れたと思いますよ。

大下　そうすれば、もっと早い時期に小沢総理が誕生していましたね。

佐藤　政治というのは、強いリーダーシップと同時に、ときには妥協することも必要です。真っ正直に、「進め！」「進め！」というだけでは駄目ですよ。わたしは、イッちゃんに「国会議員の側近なんか、あてにならないよ」と言っているんです。わたしは、常にイッちゃんのことを思っているけど、国会議員は自分の利益にならないとパッと離れていってしまう。だから、「側近政治は、やめたほうがいい」と何度も言っているんです。側近政治をやると、「おれは、側近だ」と威張る人がいっぱい出てくる。が、「オレ、側近政治をしているなんて思ったことないもの。勝手にみんなが口にしているんだ」と言ってました。当時は、イッちゃんは日の出の勢いだったから、側近が威張ってね。そのくせ、イッちゃんの前では何も言えないんです。しょせん、側近なんて、ろくなものがいない。かつてイッちゃんと親しかった中西（啓介）さんにも、それこそ何百回となく、「小沢が、小沢が、と笠に着るのはやめなさい。あんたが言うと、すべて小沢がいったことになるから下がりなさい」と言ったんです。ただ、問題は、イッちゃんは億劫がり屋で、人に会わないことです。わたしは、ある党の代表に、「オヤジも人に会うのが嫌いでね」と言ったことがあります。その人は、「えー!? 田中先生は、誰にでも喜んで会ったんじゃないですか」と驚いていました。よく雑誌に「人たらしの田中」などと書かれていましたが、実際は違っていた。三十三年間、側にいたわたしから見て、田中角栄は、自分から進んで人に会いたいという性格ではありません。本来は吃音《きつおん》だし、案外シャイで人見知りなんですよ。田中のもとには、自民党の政治家だけでなく、新自由クラ

君程の悧口な女は初めてである。

ブ、社会党、公明党といった他党の政治家までもが「オヤジさん、ご意見を」と会いに来ました。そのなかには、会いたくない人もいたのです。ですけど、わたしがお尻を引っぱたいて、「会いなさいよ。会うからには、嫌な顔をしなさんな。嫌や顔をするくらいなら、会わないほうがいい」と言ったもんです。すると、田中は仕方なく、「じゃ、通せよ」と。通したら、「いやあ、どうもどうも」とまったく嘘のように明るくふるまっていましたよ。政治家を使命としてやっていましたから、自分の置かれた立場によって、「やらなきゃいけない」と思うから。それは田中の努力ですよ。イヤだイヤだと思いながら、人に会って話も聞きます。自分の派閥以外のどんな人の励ます会に出ても、頼まれれば演説しました。

イッちゃんも、性格的には非常に田中と似ています。表面は、まるっきり対照的に見えますけど。ただ、田中のお尻を叩いたわたしのような存在が、イッちゃんにはいません。尻をひっぱたいて、「代表、会わなきゃ駄目ですよ」と言うひとがいないのですね。わたしは、いざとなれば、田中の秘書を辞めればいいと開き直っていたので、好き勝手なことを田中には言い続けました。

大下 特に今の政治に望むことは。

佐藤 毎日のように報道されている親の子供への虐待、イジメで自殺する子供たちの多いのに、いままで政治は何をやっているのかという思いがあります。わたしたちの世代では、考えられないことです。明日への希望を持たせる教育を見直さなければなりません。大学入試だけの科目優先より、まず強靭な精神と、長老への敬愛など思いやりを養う教育が必要です。戦後教育の弊害が一気に吹き出した感があります。

一日も早く強い日本人になって欲しいものです。そのためにも、政治家は、死に物狂いで国民のために汗を流してほしいと希《ねが》っています。

（二〇〇六年十一月収録）

あとがき

執筆にあたって、佐藤昭子（故人）、長女の佐藤敦子、田中角栄元総理の秘書である朝賀昭、長野莎朶子、衆議院議員の杉山憲夫、参議院議員の服部三男雄の諸氏に取材協力を得ました。

そのほか、佐藤昭子氏著の『決定版 私の田中角栄日記』（新潮社）、佐藤あつ子氏著の『昭《あき》 田中角栄と生きた女』（講談社）、中澤雄大氏著の『角栄のお庭番 朝賀昭』（講談社）、新潟日報社編の『入門田中角栄』、矢野絢也元公明党書記長著の『二重権力・闇の流れ』（文藝春秋）、『文藝春秋』平成二十八年八月臨時増刊号「1000億円を動かした男 田中角栄・全人像」を参考にさせていただきました。感謝いたします。

なお、この作品は、「夕刊フジ」平成六年一月五日発行号から平成六年七月十五日発行号まで連載した「宰相と歩んだ女《ひと》 佐藤昭子」、拙著『宰相・田中角栄と歩んだ女《ひと》』（講談社）、『角栄とともに生きた女《ひと》』（講談社＋α文庫）を大幅加筆の上、佐藤敦子氏、朝賀昭氏への新規取材インタビュー、特別鼎談を加え、再編集した作品です。文中の敬称は、略させていただきました。

今回、本書刊行に尽力してくださったイースト・プレス書籍4部長の木村健一氏、宮村千恵美氏に感謝いたします。最後に、この取材に、ときに休日返上で協力してくれた、わたしの右腕である鶴見知也氏、佐俣努氏に、心からご苦労さんといいたい。

二〇一六年八月

大下英治

写真提供　佐藤昭子
　　　　　朝日新聞社
　　　　　文藝春秋／amanaimages
装　丁　木庭貴信＋角倉織音（オクターヴ）

田《た》中《なか》角《かく》栄《えい》と越《えつ》山《ざん》会《かい》の女《じょ》王《おう》

二〇一六年九月二三日　初版第一刷発行

著　者　大《おお》下《した》英《えい》治《じ》
編集・発行人　木村健一
編　集　宮村千恵美
発行所　株式会社イースト・プレス
〒一〇一‐〇〇五一
東京都千代田区神田神保町二‐四‐七
久月神田ビル
ＴＥＬ　〇三‐五二一三‐四七〇〇
ＦＡＸ　〇三‐五二一三‐四七〇一
http://www.eastpress.co.jp
本文ＤＴＰ　松井和爾
印刷所　中央精版印刷株式会社

ISBN978-4-7816-1475-5